JN241820

日中両国の共通課題

—— 激変の世界で
直面する新たな問題群

桜美林大学・北京大学
学術交流論集編集委員会　編

はる書房

祝　辞

　この度、北京大学と桜美林大学による 5 冊目の学術交流論集の刊行にあたり、衷心よりお祝い申し上げつつ、中日教育協力にご尽力の方々に、深く敬意を表します。

　東アジアひいては世界に寄与できる中日友好関係、その基礎は正に民間友好交流にあります。AI、GX、医療衛生、気候変動、少子高齢化など、両国に迫る共通課題の解決には、福祉政策、技術開発、宇宙空間、新エネルギー、サプライチェーンをはじめ、未来に向けた中日協力の根本的な強化が求められています。1998 年に発足した両校のシンポジウムは、この新時代においても学術界の知恵を分かち合う場として、各分野の交流を促す特別な役割を果たせるでしょう。

　中日関係は現在、進まなければ後退するという重要な段階にあります。この新たな情勢の下、政治的・経済的・地政学的影響を超克する学術交流は、両国民間交流の維持・強化にとって極めて重要です。両校には、今後とも教育協力と学術交流でお互いの繋がりを強め、両国国民の相互理解を深化させ、中日関係の健全かつ安定的な発展に向け、一層のご活躍を賜りますよう期待申し上げます。

中華人民共和国駐日本国特命全権大使

呉 江浩

2024 年 8 月吉日

刊行にあたって

畑山浩昭

桜美林大学学長

　桜美林大学と北京大学の学術交流は、桜美林大学の学長であった佐藤東洋士先生と北京大学副学長であった何芳川先生との出会いが始まりである。1996 年、本学で中国語中国文学を学ぶ学生が交換留学生として北京大学にお世話になっていたこともあり、佐藤先生が北京大学を訪れた。その際、北京大学海外教育学院長も務められていた何先生と意見交換をする機会が持たれた。大学間交流や日中関係の研究交流で話が盛り上がり、定期的に互いの大学を訪れながら学術交流を開催してはどうかという考えに至ったそうである。そして 1998 年に桜美林大学で記念すべき第 1 回のシンポジウムが開催された。

　その後、着実に交流を積み重ね、本論集は 5 冊目となった。第 17 回から第 20 回までのシンポジウムの議論をまとめたものである。新型コロナウイルス感染症が国際的に拡大した 2021 年、2022 年には、オンラインによって開催したが、パンデミックの状況にあってもこのシンポジウムを継続したことは、両校がこの交流の意義を深く認識し、価値を高く評価していることの証である。この間、特に、2018 年に開催された第 18 回のシンポジウムは、日中平和友好条約締結 40 周年記念大会という位置づけで、日中の大学教育、国際関係、経済交流について活発な議論が交わされた。また 2021 年に開催された第 19 回の会議は、その前年に急逝された

佐藤東洋士先生をしのび、追悼記念シンポジウムという位置づけで、コロナ禍における日中の文化、経済、政治についてお互いの意見が交換された。

　近年の両校の交流において、シンポジウムの質の向上、及び交流事業の発展に最もご尽力頂いたのは、2007年から北京大学側の代表を務めてこられた元北京大学常務副学長の呉志攀先生である。呉先生のアジア太平洋地域に関するご見識は広く、深く、またインターネット社会の研究にもいちはやく取り組まれ、若者文化にも詳しく、日中の交流についてどのような角度からでも論客となれる本シンポジウムにとっては頼もしい存在である。また日本の大学との交流や連携のネットワークを持っておられるので、本シンポジウムでの議論の積み重ねが、日中両国の他大学にも広がり、点が面となっていく過程を実感しているところである。これはひとえに呉先生のご尽力、ご貢献によるものであり、心から感謝したい。

　本シンポジウムは日中関係の現状と展望という枠組みで、これまで教育、文化、経済、環境など、様々なテーマで議論を重ねてきた。最近は日本と中国の共通の課題にも着目し、高齢化社会と老年学、グローバル経済、ポップカルチャーの社会的な影響、大学の未来像などについても意見交換を行ってきた。共通課題に取り組むようになったのは、それ以前の相互理解を目的とする地道な交流があったからである。いわば共同研究が主流となり、お互いの学識を持ち寄って共通の問題や課題の解決に向けた議論が中心になってきている。特に、パンデミックを経験し、自然災害や気候変動、技術革新などの大きな問題や課題に直面する中、平和で豊かな社会を築き上げていくにあたり、相互の知恵と技術を出し合って学び続けることが最も重要な時代に入っている。今後はビッグデータ、AI、IoT、ロボティクスなどもシンポジウムの議論に含まれていくであろう。

　このシンポジウムを先導してこられた諸先生方が常に願っておられたのは、日中両国が平和を求め、協力しあい、ともに前進することであり、その実現には両国の大学における教育と研究を通した人間教育が非常に重要であるということ。特に文化的な交流は日中の社会の様々な要素を理解する上で有効であり、人の交流、文化の交流によって、平和で友好的な日中関係を実現し、相互理解、相互信頼を深めることによって東アジアの安定

につながるとしてきた。私たちもこのような先人、諸先輩方の意思を引き
継ぎ、さらなる発展に寄与するために桜美林大学と北京大学の学術交流を
進めて参りたい。

2024 年 9 月

刊行にあたって

姜　国華

北京大学共産党委員会副書記

　北京大学と桜美林大学の友好交流は長い歴史を持っている。特に 1998 年からは毎年交互に北京と東京で学術シンポジウムを開催し、これまでに 20 回を重ねてきた。また、双方の協定に基づき、シンポジウムで発表された論文を 4 年ごとに一冊の論集として刊行してきた。今回、いよいよ 5 冊目の刊行を迎えることとなっている。ここに、5 冊目の論集の刊行を心から喜びたいと思う。

　2017 年から 2022 年の論文を収録する 5 冊目の論集は、中日両国が激変する国際環境に直面し、中日関係が様々な問題と挑戦に直面した時期と重なっている。こうした状況の中で、両校のリーダーや学者の皆さんは、民間の学術と教育文化の交流を通じて相互理解を深め、学術研究と協力を促進するという理念を固く守り、コロナ禍が最も厳しい状態にあった 2021 年と 2022 年でも学術交流を中断することなく、オンラインで学術シンポジウムを開催した。

　中日関係の現状と展望を総合的なテーマとするこれまでの学術シンポジウムは、両校の学術研究の特徴を考慮し、教育、文化、経済、環境などの幅広い分野で交流を行ってきた。また、中日両国とも高齢化問題、公衆衛生および健康問題、教育問題、自然災害への対策や災害発生の防止と被害の減少、グローバルな経済貿易の問題、文化のグローバリゼーションの影

響、国連の持続可能な発展目標の達成など、経済社会の発展に伴う共通の課題にも鋭敏な意識を持ち、深い交流を始めている。そこには、協力と共有によって共通の問題を解決する目標が提示されている。デジタル化と人工知能の時代を迎えた今日において、協同探求や共同研究が求められる新しい課題が増えていくと考えられる。このような民間レベルの持続的な交流と協力は、中日両国間の相互理解、相互信頼、および中日関係の平和的な発展にとって、独自の価値と意義を有するものである。

　北京大学と桜美林大学の学術シンポジウムとその論集の刊行が二十数年も続けてこられたのは、佐藤東洋士先生、何芳川先生、呉志攀先生や李玉先生など、両校のこれまでの多くのリーダーや学者の皆さんの多大な尽力のおかげである。5冊目の刊行を迎えるにあたり、両校間の学術交流の持続的な発展に貢献されたすべての方々に心から感謝の意を表し、また故人となられた佐藤東洋士先生や何芳川先生などの先輩方に深い敬意と感謝の意を表したい。

　今後も北京大学と桜美林大学の学術交流がさらに発展することを願っている。

2024 年 9 月

<h1>*目　　次*</h1>

第一部　大学教育と国際共同プログラム

日本の大学の方向性、方針、戦略——これからの大学を考えるためのフレームワーク

人工智能对中国大学教育的影响：以法学教育为视角（中国の大学教育に与える人工知能の影響——法学教育の視点から）

「キャンパス・アジア」モニタリング——国際共同教育プログラムの質の向上を目ざす日中韓共同の取組

第二部　文化の交流と文学の研究

第三部　　日中高齢化社会の現状と課題

日本における高齢者の社会経済地位による健康・医療・介護の格差

日本の高齢者の就業状況

第四部　　日中の経済と自動車産業

第五部　　国際関係における日本と中国の比較

緒言
本書の内容と構成

張　平
桜美林大学教授

李　寒梅
北京大学教授

　本論集は、桜美林大学と北京大学が 2017 年〜2022 年の間に開催した 4回（第 17 回〜20 回）の学術シンポジウムの成果をまとめたものである。4 回ごとに 1 冊の論集を刊行する方針で、これまでに次の 4 冊の論集を世に送り出した。

『新しい日中関係への提言——環境・新人文主義・共生』（2004 年）
『日本と中国を考える三つの視点——環境・共生・新人文主義』（2009 年）
『教育・環境・文化から考える日本と中国』（2014 年）
『日中新時代の基本的視座——教育・環境・文化から』（2018 年）

　『日中両国の共通課題——激変の世界で直面する新たな問題群』と題する本論集は、その書名が示すように、2017 年〜2022 年の間に我々が経験した世界の激変を反映している。この激変はまだ進行中である。環境問題への主要な対策の一つとして技術革新を続けてきた自動車産業の激変、社会のあらゆる面に変化を強いる AI やビッグデータ、IoT 等の技術革新、広がる少子高齢化による社会の変化、地政学的な緊張と軍事衝突および世界経済・金融・貿易の予測不可能な変化、そして 2019 年末に発生したコロナウイルス COVID-19 の感染拡大、翌 2020 年のパンデミック。この

ような世界の激変のただ中にあって、規模の限られたこのシンポジウムの論題にも変化があった。本論集においては、大学における AI やビッグデータの利用、自動車産業、コロナ禍の影響、高齢化問題などが新しい話題として取り上げられている。

　本論集の構成は次のようになっている。
　　　第一部　大学教育と国際共同プログラム
　　　第二部　文化の交流と文学の研究
　　　第三部　日中高齢化社会の現状と課題
　　　第四部　日中の経済と自動車産業
　　　第五部　国際関係における日本と中国の比較

　以下、論集の内容について若干の説明を加える。
　日中関係を総合的なテーマとする桜美林大学と北京大学のシンポジウムは、環境、新人文主義、共生をキーワードにスタートしている。大学教育は新人文主義の提唱と大学教育が担うべき役割についての議論を具体化させるためのテーマとして継承されてきた。
　桜美林大学長畑山浩昭教授の「日本の大学の方向性、方針、戦略——これからの大学を考えるためのフレームワーク」は、日本の大学が置かれている状況を整理し、大学運営の方向、方針、戦略を考える枠組みを提案するものである。元北京大学常務副学長で法学者の呉志攀教授の「中国の大学教育に与える人工知能の影響——法学教育の視点から」は、大学の法学教育で AI やビッグデータを積極的に利用する際に、法に不可欠なヒューマニズムや善良さ、公共道徳などの人間性教育を忘れてはいけないと警鐘を鳴らしている。大学改革支援・学位授与機構研究開発部竹中亨主幹の「「キャンパス・アジア」モニタリング——国際共同教育プログラムの質の向上を目ざす日中韓共同の取組」と北京大学範士明教授の「キャンパス・アジア——大学教育の国際交流と協力の大胆な試み」は、それぞれ日本と中国の立場から、大学教育の国際協力の深化を目指す「キャンパス・アジア」の実施を具体的に振り返っている。このプログラムは国際的な人材の

育成、アジア全体の平和と発展に貢献するもので、その成果と重要性が高く評価されている。

　文化は3冊目、4冊目に続く新人文主義の議論を具体化する論題である。張利利桜美林大学教授の「日本独特の文化から見る中日文化の交流——「漢字文化」と「留学文化」を通して」は、独自の視点から日本文化の特徴を論じている。袁英明桜美林大学教授の「桜美林大学での京劇芸術教育実践——日本の大学における日中文化交流深化の道を探る」は、著名な京劇の役者でもある袁教授自身の実践記録である。袁教授の京劇教育の実践は日本でも唯一のもので、特色ある教育を目指す桜美林大学の教育実践の典型的な事例の一つである。初暁波北京大学教授の「コロナ禍の中の中日文化交流」は、桜美林大学が日中文化交流に尽力してきた歩みを振り返り、コロナ禍による文化交流への打撃とそれを乗り越えるための努力およびその成果を紹介、評価したうえで、ポストコロナ時代の文化交流の提案を行っている。陳連山北京大学教授の「中国民俗文学研究の4つの価値指向」と張平桜美林大学教授の「古代日本の物語散文における韻文および散文の変遷」は、2017年のシンポジウムで発表されたそれぞれ中国と日本のみを対象とした論考である。

　高齢化の問題を取り上げたのは2022年のシンポジウムが初めてである。2023年の統計によれば、中国の65歳以上の人口は2億1,676万で、総人口の15.4%を占める。同じく2023年の統計で、日本の65歳以上の高齢者数は総人口の29.1%を占める3,623万となっている。比率では日本の29.1%と比べれば、中国の15.4%はそれほど緊迫した状況には見えないかもしれないが、しかし、2億1,676万という絶対数はきわめて重い数値と言わなければならない。シンポジウムでは健康、就業、介護という3つの側面から高齢者の問題に焦点を当て、それぞれについて桜美林大学と北京大学から各1名ずつ発表があった。杉澤秀博桜美林大学教授の「日本における高齢者の社会経済地位による健康・医療・介護の格差」、渡辺修一郎桜美林大学教授の「日本の高齢者の就業状況」、陳功北京大学教授

と北京大学ポスドク研究員の劉尚君氏の「時間銀行をてこに高齢者就業を促進——中国の創造的な実践」、中谷陽明桜美林大学教授の「公的介護保険 20 年の実績と課題」、周雲北京大学教授と北京大学博士課程院生の央金拉姆（ヤンジンラム）氏の「中国の長期介護保険制度の模索と発展」は、いずれも日中の高齢者問題を考える際の重要な論題であり、手堅いデータに基づく貴重な研究成果である。北京大学趙耀輝教授の「中国における中年及び高齢者の健康状態並びに社会経済との関係」は、入稿がかなわず割愛せざるを得なかった。

　日中経済の論題は、環境問題、共生の理念と対策についての議論、および日中の国際関係について続けてきた議論の深化に伴う必然的発展として視野に入ってきたものである。雷海涛桜美林大学教授の「経済交流から見た日中両国関係の展望」は、国際情勢、国際関係の激変という視野のもとで日中の経済交流を論じたものである。金山権桜美林大学名誉教授の「ポスト・コロナ時代における日・中経済協力」は、具体的なデータに基づき、COVID-19 の感染拡大で危機的状況に追い込まれた世界経済における日中の経済と交流を振り返り、コロナ禍後の日中の経済協力の可能性を力説し、法制度の改善、整備の重要性を説いている。EV 自動車を自動車産業の「百年に一度」の大変革と捉える片山博文桜美林大学教授の「日本車は生き残れるか？——電気自動車をめぐる世界と日本の動向」は、発表当時の 2017 年から完稿提出の今年 6 月までの間に自動車産業は激しい変化を見せているにもかかわらず、今でも傾聴すべき高論と言える。陶涛北京大学教授の「中国自動車バリューチェーンの新しい傾向と中日自動車企業の好機」は、2018 年の発表にもかかわらず今でも示唆に富む興味深い議論である。なお、2017 年のシンポジウムで「自動車の未来」と題する蔚来汽車（NIO）の創業者・CEO の李斌氏の発表、2021 年のシンポジウムで「コロナ禍中の東アジアの産業チェーンおよび中日経済貿易関係」と題する北京大学董昭華副教授の発表があったが、入稿がかなわず割愛することになった。

　日中関係は 1998 年開催の初回のシンポジウムで、故衞藤瀋吉東京大学名誉教授、猪口孝東京大学教授（当時）など錚々たる論客が加わる白熱した議論が繰り広げられた論題である。その 20 年後の 2018 年のシンポジウムでは日中関係について猪口孝東京大学名誉教授と梁雲祥北京大学教授の発表があった。全地球規模の国際関係という広い視野で日中関係を捉えるアプローチを提示する猪口教授の「多国間条約参加にみる日本と中国の国家経営の比較」、世界の国々の国家間往来の特徴を類型化し、その視点から浮き彫りにした日中両国の国家間往来のモデルの理解の上に立って今後の日中関係のあるべき姿を模索する梁教授の「中日両国の国家間往来モデルの違いについて」は、日中関係の研究と実践に新しい視座を提供するものと言えよう。

　この論集に収録されている論文は、学術論議の自由と筆者の観点への尊重という考えに基づき、編集者による加筆は一切行われていない。それぞれの論文の主張・見解はすべて筆者個人のものであり、北京大学と桜美林大学を代表するものではない。

　本論集も各論文は翻訳せずに原文で掲載した。日本での出版を考慮し、中国語で書かれたものには日本語の要約を付けた。

　この論集の刊行にあたり、貴重な原稿を寄せてくださった執筆者各位、ご協力を賜った皆さまに心から感謝を申し上げる次第である。特に PPTで発表された方にはご多忙にもかかわらず新たに原稿を作成していただいた。心より深謝申し上げる。はる書房の佐久間章仁氏には相変わらず多大なご尽力をいただいた。厚く御礼を申し上げる。

　この論集にお気づきの点があれば、ぜひご指摘いただければ幸いである。

張　平（ちょう　へい）
1957 年生まれ。桜美林大学日本言語文化学院長、グローバル・コミュニケーション学群教授。専門は日本語学。

李　寒梅（り　かんばい）

1963 年生まれ。北京大学国際関係学院教授、北京大学亜太研究院院長。専門は日本政治史、中日関係史。

主要著書：『日本民族主義の形態についての研究』（商務印書館、2012 年）、『戦後日本外交史（1945 − 1995）』（共同編集責任者、世界知識出版社、1995 年）、『21 世紀日本の国家発展戦略』（編集責任者、社会科学文献出版社、2000 年）。

第一部
大学教育と
国際共同プログラム

日本の大学の方向性、方針、戦略
——これからの大学を考えるための
フレームワーク

畑山浩昭

はじめに

本稿では、現在様々な課題や問題に直面している日本の大学の状況をふまえ、今後の高等教育研究における方向性や大学経営・運営の方針、大学の特色ある戦略の可能性について考察する。具体的には大学間の競合や将来構想を考えるためのフレームワークを提示し、それぞれの大学における意思決定や戦略的な取り組みのための参考になるような議論としたい。

まず初めに、現在の日本における少子高齢化と人口減少を中心とする社会的な課題について状況を把握する。次に国の経済や産業構造の変化に関する概要をつかみ、大学に与える影響についても整理する。さらに大学に進学する人口の将来予測、進学率の変化、大学の数や収容定員の変化など、具体的な数を把握し、大学を取り巻く環境の変化について認識を深める。また、SDGs を中心とする国際的な動向をつかみ、グローバルな視点から日本の大学をみてみる。最後に大学改革に関する様々な提言を整理し、具体的な大学改革に関する主要概念や方法論、改革のためのフレームワークを提示し議論を深める。

1　日本が直面する主な課題

　現在 2018 年であるが、日本の人口は 2020 年で約 1 億 2 千万人、2040 年には約 1 億人、さらに 2060 年には約 8 千 7 百万人まで減少すると予測されている[1]。少子高齢化に伴う人口減少であるので、労働人口にも大きく影響する。15 歳から 64 歳までを労働人口とすると、2020 年で約 7,300 万人、2040 年で約 5,700 万人、2060 年では約 4,400 万人まで減少する。

　総人口の減少、及び、労働人口の減少は、国内の経済や国の生産力が衰退することを示唆する。中国や米国、インド等の国々において経済的な成長が見込まれる中、日本は 2050 年まで経済が停滞するとの推計もある[2]。さらに高齢者を支える社会構造や、様々なサービスを維持するための財源の問題も生じ、都市部に人口が集中するような現象が続けば、地方の人口が減少し、過疎化し、行政的な機能も止まってしまう。

　一方、世界各国の産業構造が大きく変わる中で、日本においても主要産業の変化が顕著になっている。日本企業の売上高や世界市場におけるシェアをみると、デジタル革命以降、日本のメーカーが衰退傾向にあり、市場規模が大きい分野ではシェアが減っており、シェアが高いところでは市場規模が小さいという現象も起こっている[3]。

2　日本の大学が直面する主な課題

　日本の大学の学士課程に入学を希望するほとんどの層は、高校を卒業する 18 歳の人口である。2016 年の 18 歳人口は約 120 万人程度であるが、2030 年には約 100 万人まで減少し、さらに 2040 年には約 80 万人まで減少するという推計になっている[4]。いっぽう高等教育機関への進学率はそ

---

1)　総務省 HP 〈www.soumu.go.jp/johotsusintokei/whitepaper/ja/h28/html/nc143210.html〉。
2)　The Goldman Sachs Group, Inc. の調査をもとに文科省作成 〈http://www.mext.go.jp/b_menu/hakusho/html/hpaa200801/08060518/005.htm〉。
3)　「我が国主要産業の国際競争ポジション」（経済産業省提出資料）〈http://www8.cao.go.jp/cstp/tyousakai/innovation/nanowg/3kai/sanko1.pdf〉。
4)　中央教育審議会「高等教育の将来構想に関する基礎データ」平成 29 年 4 月 11 日。

れほど伸びておらず、大学については 50％台である。大学、短大、専門学校等を含めると 80％の進学率となるので、今後は大学や短期大学のみならず専門学校も含めて大きな改変が進むものと思われる。

　4年制大学の数自体は増え続けており、2015年の段階では 777 校となっている[5]。うち国公立が 177 校なので、私立大学の占める割合がかなり高くなっている。18 歳人口の減少と進学率の停滞により、私立大学の 4 割強が定員を満たしていない状態である。最新の調査（2018 年）では大学の合計が 782 校で、うち国立が 86 校、公立が 93 校、私立が 603 校となっているので、そのような状況にあっても大学の数は増えていることになる[6]。

　国際的な動向にも目をむけると、大学は国境を超えてお互いに協力することが求められている。SDGs で示された持続可能な 17 の開発目標に準じて、それぞれの大学が項目ごとに教育研究活動を推進することによって世界の安心や安全に貢献できるという考え方である。グローバルな問題や課題に取り組むために、国や地域を超えた大学間連携が必要で、実際に、国連が主導するアカデミック・インパクトをプラットフォームとして数多くの大学がすでに取り組んでおり、日本からも参加する大学が増えてきている[7]。

3　提言される大学改革

　首相官邸が主導する人生 100 年時代構想会議や文部科学省の中央教育審議会においても、大学に関する問題や課題、及び、改革について様々な議論や提案がなされている[8]。日本における産業構造や社会構造の変化に

5）　内閣府、平成 29 年第 6 回経済財政諮問会議〈http://www5.cao.go.jp/keizai-shimon/kaigi/minutes/2017/0425/shiryo_01.pdf〉。
6）　文部科学省、学校基本調査（平成 30 年度）〈http://www.mext.go.jp/component/b_menu/other/__icsFiles/afieldfile/2018/08/02/1407449_3.pdf〉。
7）　国連アカデミック・インパクト Japan〈https://www.academicimpact.jp/〉。
8）　人生 100 年時代構想会議〈https://www.kantei.go.jp/jp/singi/jinsei100nen/〉及び中央教育審議会大学分科会将来構想部会。

対して、高等教育機関における教育研究も変わっていかなければならない。現代は将来予測が難しい時代と認識されており、そのため、変化する社会に生きる人間のための教育として、学修者本位の教育への転換が提言されている。多様性と柔軟性を確保できるような教育研究体制を構築し、大学自らが教育研究の質を保証しつつ、多様な機関が多様な教育を行うことによって、あらゆる世代が学べる知的基盤を構築しようとするものである。

　これらの提言には、それぞれの大学が取り組むべき具体的な項目も明示されている。大学はそれぞれ社会における役割や機能を明確にし、大学としての強みや特色を打ち出すことによって社会からの期待や要請に応える一方、少子化が進む中で、外部人材の登用による経営力の強化や大学間の連携や統合も視野にいれるべきだとの議論もある。さらに多様な財源を確保するために、公的支援や民間からの投資、コストの可視化と軽減等も積極的に進めるべきだとしている。

4　大学を考えるための視点とキーワード

　以上のような大学を取り巻く環境をふまえ、これからの大学を考えるための視点をいくつか設定したい。①高等教育の対象者、②産業構造の変化と大学への期待、③国公立と私立の経営上の相違、④ローカルとグローバル、⑤大学区の強みや特色、伝統の5つの視点である。

　まずは高等教育機関で学ぶ対象者であるが、大きく分けて3つのグループがある。18歳を中心とする高校の卒業生、海外からの留学生、そして社会人である。高等学校を卒業して大学に進学する人は、社会に出る前の準備段階であり、企業等に就職する場合が多いものの、人によっては大学院に進学したり、海外に留学したりする。海外からの留学生は、日本の大学や大学院に正規留学して学位取得を目指す人や、交換留学生として学期や年単位で学ぶ人などがおり、日本の大学で学ぶことに意義を感じている人々である。いっぽう社会人は一度大学を卒業してすでに職に就いている人、大学で学ぶ機会がなかった人、アルバイトやパートで働いている人など、様々である。大学は今後、目的別の教育プログラムを多数開発してい

くことによって、多様な人々の特定の希望に応えていかなければならないだろう。

　次に、産業構造の変化と大学との関係である。デジタル革命によって、アナログをベースとした製品やサービスから、デジタルをベースとした製品やサービスへ市場が転換した。例えばカメラは写真を撮影するという目的は同じでも、技術がまったく異なり、フィルムを現像するという手法からデジタル技術で保存するという方法に変わった。このような変化はあらゆる分野で起こっており、今後はさらにネットワークを介したデジタル技術も発展することが見込まれているので、あらゆる分野の製品やサービスが大きく変わるであろう。インターネットによるオンラインビジネス、デジタル・コミュニケーション、コンピュータのモバイル化などがすでにそれらに拍車をかけている。

　いっぽう日本が得意としてきた製造業では競争が激化し、アジアの国々における競争力の向上によって日本の製造業が危機に直面している。急速かつ大きな変化により、大学においても今後は文理融合、学際分野の強化、イノベーションによる新たな教育研究分野の開発などに大きな需要が見込まれ対策が急務となっている。

　また、今後は国立大学、公立大学、私立大学という設置形態の相違も大学経営に大きな影響を与えることになる。国立大学法人は運営費交付金があり、公立大学は地方自治体による交付金で経営される。私立大学も経常費補助金があるが、ほとんどは授業料等の学費収入に依存する経営となっている。国立大学の場合、国費を投入するので、特定の分野による支援や大規模な学術研究、大学院教育などに期待が寄せられるが、私立大学の場合は多様な社会的ニーズに応える教育、私学としての特色ある教育が求められる。いずれにしても安定的な財源の確保が急務となっている。

　さらに国公私立にかかわらずいかなる大学であっても、経営においてローカルとグローバルの視点を持つことが重要になっている。大学は所在地域の活性化のためにも存在するため、地域の核となる大学間の協働を推進し、地域の行政や企業と密接に連携、協力し、地域社会の発展のために機能することが求められている。同時に少子化社会においてグローバルの

側面も重要であり、大学の国際化をさらに進めることが求められている。アジア諸国、環太平洋地域との交流を推進しつつ、アジアの高等教育の拠点として留学生を積極的に受け入れ、安定した社会の構築に貢献しなければならない。そのためにはこれまで以上に国際教育を推進し、教育課程のグローバル化を実現しなければならない。

　そして最終的にはそれぞれの大学が建学の精神や伝統を土台とし、強みや特色を打ち出しながら存在意義を固め、社会的な役割を果たしていくことが求められる。主な要素としては教育、研究、校地・校舎、施設・設備などの強みや特色に加え、教職員や経営陣、学生などの人的特色や校風なども次世代に向けて育てていかなければならない。財務基盤をしっかり築き、組織力の強化も図らなければならない。

5　大学改革のためのフレームワーク

　それぞれの大学が実際に自大学の現状を分析し、未来に向けて改革改善を実行していくためには、客観的な分析と将来に向けた戦略が必要になる。マイケルポーターが開発したフレームワークを基本として、考慮すべきいくつかの背景を加え、競合という視点からの分析モデルを提示する（図1）。

　大学間の競合を取り巻く環境として、1. 政治・政策上の影響、2. 社会文化上の影響、3. 科学技術上の影響、そして 4. 経済産業上の影響があげられる。教育改革は国レベルでも行われるので、行政的な施策や競争的資金の導入等は常に大学経営に大きな影響を与える。社会文化的な影響としては、少子化やグローバル化に伴い、社会一般の大学に対する意識や価値観が変わり、大学選びや高等教育に対する考え方、及び、進学への動機や意志も変わってくる。経済産業上の影響としては、日本全体の経済的な力が変化しており、伝統的な産業の縮小や人口減少による労働力の衰退、産業構造の変化等が認められる。これらは家計にも影響を与えるので大学進学率も停滞する。さらにビッグデータやIoT、AI、ロボティクスを中心とする技術的な発展が目覚ましく、大学における教育研究の活動のあり方にも著しい影響を与えるとともに、これらのさらなる発展を見通した教育研

図1　大学改革のフレームワーク

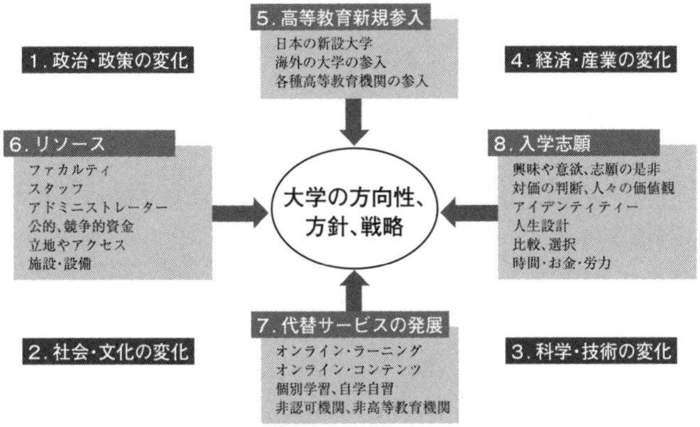

図中:

5. 高等教育新規参入
日本の新設大学
海外の大学の参入
各種高等教育機関の参入

1. 政治・政策の変化

4. 経済・産業の変化

6. リソース
ファカルティ
スタッフ
アドミニストレーター
公的、競争的資金
立地やアクセス
施設・設備

大学の方向性、
方針、戦略

8. 入学志願
興味や意欲、志願の是非
対価の判断、人々の価値観
アイデンティティー
人生設計
比較、選択
時間・お金・労力

2. 社会・文化の変化

7. 代替サービスの発展
オンライン・ラーニング
オンライン・コンテンツ
個別学習、自学自習
非認可機関、非高等教育機関

3. 科学・技術の変化

出所：*Harvard Business Review*, 2008 の Michael E. Porter の The Five Competitive Forces を基本的なモデルとして筆者作成。

究も必要で、大学における様々な改革を後押しする力となっている。

　このような外部環境をふまえた上で、実際の大学間の競合や連携を考えていかなければならない。基本的には大学が掲げるミッションやビジョン、バリューを土台として、教育研究上の目的を達成するために具体的な方針を定め、戦略的に経営、運営しなければならない。まずは、大学作りのためのリソースを充実させることになるが、校地校舎や施設設備等のインフラ整備のみならず、教員や職員の多様な人材の確保、資金調達も含まれる。ファカルティ、スタッフ、アドミニストレーターそれぞれの責任や役割をふまえた人材育成も魅力ある大学づくりの実現のために重要である。

　いっぽう、入学志願者を増やすための施策をたてるために、大学と志願者のマッチングを作ることが重要である。何を学べるか、どこでどのように学べるか、卒業後、どのように活かされるかなど、時間とお金と努力を投資する受験生の立場にたって、その疑問にしっかり応えられる仕組みの構築が必要である。他大学と比較して、差異や優位性等を感じられる大学に仕上げることである。したがって基本的には 6. のリソースと 8. の入学志願のマッチングとしての整合性が最も重要である。

　また、5. 高等教育への新規参入や、7. 代替サービスの台頭も、競合に

参入することになる。日本における新設の大学、学部、学科のみならず、海外の大学も競合状態に影響を与える。インターネットと情報端末危機の普及により、オンラインによる教育もかなり充実してきたことから、その成果が認められるようになると、従来の教育方法の代替として受け入れられるようになっていく。

このように大学を取り巻く環境の要素を分析すると、自大学の強みや特色、脅威や機会等がみえてくる。

おわりに

本稿では現在の日本において、大学が置かれているおおまかな状況や環境を把握し、これからの大学の持続発展的な経営や運営のための方向性や方針、戦略に向けた基礎的な議論を提示した。また、具体的な考察のためのフレームワークを利用し、それぞれの大学の参考となる視点を提示した。

変化する社会の中で生きていく学生たちのために、それぞれの大学がミッションやビジョンを明らかにしながらお互いに連携し、高等教育全体としてローカル、グローバルを問わず、社会に貢献していくことが期待されている。本稿が高等教育全体の充実と個々の大学のさらなる発展に向けた取り組みの一助になれば幸いである。

人工智能对中国大学教育的影响：以法学教育为视角

中国の大学教育に与える人工知能の影響——法学教育の視点から

呉　志攀

【日本語の要約】中国における人工知能とビッグデータの急速な発展は大学の教育モデルに大きな影響を与えた。裁判所の審理業務での人工知能とビッグデータの広範な利用が進む中で、大学の法学院では教員も学生もその影響を受け、教科書や参考資料を利用した講義やケーススタディといった従来の教育モデルにも変化がもたらされた。IT の進歩の刺激のもとで、人工知能とビッグデータの成果の積極的な活用によって、教育の効率化と質向上が図られている。

　しかし、人工知能とビッグデータには看過できない弱点がある。法律に不可欠なヒューマニズムや善良さ、公共道徳などの人間性の育成はできないという点である。法学院は引き続きヒューマニズムや善良さ、公共道徳などの人間性の教育に力を入れ、人文精神とテクノロジーのスキルを兼備した専門人材の育成を目指すべきである。

1. 前言

日本人工智能专家松尾丰（Yutaka Matsuo）教授出版了《人工智能狂潮》[1]，并与其他国家的计算机科学家合著《大智能时代》[2]，我读了这两本书的中译本，对其中的"机器学习"的内容发生了浓厚的兴趣。因为机器学习的能力正在超越人类，而且机器学习成果正在辅助人类学习，而且也正在对大学教学产生巨大的影响，例如，减轻教师的工作负担，如判试卷、词典和百科全书、电子专业期刊、纠正外国语发音、修正语法错误、检查错字和拼写错误等。

再如，生成模拟模型、预测发展趋势等。将来机器在学习辅导、心理辅导、学习游戏等成为学生的好朋友。所以将来的大学不但有老师和学生，还将有机器科研与教学机器助理。而且，机器科教助力可以 24 小时工作，不知疲倦，没有脾气，还不用发工资，不放寒暑假，也不需要医疗费，也不要退休金。现在行内将各种机器人的这种辅助人类工作的能力叫做人工智能。人工智能正在对大学产生潜移默化的影响，在我们不知不觉之间人工智能已经出现在大学校园参与我们的学习和工作了。

2. 从人工智能对司法实践的影响缘起

人工智能和大数据技术在中国发展很快，与互联网结合的数据与人口众多和城镇分布很广的国家连接之后，所产生出来的效应，是我们从前难以估量的。例如，无论中国人在上海，还是在三、四线城市，用手机 APP 叫车的等候时间几乎相同的。因为叫车平台的工程师采用网格计算当地人出行数据，再安排车辆配置模式的结果。再如，中国担任巨大物流的成千上万辆货柜车司机使用的"货满满"APP 配货平台，通过网络连接大数据，让他们极大地减少了空驶时间和提高了配货效率。再如，由于占我国人口大多数的三、四线城市，那里的"城镇青年"通过手机互联网连接起来的各种 APP，

1）　机械工业出版社，2018 年 1 月第一版。
2）　机械工业出版社，2016 年第一版

以海量视频和文字信息覆盖了包括一、二大城市在内的中国，他们的选择现已成为引领北京、上海、广州和深圳等一线大都市新兴品牌与时尚潮流的风向标。人工智能与大数据将我们在以往经验中的知识和经验改变了，新知识和新经验正在以前所未有的速度更新迭代。这种情况从上世纪 70 年代末 80 年代初在美国就开始从"零"到"1"的突破了，2000 年后中国又从"1"发展到了"7 亿"以上。

人工智能和大数据对中国的法律领域的影响越来越大，在中国近几年这方面许多新的科技成果不断涌现。例如，在中国所有法院判决书上网公布之后，判决书的质量检查就成为一项需求。人工智能系统可以协助法官核对判决书中的文字和语句逻辑是否有误，还可以检查案件叙述的事实与适用法律的适当程度。当人工智能系统发现有问题时，便会在质疑处标注提示。人工智能的优点在于没有疲劳和速度极快，机器校对检查文稿的速度是人力的几百倍，而且可以 24 小时连续工作，这是人力难以比拟的。

为了适应人工智能技术的采用，现在中国法庭审理过程中，所有语音都被机器自动转化成为书面文字，再经过书记员修改，可以形成法庭记录。过去法庭记录工作主要是采用专业打字员用亚伟速录机打字。这种打字机只有 10 个键，经过 4 个月训练的速录员可以满足法庭记录的要求。但是人工打字还是有身体疲劳的问题，现在人工智能系统基本上代替了人力打字。此外，人工智能翻译系统还可以将中文语音，自动转化成为英文、法文、日文、韩文和西班牙文的语音和文字，方便出庭的外籍当事人。

人工智能系统配合法律案件的大数据，还可以分析各类案件的统计结果和变化趋势及各地区案件特点。我国是一个人口大国，2017 年中国各级法院受理和审结案件总数千万件，随着公众财产与合同日益增多，各类涉及公民财产和合同的民事案件也会相应增多。对如此大数据的快速分析，如果只依靠人力，那将是一个非常缓慢的过程，而计算机分析软件可以在非常短的时间内完成。现在和将来案件的数据统计和分析不仅在统计学上有意义，在法学教育方面也有很大的意义。

很多年以前，中国的法学院和为司法提供辅助服务的专业公司就研制出了判案机器人，并与法官判案进行比较。在事实清楚和情节简单刑事案件中，机器人判断的结果与法官相差无几。但是对于事实模糊和情节复杂的案件法

官判案胜于机器人。经过这么多年的发展，现在的智能机器人比以往更加先进，判案质量也更加提高了。随着人工智能的快速发展，人工智能机器人辅助法官审案的比重会越来越多。

司法领域的机器人现在还不能像 IBM 公司研发的会下围棋的机器人"阿尔法狗"那样聪明，并能百盘皆胜世界围棋冠军，但是可以预见在不远的将来，重复性的简单的案件可以交给智能机器人来代替人来办理，复杂的和疑难的案件由法官来办理。在全国各级法院每年受理的总数达到数千万件的案件中，大部分还属于简单的和重复的案件，复杂的和疑难的案件只占少数。人工智能系统一定可以极大减轻法官的工作疲劳和重复劳动，并将大幅度提高工作效率，将法官从繁重的工作压力下解脱出来。

3. 人工智能对法学院教学的影响

由上述情况已经可以看出，人工智能对司法审判工作的影响变化，必然对法学院的教学产生影响和变化。互联网的发展使法学院师生上网查询全国各级法院审判案例成为轻而易举的事情，现在人工智能的快速发展，已经开始辅助法学院师生使用大数据分析来做法律研究工作。

我举例说明，30 多年前的法学院讲授《婚姻法》课程的时候，老师教给我们许多专业术语和法律原则，这些都是非常重要的。那时的教学主要集中在概念、法律条文、各国法律比较和典型案件的分析等方面。今天在人工智能和大数据支持下，我们可以对一个地区某时间段婚姻案件做大数据分析。近几年中国一线城市房价上涨，政府推出各种限购政策，这些城市的离婚案件相应增加。此时多数离婚案件不是由于夫妻双方感情破裂，而是夫妻协商一致，以假离婚规避限购政策。

通过对案件的大数据分析，政府和法院都需要采取相应措施来解决假离婚的问题。政府出台政策限制离婚当事人两年之内立即购房。法院也对假离婚案件不判决离婚。此时法学院在教学时，就需要讲授假离婚案件的构成要素，还需要结合房屋限购政策讲授购房与假离婚案件的相关性。如果没有大数据分析，有经验的法官也许能发现房屋限购政策与离婚案件的关系，但是现在只要法学院学生上法院网和房地产网查看数据并进行分析，也会发现两

者的内在关系。

再举一个例子，在《证券法》课程讲到"内幕交易"的内容时，过去老师主要讲内幕交易的主体、内幕信息等概念和认定原则。但是学生对于证券交易实务中如何识别内幕交易的行为还是一无所知，只有经验丰富的市场人士才有可能识别。现在证券交易市场管理部门已经有市场交易监控系统，计算机可以自动发现个股交易的异常波动，及时提示监管人员关注这只股票。经过对这只股票一定时间交易情况的跟踪监控，以及对相关公司人员的分析，很容易发现内幕交易的证据。此时学习证券法的重点已经转移到如何设定人工智能监控异常波动的标准，而不再是内幕交易的关键词的概念和法律原则的解释了。

再举一个与银行支付有关的例子。在上《银行法》课讲到支付结算内容时，过去主要是讲《银行法》条款中规定的支付工具，如现金、支票、汇票和银行卡等。当市场出现商业储值卡和网上第三方支付工具的时候，由于这些不是《银行法》条款列举的支付工具，因此《银行法》并没有规定禁止，因此不违反法律。由于不违反法律，银行监管部门也不管，银行同业协会也不过问。但是，当支付宝发展到联手余额宝时，影响到银行储蓄账户的存款余额，某些大银行便采取规定银行转账限额的方式加以限制，这种做法比较消极，影响亿万消费者合法权益，还违反了银行与信用卡持有人之间的契约。因为在信用卡开户时，契约条款中并没有这样的转账限制。在网络购物和网络支付成为公众日常消费普遍行为时，法律只能适应市场发展而作及时修改或变通，而不是限制亿万消费者的转账需求。

与此相关的另一个例子，支付宝不涉及现行《银行法》，也不涉及银监会管辖范围，因此它得以发展起来。但是当支付宝与余额宝[3]联合操作之后，因为余额宝是一种理财产品，风险比支付宝增大，市场情况变得更加复杂，系统风险也增大了。对于理财产品的监管各地区规定不同，在浙江，监管部

---

3) "余额宝是蚂蚁金服旗下的余额增值服务和活期资金管理服务产品，于 2013 年 6 月推出。天弘基金是余额宝的基金管理人。余额宝对接的是天弘基金旗下的余额宝货币基金，特点是操作简便、低门槛、零手续费、可随取随用。除理财功能外，余额宝还可直接用于购物、转账、缴费还款等消费支付，是移动互联网时代的现金管理工具。目前，余额宝是中国规模最大的货币基金。"引自：https://baike.baidu.com/item/ 余额宝/5713207?fr=aladdin

门对阿里公司非常支持，因此对于支付宝相关的余额宝也采取宽松政策。但是在湖南，监管部门对类似的理财产品监管的就比较严格，甚至上升到动用刑法极刑来制裁的严厉程度。

法学院刑法课和金融法课程在讲到"非法集资"的内容时，发现在全国各地同类集资案件中，没有同样的处理方法，所以案件处理结果也天壤之别。通过大数据分析，可以看出涉及公众数量越大，金额越大的理财产品，就越受到地方政府的保护，反之亦然。在湖南的理财产品中，涉及到的公众数万人，金额几十亿，当事人被以"非法集资"罪处以极刑。而在浙江的理财产品涉及公众数亿人，金额数千亿，经营者被誉为金融创新的典范。大数据给我们提供了一个新认识：如果是数亿人都违法了，那一定是法律有问题。如果是一个人违法了，那一定是他个人有问题。刑事案件律师在工作中也证明了这一点[4]。

4. 人工智能和大数据让学生加速成为专家

上述人工智能和大数据情况的介绍，使我们容易理解司法实际工作已经发生了很大的变化，因此法学院课堂教学也应该随之有所改变。首先，网络搜索功能的发展，改变了我们收集、储存和整理资料的方式，极大节省了查找资料的时间，提高了研究工作的效率。

其次，人工智能和大数据能提供快速分析，计算机的分析速度可以是人的百倍，甚至千倍和万倍，因此节省下来的时间，能让我们有更多的时间研究分析结果。如果像以往那样单纯依靠人工分析，那要花费非常多的时间，有时不仅是时间问题，还有难度的问题。

再其次，在人工智能的辅助下，我们看问题的视角更加多元化，比如摄影爱好者站在海边操纵航拍器飞到 200 米高 300 米远的海面上去拍日落一样，在人工智能辅助之下，我们能够发现一些本来看似不相干的因素是相关的。如上述离婚案件与限购政策之间的关系。如果再展开一些，例如，地球二氧化碳排放量与海洋温度上升的关系、海洋温度上升与地区高纬度干旱地

---

4)　北京韦斯江律师的一次发言中讲了这个观点。

区降水量增多的关系、高纬度干旱地区降水量增多与土地及粮食价格变化的关系、粮食价格预测变化与期货市场波动的关系、以及这些地区土地管理政策调整和土地法修改的预先研究的关系。过去我们已知道蝴蝶扇动翅膀可能引起地球另一端的风暴，今天在人工智能和大数据的辅助下，我们普通人也能够找到这蝴蝶与风暴两者之间的关系图。

大学生比大学教授在计算机和网络方面更具有操作能力和学习能力。现在中国大学法学院 60 多岁的教授大部分是 30 岁左右才开始接触计算机和网络的。而现在的大学生从幼儿园就开始玩平板电脑和网络游戏了。计算机软件和网络技术经验的积累，老教授与青年学生之间是一代人的差距，因此只要学生接触到人工智能和大数据，他们很快就能变成老教授的老师。法学院学得天独厚之处是，法律领域的数据大部分都是网上公开的。例如各级法院的判决书、全国和地方所有法律法规、最高法院的司法解释、法学院专业期刊文章、法律硕士和博士毕业论文，还有专业法律服务公司的各种法律相关的数据库和分析报告等。此外，人工智能的开发主要也是在大学和专业公司，大学具有极大的智力资源和多学科优势，因此大学生既是人工智能开发的参与者，同时又是人工智能系统的使用者和获益者。

在很多年前，我在学生的帮助下，用大数据做过一个法律方面的实验。那时法院判决书还没有公开上网，我查阅了五年全国各地《法制报》对几种案件的报道，如刑事案件、合同案件、婚姻案件和金融案件等，再将这些报道的案件数据统计起来，然后由学生帮助输入计算机分析，计算机分析软件也是学生研制开发的。我只提出分析的需求，如不同省区与某种案件的相关性等。计算机经过几个小时运算之后自动生成图表。这只是一个实验，实验结果也许与实际情况还有差距，因为媒体报道本身受到的影响因素就很复杂。但是在今天各级法院判决书全部公开上网的情况下，我们再做某种案件与地域关系的大数据分析实验时，得出来的结果与现实情况的差距就很小了。这样的数据对于各省区政府相关部门制定政策和社会服务都有参考价值。

上述实验是很多年前做的，那时我已经体会到学生在计算机软件编程方面是老师，而我是学生。我只能提出研究需求，但学生可以通过他们的技术满足需求。所以我与学生之间已经不是教与学的关系，而是坐在一起讨论的关系。我因为岁数比学生年长许多，社会阅历多一些，与实际部门，如政府、

法院、检察院和社区的联系多一些，我更知道哪些相关因素对实际部门是有应用价值的，哪些没有应用价值或价值不大。学生在设计满足研究需求软件方面是编程专家，他们可以专门为某种需求专门编一个程序，而且他们年轻，精力旺盛，工作起来不知道疲劳，工作效率很高。

5. 人工智能和大数据在法律领域的短板

短板在于人工智能和大数据毕竟不能代替人，特别是它不能代替人性化思维。人是有人性的，计算机在可预见的未来依然难以具有人性。在法律领域一贯强调执法如山和法不容情等，这里所说的"情"是指不容私情。在犯罪学理论看来，所有违法犯罪行为都与社会环境有关，如幼小缺乏亲情、少年时期缺乏教育、成年后又处于贫穷和饥饿状态、经常被人歧视和被欺侮等，这些社会因素都会引起人的违法犯罪。在美国法律领域流传着这样一个故事：

一位贫穷的老人因为饥饿偷了面包店的食品，被警察抓住。在法庭审判时，法官认为犯罪情节较轻，可以罚款代替坐牢，但老人没有钱无法交罚款。法官当众宣布，如果有人愿意捐款替老人交罚款的话，老人也可以免于牢狱之苦。法官带头捐了一些钱，现场旁听公民跟着捐款，最后老人被当庭释放。法官的这个举动是临时性的，如果当时即便有人工智能辅助审理这类事实清楚、犯罪情节轻微的案件，也不会做出捐款代替罚款的决定。这就是法官与计算机在人性上的差别。

在欧洲流传着另一个故事，有人从高处跌伤且伤势严重，刚好一个盗贼路过这里，他抢走了伤者身上的财物。同时，盗贼又打电话给医院说有人生命垂危需要抢救。医院的救护车赶来将伤者送到医院抢救挽回生命。盗贼后被抓获，法官在审理案件时认为，盗贼虽有罪，但还是应当庭释放，其理由是他抢劫财物的恶与他通知医院及时挽救一条人命的善相比，法庭应该鼓励这种善举。如果当时法庭有人工智能辅助办案的话，计算机能否做出这位法官的决定呢？我相信是不可能的，因为这就是法官与计算机在人性方面的差别。

近几年中国国内也有一些社会广泛关注的案例，例如，"2017 年 5 月 2

日，郑州医生杨欢因在电梯内劝阻段肖礼抽烟，两人发生争执。十多分钟后，69 岁的段肖礼突发心脏病死亡。段肖礼的妻子田九兰将杨欢诉至法院，要求其赔偿死亡赔偿金等共计 40 余万元。2017 年 9 月 4 日，郑州市金水区法院做出一审判决，判决杨欢向死者家属补偿 1.5 万元。田九兰不服一审判决，上诉至郑州市中院。2018 年 1 月，该案在郑州市中院二审公开宣判，法院撤销要求杨欢补偿死者家属 1.5 万元的民事判决；驳回田九兰的诉讼请求。"[5] 这可能是我国第一起因违规争执而发病致死的诉讼中，二审撤销一审判决和驳回原告诉讼请求的案件。

另一个社会舆论讨论较多的案件，就发生在今年（2018 年）的前几个月："2018 年 8 月 27 日 21 时 30 分许，刘海龙驾驶宝马轿车在昆山市震川路西行至顺帆路路口，与同向骑自行车的于海明发生争执。刘海龙从车中取出一把砍刀连续击打于海明，后被于海明反抢砍刀并捅刺、砍击数刀，刘海龙身受重伤，经抢救无效死亡[6]。根据侦查查明的事实，并听取检察机关意见和建议，依据《中华人民共和国刑法》第二十条第三款"对正在进行行凶、杀人、抢劫、强奸、绑架以及其他严重危及人身安全的暴力犯罪，采取防卫行为，造成不法侵害人伤亡的，不属于防卫过当，不负刑事责任"之规定，于海明的行为属于正当防卫，不负刑事责任，公安机关依法撤销于海明案件。"

在刘海龙案件中，法院对于在正当防卫致死的情况下，不再像以往过多注重防卫是否适度的技术衡量，而更多的是从维护善良公民人身安全和社会良好平安秩序的角度来考虑问题了。相比之下，在 2009 年的邓玉娇正当防卫致死案，当时的法院还是找到其他情节，来免除正当防卫人的刑事处罚的。

邓玉娇是某酒店工人，她在酒店洗衣工作中，被三个男人百般调戏。在忍无可忍的情况下，她用桌边的水果刀将调戏她的一个男人刺伤，后该男人因为失血性休克死亡。2009 年 6 月 16 日 11 时，邓玉娇案在湖北省巴东县法院一审结束。合议庭当庭宣判，邓玉娇的行为构成故意伤害罪，但属于防卫过当，而且邓玉娇属于限制刑事责任能力，又有自首情节，所以对其免除处罚。

5） https://baike.baidu.com/item/5·2郑州电梯劝烟猝死案/22355431?fromtitl

6） https://baijiahao.baidu.com/s?id=16104204029552522943&wfr=spider&for=pc

　　可见当时在邓玉娇案件中，法院判决了邓玉娇免于刑事处罚，但还是认定了她的行为构成故意伤害罪，认为她的正当防卫过当致人于死。免于刑事处罚的理由是司法鉴定她精神与身体均有障碍，以及有自首情节。也就是说，在当年正当防卫致人于死，被法院认定为故意伤害罪的当事人，如果没有精神和身体方面的障碍，又没有自首情节时，还是会被判处刑罚的。

　　比较 2009 年邓玉娇案与 2018 年于海明案，两者都是正当防卫，后果都是致人于死，但两个司法机关说明的理由有很大不同。前者认定有罪，但基于有免责情节，不采取刑事处罚。后者基于情节直接就免于起诉了。我们可以看出不同时期的法院和司法机关，对同类案件的处理已经发生非常大转变，即更多地维护人性善的一面，遏制人性恶的一面。法院和司法机关的变化，得到社会舆论广泛的赞同。过去法院谨慎地从防卫技术角度和司法程序角度来考虑判决的公正性，以免有人利用以"正当防卫"为手段到达杀人的目的。但是，现在法院和社会公众都普遍认为，善人是不会故意行凶杀人的，而恶人却经常会侵害他人生命财产和报复社会。后来的法院判决是一大进步，引导社会公众勇敢地抑恶扬善，要让社会秩序更加平安，让公众生活更加具有安全感，让恶人不敢横行于市，让善良人出门在外没有恐惧，因为"心无挂碍"[7]。

　　上述两个案例从不同角度考虑人性的因素，在过去的处理方式是既要保护正当防卫的权力，又要考虑适当弥补死者家属感情和损失，所以往往采取妥协的方法，各打五十大板结案。因为在中国的历史传统中，人命大于天。如果人死了，小事也变成大事，好事也变成坏事。不管什么原因人死了，后果都会变得很严重。传统的思维通常会认为，虽然坏人作恶有罪，但罪不致死，死了就过了。因此死亡的家属便会获得同情。原来都是支持正当防卫的民众，当他们看到加害人死亡，也会退缩三尺，闭口不言了。因此法院在这种情况下，就会从妥协双方诉求的角度来寻找判决的路径。例如，活着的一方当事人以民事赔偿方式来补偿死去一方当事人感情和家庭损失，以判"虚刑"的方式来处罚正当防卫过当的当事人。这种传统思维在过去法院办案中曾经是占主流的。这也是一种基于人性的考虑，如郑州电梯吸烟引发争执发

---

7)　《心经》佛语，引用此句用来比喻，相信法律达到心无挂碍的程度。

人工智能对中国大学教育的影响：以法学教育为视角

病致死案的一审法院判决。不让维护公益道德的当事人受到处罚，是另一种人性的考虑，如上述同一案件中的二审法院判决。因此人性是复杂的，在同一案件中处理结果截然相反，中间不排除社会舆论的影响，但是如果输入计算机，让人工智能和大数据来辅助处理这个案子，计算机将处于两难境地。

在现阶段，我们只能输入计算机一般的判案规则，难以教会计算机从人性角度处理复杂案件，权衡生死善恶和社会舆论导向等多种因素来做出判决。作为中国人自古就有"人之初，性本善"的经典教义，我们普遍认为，人性的善是天生的，后天修养成为仁者，仁者爱人。从上世纪初孙中山先生在日本留学时，就曾经留下墨宝："学道爱人，[8]"，再到今年（2018 年）世界哲学大会在中国北京大学举行，会议的主题是"学以成人"，中国社会一直都是在倡导人性善，人的善良对于人类社会的发展至关重要。所以大学法学院开始就该懂得，人性化的专业课程是，都应该教给学生法律与人性的关系，让学生从一开始就懂得，法律无论怎样发展，都应该是使人类社会命运共同体更加美好，让人性的光芒更加普及的，都应该促使人类社会的各个阶层，而没有被遗忘的角落。这些道理虽然简单，但是只有人类才能懂得和学会。

计算机在知识记忆、逻辑推理、数据运算的速度方面都远超人类，但是在人性和善心方面，却难以学会像人一样向善行善。所以在人工智能和大数据的短板方面，只能依靠法律专业者来弥补。法学院的专业教育，简而言之，在未来相当多的专业知识和法律逻辑推理都可能被计算机完成，但是在人性化思维方面还难以完成。人是不可被人工智能和大数据所替代的，在人性至高点上莫及，依然让计算机望尘莫及。

6. 结论

人工智能和大数据对法院实际工作的影响越来越大，这必然对法学院的训练模式产生影响。伴随计算机和互联网成长的学生比教师更为熟悉信息技术，因此法学院应当适应信息技术的快速发展和学生在运用计算机和网络的

8) 此横幅墨宝保存在日本九州大学校长室。

43

优势，相应调整专业培养方法，使学生更快地成为法律方面的专家。同时，法学院应注重人文主义的教育，培养学生对社会的人文关怀，对人的仁爱之心。计算机和互联网本身在这方面存在短板，人类在这方面有先天优势和后天家庭与学校教育的传承，可以弥补人工智能和大数据的不足。

此前有些法学院只注意专业技术训练，而不注重人文主义教育和人性培养，毕业生担任法官后审理案件只从经济功利角度来分析当事人的行为，不会从人性善与人性恶的角度来分析，判决书中"本院认为"（法院意见）曾经引起社会的广泛争议。因为法官判决扶起跌倒老人的路人，要赔偿老人数万元人民币的赔偿费[9]。此后，许多城市遇到老人跌倒街头后，出现无人敢救助的不良社会后果。法院断定是非和主持公正天平如果发生向人性恶的一面倾斜，那么整个社会人性善的一面就会受到压抑。

不仅是法学院，大学内的其他学院，如商学院、经济学院、医学院、公共管理学院、新闻学院和国际关系学院等都应该重视人文主义教育和传统善良公德人性的培养，应该开设这方面的课程，聘请专家来授课。人工智能和大数据对大学教育影响会越来越大，人文主义教育和善良公德的人性培养越来越重要。我们现在一方面人工智能和大数据技术发展很快，另一方面人文主义教育和善良公德人性培养滞后，好像人的一条腿长，一条腿短，这种不平衡状态不利于社会均衡发展和人民安居乐业的美好生活。

中国自古就有非常好的儒家"仁者爱人"的传统，在过去一段时间内我们偏重于经济和科技发展，忽视人文主义教育和善良公德人性的培养，现在人工智能和大数据正在加速地向我们走来，大学应顺势而为，采用它的优势，并弥补它的短板，保持我们的大学的社会功能是"常为新的，改进的运动的先锋，要使中国向着好的，往上的道路走。"[10]

---

9)　"2006 年 11 月 20 日上午，南京市民徐寿兰女士在某公交车站等车，据其称被正在下车的市民彭宇撞倒，而彭宇则称下车时候见老人摔倒，所以扶至旁边，并且在其亲属到来以后一起送该老人到医院，其中还垫付了 200 元的医药费。当好心的彭宇离开以后，却被告知要赔偿医药费用。2007 年 1 月 4 日，徐老太将彭宇告上了法庭，9 月 3 日，判决的结果是彭宇应该赔偿 40% 的损失费计 45876.36 元。判决结果引起极大争议。"引自：https://baike.baidu.com/item/ 南京徐老太事件 /4952332。

10)　鲁迅 1927 年在北大 27 周年所写的文章《我观北大》。

「キャンパス・アジア」モニタリング
——国際共同教育プログラムの質の向上を目ざす日中韓共同の取組

竹中　亨

はじめに

　20世紀末以降、高等教育においてはグローバル化が急速に進展した。ヒト・モノ・カネが国境を越えて自在に移動するという経済社会における趨勢が、学術界にも波及してきたのである。とくに目立つのは教育における国際化である。

　大学における教育・研究においては、後者が早くから国境を越えて展開したのとは異なって、教育はそれまでおおむね一国内で完結していた。この状況がグローバル化の潮流の下で変化した。というのは、今後のグローバル社会を牽引しうる新たな人材の育成が問われるようになったためである。しかし同時に、優秀な学生の獲得をめぐる競争が国を越えて展開するようになったことも挙げられる。こうして、教育ももはや国という枠にとどまることはなくなった。

　わが国も例外ではない。多くの大学で国際化がヴィジョンに掲げられるようになり、学生の海外への派遣、海外からの学生の受入れが積極的に進められた。本稿で取りあげる「キャンパス・アジア」も、日本の高等教育のこうした国際化の大きなうねりの中で生まれてきたものである。

　「キャンパス・アジア」は、日本、中国および韓国の政府の相互協力の

下で、これら3ヵ国の大学の間で学生交流を拡大することを目的とした事業である。国際的な学生交流を目ざすことは、大学の国際化の取組としてはよく行われる。しかし、「キャンパス・アジア」は次の3点においてきわめて特徴的な意義をもつ事業であった。

　第一に、東アジアを舞台にした頭脳循環を展望していた点である。それまで高等教育の国際化は、欧米主要国を軸として回っていたといってよい。すなわち、アジアなどから学生が欧米の大学に留学するという一方通行的な動きが主であった。その点、「キャンパス・アジア」は、日中韓3ヵ国の大学がコンソーシアムを結成して、3ヵ国を学生が循環するなかで学修と交流を深めることを目ざしたものであった。

　第二に、「キャンパス・アジア」が焦点をあてたのは、交換留学の単なる量的拡大ではなく、明確な人材目標と学修課程を伴う、高度な国際共同教育の実施であった。最終的な目標となったのは、3ヵ国共通の適切な単位互換制度を構築し、学位論文の審査を3ヵ国の大学間で共同実施し、さらにはダブルディグリー・プログラムを構築することなどであった。

　第三に、もっとも重要な点として、質保証を伴う事業だった点である。外国の大学との共同教育では、国ごとの制度・文化が相違することから、教育の質をいかに担保するかはむずかしい課題である。しかし、有意味な学生交流を将来にわたって継続するためには、質保証の制度的基礎を固めておくことが不可欠である。

　そこで、「キャンパス・アジア」ではモニタリングという新たな取組を創案し、実践した。この取組がどのように質保証に役立ち、どんな成果を挙げたかを、以下本稿で紹介する。

1.　「キャンパス・アジア」の展開

　ここで、「キャンパス・アジア」のこれまでの展開について見ておこう。

　発端は2009（平成21）年にさかのぼる。この年の10月、北京で開催された第2回日中韓サミットで3ヵ国の首脳は一連の協力プロジェクトで合意した。当時、日本は民主党の鳩山由紀夫政権であったが、同政権は

アジアとの関係緊密化にきわめて積極的であった。

　合意された協力の一つが、高度なレベルでの大学間協力を推進することであった。これをうけて、翌 2010（平成 22）年に日中韓 3 ヵ国の政府、大学、産業界関係者で構成される「日中韓大学・連携推進会議」が設立され、協力をどう具体化するかを検討した。その結果設立されたのが「キャンパス・アジア」である。CAMPUS Asia という名称の前半は、Collective Action for Mobility Program of University Students の頭文字をとったものだが、高等教育での協力がアジア大で発展することを適確に表現したものとなっている。

　「キャンパス・アジア」では、交流モデルとして、日中韓のいずれからも少なくとも 1 大学をメンバーとして含むコンソーシアムを結成することになった。コンソーシアムでは、最終的にはダブルディグリー・プログラムのような高次の交流を目ざすものの、それに並行してセメスター単位の交換や、夏期等に限定した短期研修まで、交流を多次元的に推進することになった。

　こうして「キャンパス・アジア」は 2011（平成 23）年にスタートした。もっとも、このような野心的で大規模な学生交流は、東アジアでは初めての試みであったから、関係する大学にとって、いきなり全面的な実施に着手するのは困難であった。そこで、実施は漸進的な形をとることになった。すなわち、まずパイロット事業として立ちあげ、試行のなかで経験とノウハウを蓄積することを目ざしたのである。

　パイロット事業として採択されたのは 10 件のコンソーシアムであった。これに参加する日中韓の諸大学は、2011（平成 23）年より 5 年間、それぞれの教育コンセプトにもとづいて国際共同教育プログラムを推進することになった。

　2015（平成 27）年にパイロット事業期間が終了を迎えたとき、各コンソーシアムでどのような成果が得られたかが検証された。その検証の結果はきわめて満足すべきものであった。そのため、「キャンパス・アジア」はいよいよ翌 2016（平成 28）年から本格的に実施されることになったのである。本格事業期間では、パイロット事業時のプログラムから 8 件が

継続して採択されるとともに、これに新たに9件のプログラムが加わった。つまり、現在では合計17件のプログラムが実施されている。

　北京大学の関係するプログラムを紹介しておこう。同大学は、ソウル国立大学校および東京大学と連携して、「北京―ソウル―東京（BESETO）ダブルディグリー・プログラム　国際・公共政策共同研究」という名称のコンソーシアムを形成している。これは、2011（平成23）年からのパイロット事業期間から現在まで継続して実施されている。このプログラムは、将来の東アジアのリーダーとして3ヵ国の国際関係改善に貢献するグローバル人材を養成することを目的としたもので、東アジアの公共政策・国際関係を英語で学ぶことができる教育内容となっている。在籍生は原則として日中韓すべての大学で学ぶよう組み立てられており、それぞれの国における学習と生活を体験できるようになっている。同プログラムは、教育目標に沿った優秀な学生の育成に大きな実績をあげており、非常に高く評価されている。

2. 「キャンパス・アジア」モニタリング

　すでにふれたように、「キャンパス・アジア」の大きな特長は、単なる学生の往来にとどまらず、それを質保証という確たる基礎に据えて、有意味な交流を実施している点である。この目的のために設けられたのが、日中韓共同で実施するモニタリングである。その担い手は各国の質保証機関であり、日本からは大学改革支援・学位授与機構（NIAD-QE）、中国からは教育部高等教育教学評価センター（HEEC）、韓国からは大学教育協議会・大学評価院（KCUE）がこれに参画している。

　モニタリングのねらいは次の3点である。

① 　国際共同教育プログラムの質の向上に貢献する。
② 　教育の質の観点から優良事例を抽出し、国内外に発信する。
③ 　国際共同教育プログラムに対する質保証の手法を構築し、東アジアの高等教育の質保証・質向上を促進する体制構築に貢献する。

　東アジアにおける教育の国際化は、たとえば欧米などに比してまだ日が

浅く、とくに国際共同教育プログラムに関する経験は、日中韓のいずれにおいても必ずしも豊かではなかった。諸大学は実際、試行錯誤の中で教育プログラムを構築・運営しているのが現状であった。そうしたなかで、他のプログラムで実施されている優れた取組は、模範モデルとして他の類似したプログラムの参考となり、質の保証を伴ったプログラムの構築に資するものと考えられた。

また、国際共同教育プログラムに対する質保証の手法や手順を日中韓各国の協力で開発することは、将来、東アジアで国際共同教育が発展していくうえで、きわめて有意義な貢献をなすものといえた。

こうしてモニタリングは、「キャンパス・アジア」の出発点から、その不可欠な構成部分として構想された。モニタリングは、2011（平成23）年のパイロット事業のスタートと同時に制度設計が始まったし、そして5年間のパイロット事業期間中に2回実施されたのである。

1回目は2013（平成25）年に行われた。質保証機関にとっても国際共同教育の評価は未経験な部分が多かったから、このときは3ヵ国それぞれで自国内の大学に対するモニタリングを独自に実施した。こうして一定の経験とノウハウを蓄積した後、3ヵ国間で調整と協力に向けた協議を開始し、日中韓共通の評価基準や手順等の枠組みを構築した。

以上の準備を経て、2015（平成27）年に2回目のモニタリングが共同モニタリングとして実施された。以下に詳しく述べるように、3ヵ国の評価委員と大学関係者が参集して、包括的な評価を実施したのである。

3. 共同モニタリング
——実施体制・基準・過程

ここで、共同モニタリングについて詳しく説明しておきたい。

1回目のモニタリングの後、質保証機関の間で協議が行われたが、とくに焦点となったのがモニタリングをどのような原則で行うべきかであった。大学評価についての理解や慣行は3ヵ国の間で必ずしも同一ではないので、まず原則的な点で合意をはかろうとしたものである。

　その結果、以下の点で合意が得られた。

・優良事例の抽出はコンソーシアム単位で行う。

・一箇の共同教育プログラムとして、コンソーシアムのメンバー大学間が資源の統合をはかり、また質保証に共同して参画しているかを確認する。

・各プログラムで、継続的な質の向上に向けた取組が行われているかを確認する。

・在籍学生の意見・要望を重視する。

　並行して、モニタリングの実施体制を整備した。具体的には、「キャンパス・アジア」共同モニタリング委員会と「キャンパス・アジア」専門部会という2つの組織を設立した。このうち前者は、モニタリングに関する重要事項を決定する権限をもつ、いわば親組織である。それをうけて実際のモニタリング作業を行うのが後者の役割である。

　共同モニタリング委員会は、大学のトップや有識者など、高等教育の国際化について巨視的な観点からの識見をもつ人々で構成された。たとえば、桜美林大学の佐藤東洋士理事長・大学総長は日本側の委員として参加された。一方、専門部会のメンバーたる専門委員には、大学での教育・研究の国際化の実務に通じた人々が選ばれた。

　共同モニタリングでは、どんな基準で評価が行われたのだろうか。用いられた基準は表1に示すとおりである。基準は5つあり、それぞれがさらに2つのサブ基準に分けられている。「キャンパス・アジア」の国際共同教育としての特徴は、たとえば基準2に見られる教育プログラムの共同開発や、基準4のプログラムのもたらす付加価値などに反映されている。また、質保証の重視という特色は基準5によく表れている。

　モニタリングは、以下のような過程で実施された。すなわち、まず各コンソーシアムは定められた書式に則って自己評価書を英語で作成した（2015年6月〜7月）。提出された自己評価は専門部会の専門委員が閲読し（書面調査）、評価の腹案を固める一方、自己評価書からは十分明らかにならない点を取り出した（2015年8月〜9月）。

　これに続くのが訪問調査である。もっとも、すべてのコンソーシアムに

表1　共同モニタリングの基準

基　準		サブ基準
1　目的と実施		1.1　目的の達成
		1.2　実施体制
2　教育プログラムの共同開発		2.1　カリキュラムの統合
		2.2　アカデミック・スタッフ・教育
3　学生支援		3.1　参加学生の募集
		3.2　学習・生活支援
4　共同プログラムの付加価値（成果）		4.1　学生の満足度
		4.2　単位互換・学位の授与
5　内部質保証		5.1　自己評価
		5.2　継続的な質の向上

対して訪問を行うのは経費的に難しいので、対象とされたのは3つのコンソーシアムであった。そのメンバー大学を専門委員が実際に訪問したのである（2015年11月〜2016年3月）。訪問調査に際しては、コンソーシアムの他のメンバー大学からも代表が参集するよう依頼したので、3ヵ国の専門委員と大学関係者が一堂に会して、聴取調査や見学、さらに意見交換を行った（写真1）。残る7コンソーシアムについては、各国において個別に訪問調査やインタビューを行い、その結果を日中韓の専門委員間で共有した。

専門部会は、書面調査と訪問調査で得られた知見にもとづいて報告書を作成する一方（2016年1月〜8月）、各基準に沿って諸プログラムから優良事例を選び出して、それをもとに共同モニタリング報告書を作成した（2016年10月）。報告書は共同モニタリング委員会に提出され、委員会は内容を検討したうえでこれを承認した。報告書はウェブサイトにて公開されている[1]。さらに、日中韓の質保証機関が共同で構築した、モニタリングの手法等を記述した共同ガイドラインを2017（平成29）年に作成した[2]。

---

[1]　http://www.niad.ac.jp/n_kokusai/campusasia/second_monitoring.html#report
[2]　http://www.niad.ac.jp/n_kokusai/campusasia/second_monitoring.html#guideline

写真 1　韓国東西大学校での共同モニタリングでの訪問調査
（プログラム責任者との面談）

写真 2　NIAD-QE 理事岡本和男による成果発表
（APQN 会合（2017 年、ロシア））

4. 優良事例とガイドライン

共同モニタリング報告書に記載されている優良事例をいくつか紹介する。

コア科目の「マッピング表」の作成

これは、単位互換に向けた措置である。学生が自大学ですでに履修したコア科目を、派遣先の大学で重複して履修するのを避けるため、双方の大学のコア科目を一覧にした表を作成するものである。

カリキュラムの共同開発

共同開発の一例を挙げよう。あるコンソーシアムでは、3ヵ国のメンバー大学が連携して、「移動キャンパス」と名づけた4年間のカリキュラムを開発した。これによれば、在籍学生はどの国の出身であれ、全員が2、3年次の2年間に3ヵ国のすべての大学をいわば循環的に移動し、その先々で必要な科目を履修する。こうして、だれもが3ヵ国それぞれの言語、歴史を学び、また共同開講の専門科目等を受講するのである。さらに、学生が出身大学に戻る4年次にはキャリア教育として国際インターンシップを設けている。

教科書の共同作成

3ヵ国で用いる教科書を統一し、それを共通で作成する取組も見られる。メンバー大学間で教材開発のための研究会を組織し、プログラムの目的に沿った教材のあり方等について議論を重ね、その成果を共通教科書という形で具体化したのである。

教員へのインセンティブ

　ある大学では、教員の業績をその賞与等に反映させる教員評価システムを、「キャンパス・アジア」についても適用している。こうして、英語による授業担当で生じる負担や、外国人学生への論文指導などが、教員評価においてポイント化されている。

ウェブ履修管理システムの構築

　学生移動の有用なインフラストラクチャーとして、3ヵ国の言語に対応した統一的なウェブ履修管理システムをメンバー大学間で協力して構築したコンソーシアムもある。これにより、学生がどの国にいても履修登録や自身の成績確認ができるようになり、教員にとってもより効果的な学習支援が可能になっている。

到達度アンケートの共同実施・分析

　3ヵ国のメンバー大学が協力して到達度アンケートを作成し、実施・分析しているケースがある。これにより、コンソーシアムとしての共通の教育目標が実際にどの程度達成されたかを、統一的な尺度で測定することができる。

　以上のような優良事例の収集に並行して、モニタリングでは学生からの感想や意見・要望にも留意している。たとえば、以下のような声が聞かれた。
　　・出身の相異なる、多様性のある学習環境で議論を重ねられたのはいい経験であった。
　　・新聞や放送メディアが日中韓のそれぞれについて伝える情報が必ずしも事実にもとづかない場合があることを知り、物事を客観的に考えられるようになった。

・「キャンパス・アジア」での学びを活かして、将来、東アジアにおける諸問題の解決に向けて貢献できる人材になりたい。

・ダブル・ディグリーの取得は時間的に負担が多かったのは事実だが（たとえば、夏休みもサマースクールに参加するなど多忙であった）、就職にも大変有利であった。

・単位互換が整備されているため、「キャンパス・アジア」に参加しても留年せずに済んだのを喜んでいる。

　共同ガイドラインについても簡単に述べておこう。これは、今後「キャンパス・アジア」がさらに展開するにあたって、引き続き統一的なモニタリングを行えるようにするためのものである。具体的には、質保証機関や評価作業にあたる専門委員がモニタリングの原則、基準や手順について明快に理解し、かつ実施にあたっての留意事項などを記述したものである。

5.　モニタリングの成果と成果発信

　モニタリングはどのような成果を挙げたのか。それを見るために、2017（平成29）年に日本側の大学に対して実施したアンケート結果を一部紹介したい。

　共同モニタリングの全体スケジュールや作業量の妥当性について質問したところ、回答の約半数が妥当だという見方であった。もっともその半面、「（どちらかといえば）そう思わない」という意見も3、4割を占めた。

　共同モニタリングでは、大学側は自己評価書を他国のコンソーシアム・メンバー大学と共同で作成することになっていたため、国・大学をまたいだ調整が必要であった。その分、自国内の大学単体に行った1回目のモニタリングと比べて、大学側の作業量と時間が大幅に増えたのが原因と考えられる。今後は、自己評価書の様式を工夫するなど、大学側の負担軽減に向けて日中韓の質保証機関間で協議を重ねることが必要だと認識している。

　しかしその一方で、コンソーシアム単位でモニタリングを行ったからこ

そ、メンバー大学間の共同性を高めることに繋がったという側面も、アンケート結果から確認できたことも指摘しておきたい。すなわち、「自己評価書の共同作成により、3ヵ国で取組状況や課題の共有ができた」や、「共同モニタリングは、3ヵ国の大学が共同で質保証について考えを深めるきっかけになった」という認識をもつかどうかという質問には、9割から肯定的な回答があった。また、共同モニタリング報告書をプログラムの改善・向上に活用できるかという質問に対しては、すべてのメンバー大学がこれを肯定する回答をした。

　アンケートによる成果の確認に合わせて、「キャンパス・アジア」では優良事例の発信にも注力した。これはモニタリングではそもそも、学生交流の成果を広く他大学などと共有し、最終的にはアジア全体における国際共同教育の質の改善や向上に繋がることを目ざしたためである。

　この目的のため、国内外の多くの会議等の機会を捉えて、パイロットプログラムに対して実施したモニタリングの成果発信に注力した。その結果、たとえば高等教育質保証機関の国際的ネットワークである INQAAHE や、アジア太平洋質保証ネットワーク（APQN）での発表では、世界各国から参集した質保証機関や大学関係者の多くから、各コンソーシアムの実施する優れた取組およびモニタリング活動に対して強い関心が寄せられた。

おわりに

　「キャンパス・アジア」は、本格実施に移ってからまだ日が浅く、したがってその成果を偏りなく把握するためには、なお若干の時日が必要である。しかしそれでも、質保証を伴う高度な人材交流を実現するという、この事業の本来の目的を達成するための制度的骨格はおおむね構築されたといえよう。とくにモニタリングという新たなツールは、この事業が今後有意味に発展していくうえで大きな担保を提供するものと確信している。

　「キャンパス・アジア」が次の事業期間において、頭脳循環を深化させるとともに、やがては東南アジアまでも含むような広がりをもち、それによってアジア全体の発展に大きな貢献をなすことを期待したい。

亚洲校园：
探索国际教育交流合作的勇敢尝试

キャンパス・アジア——
大学教育の国際交流と協力の大胆な試み

範　士明

【日本語の要約】本稿は、中日の政治・経済関係以外から、人文交流の観点で地域関係の新たな発展を探ることを目的としている。キャンパスアジア・プログラムは、過去 10 年間（執筆当時は過去 5 年間）で中日韓三国の関係における教育と人文交流分野で遂げられた最も顕著な進展である。特に三国の政治関係が幾度も波乱を経験するという背景を持つことからすれば、その容易ならぬこと、多くの成果をあげたことを評価しなければならない。

　北京大学国際関係学院、東京大学公共政策大学院、ソウル国立大学国際大学院は、キャンパスアジア・プログラムに参加し、「BeSeTo 国際関係・公共政策」というサブプログラムを構築した。3 つの学院は、各国政府の主管機関および三大学の行政部門の指導のもと、三国間の修士課程学生の交流・交換およびダブルディグリーの取得を目的とする完成度の高いプログラムを企画・実施した。本稿では、プログラム設立の経緯、申請と準備過程、実施と質保証、最初の 5 年間の成果およびキャンパスアジア・プログラムの実施中に直面した困難などを紹介し、2011 年から 2016 年の間における北京大学でのキャンパス・アジアの展開過程を体系的かつ詳細に記録している。

　2024 年、キャンパス・アジアは第三段階に入り、参加大学や協力プロ

グラムに多くの調整が行われ、この枠組みのもとでの東アジア高等教育の協力は東南アジア諸国の大学に拡大した。成果は顕著であり、特徴も明確であるが、挑戦も続いている。キャンパスアジア・プログラムは、教育・人材・国家の発展、地域の長期的な調和と安定において重要な価値をもつものである。

"亚洲校园"项目（CAMPUS Asia），全称为"亚洲大学学生交流集体行动项目"（Collective Action of Mobility Program of University Students in Asia），是由中日韩三国政府发起、由各方教育主管机构指导、由三国几十所高校具体参与实施的地区性国际高等教育交流合作，直接目的旨在促进三国间高校学生的流动和高等教育合作的深化。目前，五年的试点阶段已于2016年秋结束，亚洲校园项目经过调整、扩大，2017年正式实施。这些项目，试图将东亚地区特别是中日韩三国高校之间的教育交流合作，提升到深度融合的水平，是三国政府、学校、企业等各界有识之士共同努力的成果，得来不易。

中日韩三国领导人之所以提出开展制度化的教育交流合作，大致有两方面的原因。一是进入二十一世纪以后，中日韩之间的相互依存更加紧密，但是三国之间的关系并不稳定，民间包括青少年之中相互之间的好感度不高。在此背景下，三国政府希望从低政治的教育层面着手促进"人文交流"。这在三国政府的相关文件中特别是领导人联合声明中已经有比较清楚的表述。二是世界高等教育跨国交流合作已成为一个趋势。特别是在欧洲，"伊拉斯谟"计划取得了巨大的成功，1987年正式启动后，"欧洲33个国家的4000多所大学参与，自实施以来已有超过220万学生、25万教师员工从中受益。伊拉斯谟计划促进了大学间学生流动以及教师等人员的交流，促进了欧洲各国的多方合作、相互理解以及社会的持续和平与发展。该计划是区域一体化中教育合作与交流的典范。"[1]中日韩三国合作秘书处2017年5月在首尔召开的"三国亚洲校园高校合作研讨会"上，特别邀请了欧盟驻韩国官员介绍"伊拉斯谟"项目的经验。

1. "亚洲校园项目"的发起、指导、资助和评估

1. 政府倡议

2009年10月，中日韩三国领导人北京会议时提出了关于加强三国大学交流合作的倡议。联合声明说，"扩大人文交流。持之以恒地开展三国社会

---

1) 刘清伶 李红宇：《"亚洲校园"计划：背景、实施过程和前景探析》，《清华大学教育研究》，2012年8月，第55-56页。

各界尤其是青少年的友好交流和大学间交流，探讨建立青少年交流和媒体交流长效机制，鼓励学术机构和民间扩大交往，推动三国在灾害管理、卫生、旅游、人力资源、教育和体育等领域加强合作，尊重彼此文化，弘扬和平友好精神，增进国民感情，巩固三国关系稳定、健康、友好发展的社会基础。"[2] 2010 年 5 月，在韩国济州岛举行的中日韩领导人会议上通过了《2020 中日韩合作展望》，进一步确认了三国间开展教育交流合作。文件提出："我们将通过学分互认、联合学位等交流项目推动增强大学的竞争力，培育合格人才。为此，我们确认三国推动大学交流合作委员会会议将持续举行。我们还将推动三国教育质量保障机构合作，共同起草一份指导文件，以提升大学之间的交流。"[3]

2012 年 5 月 13 日，时任中国总理温家宝、韩国总统李明博、日本首相野田佳彦在北京的人民大会堂参加仪式，共同启动了"亚洲校园"项目。

首批试点项目共计 10 项（见下表[4]），实施期限为 5 年。三国计划每年各派遣和接纳 100 名交换生。参与试点项目的中国高校有 8 所，日本高校

---

2) "中日韩合作十周年联合声明"，人民网，2009 年 10 月 11 日，http://world.people.com.cn/GB/8212/170424/170426/10171948.html。检索时间 2017 年 10 月 18 日。

3) "2020 中日韩合作展望"，人民网，2010 年 6 月 3 日，http://world.people.com.cn/GB/11777615.html。检索时间 2017 年 10 月 20 日。

4) 朴钟鹤：《"亚洲校园"计划的发展现状与未来》，《现代大学教育》2014 年第 4 期，第 58 页。

表1 "亚洲校园" 试点项目

项目团队（3 国大学间组团）			项目名称
中国	日本	韩国	
北京大学	一桥大学	首尔国立大学	亚洲商业领袖项目 Asia Business Leaders Program（简称 ABLP）
北京大学	东京大学	首尔国立大学	"国际关系及公共政策" 双硕士学位（BESETOD-DMP）（交流领域：国际关系、法学及公共政策）
清华大学	日本政策研究大学院大学	韩国发展研究所公共政策与管理学院	东北亚政策研究联合会
清华大学	东京工业大学	韩国科学技术院	TKT 亚洲学园项目
吉林大学	冈山大学	成均馆大学	核心人才培养项目—东亚地区共同利益的实现及传统文化的重视
中国人民大学 / 清华大学 / 上海交通大学	名古屋大学	成均馆大学 / 首尔国立大学	培养东亚地区具有法律、政治理念共识，能够推动东亚共同体法制形成与发展的人才
南京大学 / 上海交通大学	名古屋大学 / 东北大学	首尔国立大学 / 浦项工科大学	可持续社会的亚洲教育合作门户—扩展化学、材料科学和技术的前沿
上海交通大学	九州大学	釜山国立大学	中日韩能源与环境领域研究生教育合作计划
复旦大学	神户大学	高丽大学	东亚地区公共危机管理人才联合培养计划
广东外语外贸大学	立命馆大学	东西大学	中日韩三方联合培养东亚地区跨世代人文精英之流动校园工程

有 10 所，韩国高校为 8 所，三国共 26 所大学。

2. 政府宏观指导

为落实领导人的倡议，三国教育部门经过多次磋商，决定成立由政府部门、大学、评估机构、产业界代表参加的 "中日韩大学交流合作促进委员会"（以下称 "委员会"），作为筹划中的交流合作项目的协调、指导机构。

试点项目开始以前，委员会举行了三次筹备会议，研究推进大学交流、学分互换、高等教育质量保障等问题。2010 年 4 月，第一次会议在日本东京举行。会议达成联合开展大学层面交流项目的共识，该项目被命名为 "亚洲校园"（CAMPUS Asia）；并设立两个工作组：大学交流工作组和质量保障工作组。2010 年 12 月，第二次会议在中国北京举行。会议通过了《中日

韩有质量保障的大学交流合作指导意见》和《中日韩大学交流"亚洲校园"计划框架》，两个指导性文件明确了政府、评估机构、大学、产业界等在大学交流项目中的职责任务，同时就试点项目的实施达成了一致。2011 年 5 月，第三次会议在韩国济州岛举行。会议就实施"亚洲校园"试点项目相关具体细节进行了讨论，明确了试点项目参与院校范围、交流小组及学生数量、试点项目实施期限、政府及大学对项目给予的支持等事宜。会议决定，2011年 10 月底确定参加试点项目的院校，并自 2012 年 4 月起正式开始学生交流。

亚洲校园试点正式开始后，委员会 2013 年 8 月在东京召开第四次会议。会议就"亚洲校园"的扩大、试点项目的质量监督等进行了讨论，对质量监督的基本体系及进度安排加以确认。会议提出亚洲校园质量监督包括评测和案例两个方面，希望通过两轮质量监督活动，比较、分析三国的质量保障，并形成共同指导方针[5]。2015 年 4 月，委员会第五次会议在上海召开。会议围绕项目拓展；项目发展交流论坛：共享办学经验、学分互认标准，增进师生交流；项目质量保障机制；学生满意度调查和毕业生跟踪；政府在项目发展中的作用机制；产业界在项目运行中的作用机制；项目信息平台建设。

中方政府主管机构教育部也保持和亚洲校园参与高校的沟通。2013 年7 月，中国教育部召开首次中方高校亚洲校园试点项目工作座谈会，国际司巡视员刘宝利作为主要官员出席并作了说明。中国参与项目的高校汇报了项目情况、特别是面临的问题和困难，希望教育部加强政策指导和资金支持。会议的情况显示，各个高校交流的层次、时长、方式、规模都各不相同。2014 年 7 月，教育部组织召开第二次亚洲校园沟通会，各项目进行了简单的汇报，主要是布置迎接三方的联合评估工作。2014 年 9 月，教育部召开准备会议，了解各项目情况，并为三国委员会的会议做准备。2016 年 12 月，中国教育部再次召开亚洲校园项目工作推进会，就亚洲校园下一步的目标和任务、专项经费的设立和使用、奖学金的安排做了说明，与会代表进行了经验交流。

---

5)　参见《中国学位与研究生教育信息网》，2013 年 8 月 6 日，http://www.cdgdc.edu.cn/campusasia/zywj/279144.shtml。检索时间 2017 年 11 月 8 日。

3. 政府主要资助

三国政府除了发起和宏观指导以外，还分别对项目进行了不同程度、不同方式的财政资助。2012 年启动当年，日韩政府分别计划投入 8 亿 4200 万日元和 2 亿 2400 万韩元[6]，涵盖项目建设经费、行政经费、奖学金等；中方项目运行初期提供了学生专项奖学金。在政府财政拨款的基础上，三国政府还鼓励项目参与校通过其他途径筹集经费，实现经费来源多元化。接收国政府为来访学生提供的奖学金包括学费互免、住宿以及日常生活费，日韩政府为本国学生提供了往返交通费。亚洲校园项目执行初期，各国设立的政府奖学金标准为依据（见下表）[7]。试点期间，中方在 2014 年 11 月单独决定自当年 9 月上调给日韩学生的生活补助到每月 3000 元人民币。

表 2　中日韩三国政府奖学金标准一览

国家	资助金额（月）
中国（政府邀请外国人奖学金）	学士 1,400 元，硕士 1,700 元，博士 2,000 元
日本（文部科学省留学生项目）	学士 12.5 万－12.8 万日元，硕博 17 万－18 万日元
韩国（政府邀请外国人奖学金）	学士 80 万韩元，硕博 90 万韩元

4. 政府质量监测

亚洲校园项目的质量监测也是三国政府关注的方面。三国教育主管机构的共同目标是把"亚洲校园"做成一个"有质量保障的"项目。2010 年 3 月，"亚洲校园中日韩质量保障机构协议会"成立。代表日方的机构是独立行政法人大学评价学位授予机构（NIAD-UE），韩方的机构是高等教育委员会，中方的机构是教育部高等教育评估中心。这是一个半官半民的协议机制，负责对亚洲校园各个项目的执行情况进行联合评估。2010 年 12 月，协议会发布《中日韩有质量保障的大学交流合作指导意见》，提出了若干质量保障的建议，涉及主管部门、学校等参与方的角色。2013-14 年，协议会对亚洲校园各个项目根据不同方面的指标进行了联合中期评估，并推荐了好的案例。与此同时，在每一个项目内部，三国各个参与的学校也要按照各自学校的相

---

6)　朴钟鹤：《"亚洲校园" 计划的发展现状与未来》，《现代大学教育》2014 年第 4 期，第 60 页。

7)　同上

关要求，对交流、课程、学分、成绩、管理、学位等相关环节进行常规的质量监控和评估。2015-16 年，第二次三方评估开始，包括问卷、访谈、现场考察等。2016 年 10 月，三国教育质量检测机构联合发布了《亚洲校园试点项目联合监测报告》。

2. 北京大学国际关系学院的"亚洲校园"项目

北京大学国际关系学院（PKU-SIS），在"亚洲校园"框架下，与日本东京大学公共政策大学院（UT-GrasPP）和韩国首尔国立大学国际大学院（SNU-GSIS）一起，建立了"国际关系与公共政策双硕士"项目。同时，在试点阶段，北大国关学院还与日本早稻田大学亚太研究科、韩国高丽大学政治系、新加坡南洋理工大学社会科学学院、泰国法政大学政治系一起，在日方单独实施的亚洲校园第二类项目中（A2），组织了"东亚大学研究院"项目（EAUI: East Asia University Institute）。在参与这些合作项目的过程中，北大国关学院与各个合作伙伴一起，投入了巨大的人力、财力、精力，真诚合作，不断克服各种障碍和困难，使项目逐步走上正轨，努力摸索三国间高等教育合作的新模式。我们的表现和经验，得到了三国联合质量保障工作组的肯定。由于第二个项目是由日方单独资助，而且后来不再使用亚洲校园的名称，本文主要以第一个案例为主。其实第二个案例，由于联合了东南亚的院校，对于以后亚洲校园项目的扩大，也具有重要的参考意义。

1. 项目的申报

2011 年 6 月 8 日，首尔大学国际大学院时任院长首次致信北大国关学院，提议两学院与东京大学公共政策大学院一起，参与三国政府发起的亚洲校园项目。6 月 16 日，首尔大国际大学院与东大公共政策大学院首次访问北大，三个学院的教授和行政团队举行了第一次联席会议，正式决定三个学院组团申报亚洲校园项目。

从 2011 年 6 月至 2011 年 7 月，相关教授和行政人员进行了密集、细致的沟通和筹划，涉及学生交流的类型（学位生还是普通交换生）、交流的人数、起止时间、流动方式、各自的课程体系以及要求、学分转换、行政合作

等等，最后形成了提交给三国政府的申请文件。根据协议，自 2012 年秋季学期开始，北大国关学院、东大公共政策大学院与首尔大学国际大学院每学期计划各选派 5 名在读硕士研究生到其他两所学院分别学习一个学期，每学年每所学校总共派出不超过 10 名学生参与"亚洲校园"试点项目。项目初期以非学位交换生为主，逐步过渡到双学位项目。授予的硕士学位分别为：北京大学法学硕士（国际关系）学位，东大公共政策硕士学位，或首尔国立大学国际关系硕士学位。为此，三所大学教授将互访并共同授课；三所学校的老师和行政人员共同制定学习计划和行政支持方案。同时，三所学校轮流举办暑期师生学术讨论会，以帮助学生进行相关论文课题研究。

2. 项目的准备

2011 年 11 月，日韩合作伙伴得到正式通知，项目入选。三方决定，选用北大（Beida）、首尔大（Seoul National）和东大（Tokyo U.）的各前两个字母将项目命名为 BeSeTo。北大国关学院、东大公共政策大学院和首尔大学国际大学院立即加强了协调，分别签订和更新了双边的学生交流协议，作为开展交流的法律依据。11 月 18 日，东大时任院长访问北大并讨论项目执行的细节，包括课程匹配、论文要求等等。2012 年 2 月，三方团队代表参加了亚洲校园项目正式在首尔举行的启动仪式。2012 年 3 月，东大和首尔大的教授和行政人员再次来访北大，继续商讨项目细节。3 月 16 日，中国教育部正式向中方学校发布评审结果的通知。三个学院随即开始选拔、确定 2012 年秋季交换的学生。北大的选拔工作完成后，学院与北大研究生院开了协调会，讨论参加交流的北大学生学制改动等事宜。5 月，首尔大学校长率团来访，与北大交流在亚洲校园等项目上的合作。这些简单的、概括性的叙述，实际上很难全面反映三方在准备阶段进行的大量繁杂的行政工作。例如，为了实现课程匹配和学分转换，合作三方花费了大量时间一一对照每门课程的教学大纲，已确认可以共认的课程和学分数等。

3. 项目的执行

启动 2012 年 9 月，亚洲校园项目的学生流动开始。北大国关学院该学期派出硕士生 12 人，接收 4 人。首尔大学国际大学院派出 4 人，接收 10

人。东京大学公共政策大学院派出 6 人，接收 7 人。三个学院共有 22 名学生参加首期交流，三方在学生选课、住宿、奖学金等方面保持密切沟通。

双学位　2012 年 12 月 12-14 日，三方在东大再次举行亚洲校园联席会，讨论了学生流动、课程匹配等，特别是如何推动双学位的合作。返校后，北大国关学院向校研究生院汇报了情况，提出日韩合作方积极推动学位项目，建议把原有的日本财团资助的双硕士项目纳入亚洲校园。2013 年初，北大研究生院同意该方案。此后，北大国关和东大公共政策大学院反复商讨双学位项目的协议、学分、课程、论文、证书等细节。2013 年 3 月底，东大行政团队访问北大，基本敲定双硕士项目的所有细节。早在 2012 年 1 月，首尔大学也提出希望开展双学位交流，北大国关学院在存在诸多政策不确定性的前提下，只能提议先开展交换生项目。2013 年 4 月 19 日，首尔大行政团队来访，商谈北大和首尔大之间开展亚洲校园双硕士的可能，希望推动双方双学位的交流合作。2016 年，北大和首尔大签订了双学位合作协议，从而使三方的合作包含了三个双学位项目。

其他合作　2013 年 6 月 27-29 日三方在东大公共政策大学院再次举行联席会，讨论证书、质量监控、资助等环节的落实。2013 年 8 月，东大和首尔大分别举办了亚洲校园暑期班，北大派遣老师和学生参与了暑期班的教学、研讨、参访等活动。经过约一年的磨合，三方在项目的运行上逐步积累了一些经验，学生流动基本正常，项目渐渐走上正轨。2013 年秋 -2014 年夏，亚洲校园的行政沟通集中在暑期班合作、奖学金发放（能否拆分等）、学分转换、北大首尔大双学位、证书、学制修改或延长、申请亚专资等。2014 年 6-7 月，中方根据教育部指示开展了项目自评和互评活动。2014 年 7 月 21 日，三方在首尔大学举行联席会议。2014 年 8 月，东大师生来北大，再次举办了暑期班。北大国关学院也再次派遣老师赴首尔教授暑期班课程。2014 年 12 月 22 日，雷少华和 3 名日韩学生还赴吉林参加中国外交部亚洲司组织的"中日韩合作十五周年研讨会，暨首届中日韩人文交流论坛"会议。2015 年以后，三方之间开始探讨加强教授之间的交流，特别是开发共同核心课程。2016 年，三方在联席会议上初步确认了候选的共同核心课程。

质量监督　2014 年 9 月，三国联合中期评估结果公布。北大 - 东大 - 首尔大国际关系双硕士被评为综合排名第二。评估报告赞赏"项目积极探索

和尝试开展多学科、多文化视角的双 / 三硕士项目，开启了多边教育交流合作的新模式和新思路…体现了一定的国际性和前瞻性。三所学校就学位项目展开了深度合作，通过建立三校联合委员会，在项目的招生、行政管理、学生培养、课程教学和答辩等各个层面均进行了深度沟通与协调。项目的课程设置科学合理，具有系统性、针对性和一致性，中英文授课相结合，内容紧贴东亚国际问题的历史与现实，体现了三校在该专业领域较强的学术优势。建立了比较完备的留学生学习生活服务体系，设置了"学伴"制度，帮助留学生尽快融入学习和生活。由三校联合制定的项目评估计划较有特色，通过开展师生问卷调查及相关数据采集，掌握学生的学习情况并共同商讨改进措施，确保项目的实施质量。"[8] 评估报告对奖学金发放和外部质量保障提出了改进建议。2015 年 3 月，中国教育部再次向学院提出质量测评问卷，为此北大国关与合作伙伴进行了沟通，分享相关信息。

学生流动 从 2012 年 9 月至 2016 年 7 月，北大 - 东大 - 首尔大国际关系与公共政策双硕士项目，共有三个学院的 134 名学生、203 人次参加了

2011-2017 年北大国关学生交流情况

· 2012-2013 学年派出 12 名，共接收 8 名（日：3；韩：5）
· 2013-2014 学年派出 10 名，共接收 11 名（日：5；韩：6）
· 2014-2015 学年派出 9 名，共接收 12 名（日：6；韩：6）
· 2015-2016 学年派出 10 名，共接收 16 名（日：6；韩：10）
· 2016-2017 学年派出 8 名，共接收 7 名（日：3；韩：4）
· 2017-2018 学年派出 11 名，共接收 11 名（日：7；韩：4）

	2012 Fall	2013 Spring	2013 Fall	2014 Spring	2014 Fall	2015 Spring	2015 Fall	2016 Spring	2016 Fall	2017 Spring	2017 Fall	2018 Spring	总人数	北大派出与接收总人数
北大→东大	5	5	5	5	4+1	4+4	3+2	5+3	1+1	2+1	5+2	5+5	56	60
北大→首尔大	7	5	5	5	4	1	5	2	9	1	5+1	1	50	
东大→北大	2	1	2	3	5	1+5	1+3	2+1	1+2	1	2+3	2+2	30	65
首尔大→北大	2	3	3	3	3	3		7		2	4	4	35	

加粗数字为双硕士学生人数；

---

8) 参见《亚洲校园试点项目联合监测报告》。

交流。其中完成双学位的学生东大 14 人（7 首尔大 7 北大）、首尔大 19 人（东大）、北大 7 人（东大）。

3. 北大 - 东大 - 首尔大亚洲校园双硕士项目曾遇到的问题

开展大规模的、政府指导的、深度合作的地区性教育交流合作项目，无论对于三国政府相关机构，还是对于很多参加亚洲校园项目的大学，都是缺乏经验的。亚洲校园，应该说一直是在摸索中解决问题、积累经验、逐步推进的。

1. 政府的协调和指导不足

三国政府相关机构，虽然在项目的发起、宏观指导、资助和质量保障方面做了大量工作，但是或源于政府部门对于高校运行了解不够具体、深入，对亚洲校园参与学校的具体指导仍然不够明确，协调不够有力，导致在项目执行过程中出现一些不顺利的状况，或为缺乏经验或其他工作压力太大无法集中精力所致。

例如，2012 年 9 月亚洲校园开始后，由于没有得到主管机构明确的指导性意见和支持资金，我们这个项目的合作推进遇到困难。日韩两方为加强磋商分别邀请北大去参加行政会议，但北大却没有相关经费，在讨论中也无法准确把握中方主管机构的意图和要求。首尔大学国际大学院提出希望开展双学位交流，但北大国关在存在诸多政策不确定性的前提下，只能提议先开展交换生项目。事实上，在是否鼓励开展双学位合作的问题上，有关说法也的确出现过反复。2012 年 12 月，国关学院向学校领导汇报，要求加强与教育部的协调和沟通。中方教育部关于亚洲校园项目向参加院校做出的第一次说明会，迟至 2013 年 7 月才举办。

亚洲校园项目涉及教育部国际司下属的亚非处、留学处，教育部财务司，教育部学位中心、评估中心，以及国家留学基金管理委员会等几个部门，似乎彼此之间的沟通、协调也不充分。例如，日韩学生 2012 年秋季已经到北大入学，但中方的资助方案仍然不清楚，给日韩学生的生活补助没有落实，引发合作伙伴关切。直到 11 月，给学生的生活资助才下发。政府部门实际

上也不甚了解各个项目的具体运作，导致奖学金发放的时机、方式（可否拆分）、数量与项目的运行并不能够十分顺利地匹配。虽然这些问题经过多次沟通努力，多数在教育部和学校的支持下解决了，但是应该说付出了大量的行政成本，有时引发了合作方的误解。类似地，据说日方奖学金的发放也遇到了一些问题。

2. 配套资金严重不足

运作亚洲校园这样较大规模和深度合作的项目，仅仅为学生提供奖学金是不行的，需要相当规模的项目建设经费和行政支出经费。可惜的是，主管机构一直对此重视不足，至今没有解决。英文课程建设、教授之间的合作、密集的三方行政沟通、学生的课外活动等等，都需要资金支持。对于日韩合作伙伴来说，实际上政府的大部分资助是用于这些方面，给学生的奖学金只是小的部分。缺乏项目建设和行政资金导致中方学校在合作中非常尴尬，有时候连差旅费都需要合作伙伴帮助负担，有的会议只能推辞。如果有的在学校层面格外重视，或许可以从本校的资金中给与支持，但是北大也没有这样做。从 2012 学年度开始，北大国际关系学院实际上每年要在这个项目上出现不小的赤字，也无法像日韩或作伙伴一样展开更丰富多彩的课外活动。我们特别感谢北大方正集团，自 2016 年起，对项目提供一定的资金支持，缓解了项目的财政压力。2017 年，教育部为亚洲校园项目设立专项资金，但数量不多并只能支持专门的活动，仍然不能支持项目建设和日常行政支出。我们还是呼吁尽快提供项目运行所需的行政和学科（课程）建设经费。

3. 学校制度不兼容的问题

双学位项目，要求参与方在招生、管理、课程、培养、奖助、毕业等各个环节深度合作。合作在一定意义上就是各方要相互妥协，包容彼此的需要。如果每一个学校，都坚持按照在没有国际合作的情况下制定的单方规章制度来管理国际合作项目，那项目就没法做下去了。涉及参加亚洲校园项目学生的学制变更或延长、学费的缴纳、招生截止时间等等。在这些方面，应该说我们遇到了很多问题，有时候非常沮丧。学院应该说基本没有办学的自主权，而学校相关管理部门缺乏足够理解和灵活性。我们希望，亚洲校园项目也能

促进高校管理的相互学习借鉴，更好地为教育的国际化、一体化服务。

总的来说，亚洲校园项目是中日韩三国政府以及各个高校开拓的未有先例的新事业，无论是就教育和学术的提升、融合，还是长远来说对于促进三国青年一代相互理解和三国关系的稳定，都具有重大的意义。中日韩三国的教育合作，也为下一步整个东亚地区的教育交流合作，提供了宝贵经验。试点阶段，即使在三国政治关系不甚稳定的情况下，亚洲校园项目也已经取得了重要进展，的确可喜可贺。希望大家共同努力，耐心解决遇到的问题，分享好的经验，把亚洲校园项目越办越好。

第二部
文化の交流と
文学の研究

日本独特の文化から見る
中日文化の交流
——「漢字文化」と「留学文化」を通して

張　利利

はじめに

　日本は中国から様々な影響を受けながら、独自の文化を創造してきた。
　上古時代から、日本の文化は自律的で論理的な発展を遂げてきた。自律的とは時代や生産地ごとに自ら発展し、頂点を極め、衰退するという興亡を繰り返してきたということであり、論理的とは、理にかなった正攻法で人為を最高に到達させ、優れた結実を作ろうとした姿勢をいう。そういった優れたものは日本や朝鮮半島などにもたらされ、多大な影響を与えてきた。外来文化の影響を受けた日本人はその感性に合うものを選び、日本独自の発展をしてきた。
　世界各地における文化交流の歴史の中、中国と日本との交流は、歴史が最も悠久であり、交流の範囲が広く、方式が多種多様で、影響力が大きくかつ意味が深い。中日交流のこのような特徴は世界にも注目されている。中国の場合は歴史・政治的文化であるのに対して、日本の伝統文化には、開放的または主体性・整合性があるという違いがある。つまり、日本の文化の吸収・模倣から創造・発展へのプロセスは、感性が磨かれた歴史的過程でもあると言える。
　本稿では、日本独特の文化として「漢字文化」と「留学文化」を取り上

げて、中日文化交流を振り返ってみたい。

1.　漢字文化

最古の韻文である『万葉集』（和歌集）は、日本の漢字使用における最頂点である。

漢字の伝来と発展

漢字が日本に公式に伝来したのは 4、5 世紀の頃とされるが、5、6 世紀頃には日本でも金石文が作られるようになっていた。その頃の遺品は熊本県の船山古墳で発見された刀身の銘や、和歌山県隅田八幡の古鏡の銘など、ごく少数しかないが、7 世紀に入るとこのような銘文遺品の数は急激に増加する。

日本と大陸や朝鮮半島との交流は蒼古の時代以来のことであるが、特に推古朝における遣隋使、舒明朝に始まるという遣唐使によって、大陸文化の吸収が進められた。漢字の習得によって表記されたこの時代の文学は漢詩文の影響を広い範囲で受けており、以後の文学の主流となっている。その内容はそれまでの思想や情緒より、むしろ文体や漢語・漢字の影響が主であった。

751 年、史上最初の漢詩集『懐風藻』が成立した。そこでは近江朝から奈良朝に及ぶ約 100 年間の詩 120 篇を年代順に配列し、作者略伝を注記している。概ね上層階級に属する男子の作で、五言詩が多い。先行の中国漢詩文の影響が濃く、類型的な傾向が強いが、日本最古の詩集として貴重な文献である。

777 年頃の成立とされる『万葉集』は、日本の古代文学の韻文として最も貴重な集積である。その後、漢詩集の『凌雲集』（814）、『文華秀麗集』（818）、『経国集』（827）が生まれ、これらは勅撰三集と称されている。

日本の漢詩を一例として挙げてみよう。

王昭君

弱歳辭漢闕	弱歳（じゃくさい） 漢闕（かんけつ）を辞（じ）し
含愁入胡關	愁（うれひ）を含（ふく）んで 胡関（こくわん）に入（い）る
天崖千萬里	天崖（てんがい） 千萬里（せんばんり）
一去更無還	一（ひと）たび去（さ）つて 更（さら）に還（かへ）ること無（な）し
沙漠壞蟬鬢	沙漠（さばく） 蟬鬢（せんびん）を壊（やぶ）り
風霜殘玉顏	風霜（ふうさう） 玉顔（ぎょくがん）を残（そこな）ふ
唯余長安月	唯（た）だ余（のこ）す 長安（ちゃうあん）の月（つき）
照送幾重山	照（て）らし送（おく）る 幾重（いくちょう）の山（やま）

出所：菅野禮行校注『日本古典文学全集 86』（小学館、2002）69 頁 42「日本漢詩集」。

　この漢詩はもともと『文華秀麗集』に収録されたものである。作者の第 52 代嵯峨天皇（786〜842・在位 809〜823）は漢詩文を好み、『凌雲集』『文華秀麗集』を勅撰した。天皇在位中、特に儀式や服装を始め宮城諸門の名についても唐風に改め、唐の風習であった喫茶を奨励するなど、9 世紀前半における唐風文化の中心人物であった。遣唐使の空海・橘 逸勢（たちばなのはやなり）とともに平安の「三筆」の一人に数えられる。

　推古朝（592〜710、飛鳥文化時代ともいう）は、推古天皇の治世のもと、聖徳太子によって『十七条憲法』や『三 経 義疏（さんぎょう ぎ しょ）』が著作された時代であり、漢字の使用も相当高度な段階に達している。なお、前述した 7 世紀に入った後の銘文遺品の中には漢字の表音性を利用して、日本の国語の固有名詞を表記している例も見られ、漢字によって国語を表記するための工夫も進んでいたことがわかる。漢字の使用における導入・模倣から創新・発展への角度から見れば、『万葉集』の最大の特徴である「万葉仮名（まんようがな）」はその典型的な例であり、日本の漢字文化として最も独特なものでもある。

『万葉集』と「万葉仮名」

　『万葉集』は 8 世紀のなかばに成立した、日本史上最古の、古代の叙情

詩を集大成した和歌集である。全 20 巻より成り、収められた作品は天皇から庶民まで 4,516 首で、その多くは 7 世紀後半から 8 世紀半ばに及ぶ約 1 世紀の間に成ったものである。特に万葉第三期の柿本人麻呂・山部赤人・山上憶良・大伴旅人・大伴家持らは万葉の代表的な歌人である。

　この時代にはまだ仮名文字が発明されていなかったので、『万葉集』は漢字だけを用いた複雑巧妙な表記法によって記されており、いわゆる「万葉仮名」が特に発達している。これは日本の仮名文字の草分けであると言える。「万葉仮名」は漢字を表音文字として用いたもので、漢字の「音」を利用したものばかりではなく「訓」を利用したものもあり、極めて多様である。例えば『万葉集』の中では、「なつかし」という語を「那都可之」「名津蚊為」「夏香思」「夏樫」「夏借」などさまざまに書いてあり、当時の人々が漢字使用に工夫と苦労を重ねていた様を偲ばせるものがある。特に漢字使用が発達した「万葉仮名」は、漢字使用の頂点であるだけではなく、日本の漢字文化として、大きな独自性が示されている。

　『万葉集』の巻一、63 番の歌を例として挙げると、それは次のようなものである。

　　　原文　　　山上臣憶良在大唐時、憶本郷作歌
　　　　　　　　去来子等　早日本辺　大伴乃　御津乃浜松　待恋奴良武

　　　訳文　　　山上臣憶良、大唐に在りし時に、本郷を憶ひて作る歌
　　　　　　　　いざ子ども　早く日本へ　大伴の　三津の浜松　待ち恋ひぬらむ

　　　歌意　　　さあ皆の者よ　早く日本へ帰ろう　大伴の三津の浜松も　さぞ待ちわびていよう

　　　　　　出所：小島憲之校注『日本古典文学全集 6』（小学館、1994）60 頁「万葉集」巻一。

　　　中国語訳　　　來去同胞行　大伴御津海濱松　盼歸心已焦

この歌の主な内容は、ともに唐に渡った仲間たちに、一日も早く日本に

帰ろうと呼びかけるものである。あるいは、作者の山上憶良が帰国前夜の送別宴で詠んだ歌かもしれない。

「御津」は日本の難波にある三津浦（現在の大阪市南区三津寺町）をさしており、「御津」の「御」は「威力・神聖なる」の意、「津」は「港」の意である。「大伴」はこの領地を所有する当時の貴族の氏族である。ここは当時の、日本と中国大陸とを繋ぐ交通の要衝であって、遣唐使の出港の地である。

歌にある「松」は「待つ」と同音の〈matsu〉で、「掛詞」（諧音詞）という和歌の技巧修辞を使い、海辺の「松」を用いて「待つ」と作者の本意を暗示している。つまり、作者の望郷の念を詠んでいる。

この歌が当時の中国詩人たちの間で広く知られていたかどうかは断言できないが、しかし、日本の歌人が中国で詠んだ和歌としては初のものである。つまり、日本の韻文文学の和歌が初めて西へ伝わったという点において、大きな意味があるのではないかと考えられる。

作者の山上憶良（660〜733）は奈良時代初期の貴族・歌人であり、万葉第三期の代表歌人である。「遣唐抄録」に任ぜられた翌720年、第8回遣唐使として唐土に渡った。2年後帰朝。彼は特に生死病老や貧困などに視線を置き、中国文学と儒教的理論思想を汲み取って、思考を行い、社会的な問題や矛盾を鋭く観察し、創作を行った。それにより、彼にしかない独特な歌風が樹立された。彼は、家族への愛・農民の貧しさなど社会的な優しさや貧困を鋭く観察した歌を多数詠んでおり、当時としては異色の社会派・人生派歌人として知られている。中でも「貧窮問答歌」と「子を思ふ歌」が特に著名である。『万葉集』には彼の歌が78首収録されており、奈良時代の万葉の代表歌人として評価が高い。

2. 留学文化

留学文化の発祥の地は日本である。

日本の歴史上、大規模で公式に留学生を派遣したことには二つの画期がある。一つは、古代の奈良時代、隋・唐への派遣であり、初めての留学事

跡である。これは東方文化を学ぶためであった。二つめは近代の幕末期から明治時代にかけて、西洋文化を学ぶためである。

遣隋使・遣唐使の派遣

　推古朝 15（607）年 7 月、朝廷は大礼小野妹子を訪問使節、鞍作福利を通訳として、大規模な隋王朝への派遣を開始した。これが後の遣唐使へと繋がっていく。この膨大な計画実施の主な目的は、政治の面では、皇室を強化し、豪族を排除することと、古代日本の部落的氏族制度から徐々に中央集権の統一国家を完成させることにあり、文化の面では直接隋唐文化との交流を目指したものである。

　遣隋・遣唐使の回数について、先行研究にはいくつかの説がある。およそ遣隋使は 3 回、遣唐使は 18 回任命されたが、未就航などがあって実際に渡海したのは 15 回であった。遣唐使は第 34 代舒明天皇 2（630）年が 1 回めであり、第 59 代宇多天皇治世の寛平 6（894）年に廃止されるまで 264 年間続いた。この 200 年余の間は正しく中国文化が日本へ伝わり、また日本にとって中国との文化交流の黄金時代であった。

　日本から唐を訪問するのは、毎回大使・副大使・随員から約 100 人ないし 250 人の留学僧や留学生で、多い時は 500 人にも達して、4 艘の船に分乗した。遣唐使は正式な使節であるとともに、唐朝の先進的文化を摂取するという任務も背負っている。大使と派遣者たちは特別に選ばれた学識が高い者であり、同行の留学僧、留学生たちも民間使節としての役目を果たしていた。彼らは唐に滞在中、民間の中にともに生活し、多種の職業の人々との交流を行い、中国の文化・民俗・民情を採取して帰国した。これが中国文化の伝播の基礎となった。

　中国においても、特に唐王朝は国内を統一（624 年頃）し、全国的な支配体制を確立した。唐は隋の諸制度を受け継いで中央集権体制と律令政治を整備し、均田制などの施行によって農業の生産力を向上させ、開元（713〜741）・天宝（741〜745）年間に至り、社会経済の高度の繁栄を迎える。政治経済の向上とともに、律令格式を中心とする唐代の法体系も空

前の発達を見、アジアの政治・経済・文化の中心地として、周辺諸国に対して巨大な魅力を持つ存在になったのである。

　唐は隣接諸民族・諸国家に対して、比較的に開明の政策を採用したので、世界的な大帝国となった。また、来唐した外国の使節や留学生・留学僧・商人などを優遇し、外国人の風習や宗教信仰を尊重し、それらにいろいろ便益を与えた。唐の官吏として登用された外国人も少なくなかった。先行研究によれば、唐は 70 余りの国との間に交流関係を保った。これによって、唐は中国の封建時代における外国との交流の頂点となったのである。

留学の目的

　日本が隋に使節を派遣した目的は主に、「国内の仏教を振興するため」、「607 年以降は仏法を求めるのみならず、大陸文化を幅広く輸入するため」である。このような視点からすれば、中日の間には海があり地理的に隔たっていて、人的往来には極めて不便なので、中国大陸の文化を理解するのは「書籍」によるのが最も有効な手段である。この点からして、遣隋の直接な目的は「書籍を求める」ことであったという、先行研究の主張がある。

　中国に使節を派遣する目的は、遣隋の際は「経典を求める」、それ以後は「文化を求める」ことにある。遣唐使はまさに「文化の使節団」であると考えられる。

　こうした中国との交流がピークを迎えた時期の主な特徴は、宮廷儀礼・儒家儀礼・仏教儀礼を含む信仰文化の東伝と唐の政治・典章制度の移植などである。入唐した留学僧・留学生は収集した大量の漢籍を持ち帰ったが、その範囲は政治・歴史・天文・暦法・音楽・技術・仏典などに及び、「すべての書籍を買って船で帰る」という状態であり、奈良文化と平安文化の発展に有益な参考文物を提供している。

　例えば、吉備真備は帰国時に書籍と文物を持ち帰ったが、その内容は『唐礼』130 巻・『大衍暦経』1 巻・『楽書要録』10 巻など、また、弦纏漆角弓一張・射甲箭二百支、などである。平安時代の前期に入唐した八大

留学僧といわれる最澄（天台宗の開祖）・空海（真言宗の開祖）・常暁（平安時代前期の僧）・円行（平安時代真言宗の僧）・円仁（平安時代の高僧）・円珍（平安時代の天台宗の僧・天台寺門派宗祖）・恵運（平安時代前期真言宗の僧）・宗叡（平安時代前期真言宗の僧）らが持ち帰った仏典は、合計 1,696 部で 2,524 巻にも達している。

遣唐使の組織と内実

　遣唐使の組織やメンバーの構成は、極めて整備されたものであった。各期を通じて、朝廷に任命された大使をはじめ、副使・判官・録事などから成っているが、事情によっては、大使の上にさらに執使節、又は押使というものを置いたこともある。大使や副使などのポストはなるべく漢文化の修養を有する人及び中国事情に精通していた者、とりわけ渡来人の後裔や入唐留学生から選任されたらしい。その他の職員たちには船事・造舶都匠・訳語・主神・医師・陰陽師・画師・史生・射手・船師・音楽長・新羅訳語・卜部・雑使・音声生・鍛生・鋳生・細工生・水手などがあり、また、学問僧・留学生並びに彼らの侍従もいた。在唐期間中、遣唐使たちは、情熱を傾けて、人を雇って写させたり自分で購入したり、唐人からもらったりして、いろいろな方法で書籍を収集した。

　彼らの来唐の目的は仏教活動を行うことであったことはいうまでもないが、唐の名山聖跡を巡拝するとともに、唐の寺院の様々な仏事活動に参与した。彼らは中国の文人と付き合い、儒家の経典・文集などを持ち帰っているが、その中心の役割は、唐代仏教の諸宗を日本に伝えることである。

　日本の学問留学僧は中国滞在中、あるいは帰国後、中国の寺や塔などの建築物の造営、修築などのために努力をしている。

空海と鑑真

　遣唐使交流の中、注目すべきは学問僧の空海と鑑真である。空海は多才多芸で、唐の胡伯崇が『贈釈空海歌』「説四句　演毘尼　凡夫聴著尽皈依

天假吾師多技術　就中草聖最狂逸」（四句を説き、聞くものすべて帰依する。天は吾師に多く技術を貸し与え、その中で草書が最もすばらしかった）（『全唐詩・逸巻』所収）という詩句を作って讃えている。

空海（774～835）は奈良時代末期、第49代光仁天皇治世の宝亀5年、讃岐多度津郡（現在の香川県）の郡司（中下級地方豪族）の佐伯直家に生まれた。両親は知識人である。その影響を受けて、空海は幼い頃、漢文の教史文章などを習い、そして、京の大学明経科に入り、詩書・春秋などの儒学経典を学んだ。18歳の時、仏教に転向し、20歳前後に『三教指帰』という本を撰し、仏教に帰依することを決意した。その後真言密教を巡って勉強し若干の経典に触れたが、経典の中に不明の箇所が多かった。

801年第50代桓武天皇は、藤原葛野麻呂を第16回遣唐使の大使に任命する。その際、空海は入唐の留学僧に選ばれた。長安に滞在中の805年、青龍寺の恵果に師事し、胎蔵界・金剛界両部の密教を授かる。そして、恵果は空海に伝法阿闍梨という灌頂礼及び「遍照金剛」という名号を授け、空海に密教の伝人という資格を与えた。

帰国後の816年、高野山に金剛峰寺を建て、真言宗の根本道場とした。真言宗は、最澄が創立した天台宗と並んで、平安時代における日本仏教の大宗派となった。

空海は日本における真言宗の開祖として知られているが、文学・美術・教育の各面でも著名である。彼は書道の祖として知られ、先に述べたように、嵯峨天皇・橘逸勢（？～842。804年空海・最澄とともに留学僧として入唐）とともに「平安三筆」と呼ばれていた。そのほか、溜池の修築でも多くの業績があった。

日本からの入唐僧とは逆に、日本を訪問した中国の代表的な人物として名高いのが鑑真和上（688～763）である。彼は、唐の中宗の嗣聖5（688）年揚州の生まれで、俗姓を淳于といった。その少年時代は則天武后の仏教興隆の世にあたり、14歳の時に揚州大雲寺で出家、705年、菩薩戒を受け、鑑真という法名を名付けられた。その後、洛陽・長安を遊学し、具足戒を受け、律宗を習い始めた。713年、揚州に戻り、揚州を中心として江碓流域で戒律を講授している。彼は「受戒大師」として、華中地

方で広く知られ、門下となって授戒を受けた弟子は 4 万人に達した。

　732 年、日本から興福寺の栄叡、大安寺の普照が第 9 回遣唐使とともに来唐した。彼らは自身の研修の他、日本で正式な伝律授戒制を創立するために、唐の高僧を日本まで招請するという使命を背負っていた。鑑真は栄叡らの要請に応じ、伝律授戒のために門下を率いて日本へ渡ろうとしたが、743 年から 753 年にかけての 10 年間に 5 回の失敗を重ね、栄叡は端州で入寂、鑑真自身も失明となるほど惨苦を極めたが、なお初志を曲げず、753 年 12 月、遣唐副使大伴古麻呂の船に乗って日本に着いた。

　その後、鑑真は東大寺に戒壇を建て、第 45 代聖武天皇などに授戒し、日本の仏教界において正式な授戒制を創立した。さらに、東大寺に戒壇院・唐禅院を建て、晩年になって唐招提寺を建てた。要するに、鑑真は伝律授戒を中心とした律宗の教義を日本に伝え、それは南都六宗（奈良時代に平城京で栄えた 6 つの仏教宗派。三論宗・成実宗・法相宗・倶舎宗・華厳宗・律宗の六宗派であり、「奈良仏教」・「南都仏教」などと呼ばれることもある）の一つとなり、律令制下の国家の仏教統制に役割を果たしたのである。

　また、鑑真一行は日本の多くの分野の文化に大きな影響を与えた。唐招提寺は代表的な唐風建築である。彼は医学に詳しく医道の伝播の面でも活躍した。書道では、王義之父子の真跡を持参し日本の書道に大きな貢献をし、その影響は今日にまで及んでいる。こういった点から考えれば、後に鑑真が中日文化交流の象徴となったのは偶然ではなかったといえる。また、彼らの日本渡航は第 9 回・10 回の遣唐使と密接な関係があり、このような意味で、鑑真一行の招請が遣唐使の役割であったといっても過言ではないだろう。

近代の留学

　日本の公的留学生派遣の第二の画期は、近代の幕末から明治時代にかけてである。この時留学生派遣の方向は、古代以来の東方から西洋へと転換した。

　開国して近代化を推し進めていく過程では、海外留学生の派遣は最重要政策であった。というのも、同時期の日本にとって近代化とは西洋化にほかならず、留学にはいち早く西洋文明を取り入れるという目的が課せられていたからである。

　約250年間にわたって鎖国政策を維持してきた徳川幕府は、政策を大きく逆転して開国まもない1862（文久2）年に西洋学術を導入し、人材を教育することとした。幕府にとって、留学生を派遣して西洋の学術を講究させることは急務であった。最初は、16人の留学生をオランダに派遣、のちに西周（にしあまね）と津田真一郎（真道）の2人が追加され、軍事技術を学んだ。次いで、医学の修業や製造諸技術に従事する人々も派遣した。彼らの中で西周と津田真一郎は、海軍技術より、「国治め民富ます道」を学ぶことを主張した。初期オランダへの留学の主な内容は、海軍術と医学の習得であったが、2人は政治・法律を修了した。

　1865（慶応元）年、幕府は、留学生をロシアへ派遣した。西洋と並んで、ロシアもまた留学生の派遣先とされたのである。その後、オランダ以外のヨーロッパへも留学生の派遣を始め、1865年末にはイギリスへ派遣するために、イギリス政府へ要求を提出した。

　明治新政府の成立後、海外留学は西欧の先進文化の導入のために、最も重要な手段として期待され推し進められた。特にその中でも、天皇親政の体制を補佐しそれを支える、新しい日本のトップリーダーとなる人材の育成が何よりも緊急なことと考えられていた。明治2（1869）年、初めての海外渡航に関する規定が制定された。これは「留学」に関する規定として極めて完備されたものであった。しかも、官費・私費いずれであれ、原則として開放化の原理を掲げ、極めてオープンな姿勢をとった。それにより、海外留学生数は急増した。いわば、留学の普遍化現象がもたらされるに至ったのである。

　この留学政策の特徴の一つは、あくまで官費による留学と官費による視察の洋行を主軸とし、国家の必要に基づく諸分野の知識・技能の吸収と導入が優先順位に据えられたことである。そこでは当然のことながら、行政、社会、学校のリーダー層の派遣が中心として展開された。それはまさに、

近代化を最も象徴的に示すものであった。政府が積極的に洋行の推進政策をとったことで留学・洋行が大流行となった。留学による政治・行政・技術・学術の分野におけるリーダーの育成が最重点項目であったのである。

　幕末の海外留学者数は 149 人、明治第 1 期（元～7 年）の海外留学生者数は 547 人であった。

代表的な留学生

　1868（明治元）年以降、日本は近代的統一国家としてさらに邁進した。文明開化の先駆者は当時の留学生である。彼らは徳川幕府の開国政策に参与した経験を持っている知識人、あるいは、幕府によって公的に派遣された留学生として、オランダ、イギリス、フランスなどの西欧で勉学生活を体験した者である。その後、彼らは「明六社」（日本史上初の学術団体）という組織を結成して、文明開化に貢献する新思想・新知識を提供した。これらの啓蒙思想家の何人かを紹介すると次のような人物が挙げられる。

　森有礼（1847～1889）は、薩摩藩（現在の鹿児島県）の武士階級出身で、外交官、政治家、また一橋大学の創設者でもある。東京学士会院初代会長を務め、日本近代学校制度の骨格を造った行政官として、明治六大教育家の一人とされる。1865（慶応元）年藩から留学生に選ばれ、ロンドン大学に学び、1868（明治元）年帰国した。維新後イギリス公使などを歴任。この間「明六社」を結成、『明六雑誌』を創刊し、啓蒙活動を行う。1885（明治 18）年、初代の文部大臣となり、諸学校令を制定し、教育制度を確立した。1889（明治 22）年、西野文太郎に襲われ死去。享年 43であった。

　西周（1829～1897）は、石見国津和野藩（現在の島根県津和野町）の御典医の家柄の出身。日本の啓蒙思想家で、幕末から明治時代初期にかけて、幕府および明治政府の官僚であった。思想家、教育家、また貴族院議員も務め、男爵位を有した。漢学の教養が極めて深く、1857（安政 4）年頃から、哲学と西洋の学問を研究する。1862（文久 2）年、幕府の命を受け、オランダへ留学。1865（慶応元）年帰国して、幕府へ仕える。1868

（明治元）年勅令を受け、日本初の兵学校（沼津）を開き、校長を務める。1870（明治 3）年、明治政府で兵部省、文部省、管内省などの官僚を歴任。日本の「軍人勅論・軍人訓戒」の起草者である。これによって、日本の軍政の基礎が築かれた。

　1873（明治 6）年、森有礼、福沢諭吉、中村正直らと「明六社」を組織し、翌年日本の歴史における初の学術雑誌である『明六雑誌』を発行した。彼は西洋の哲学書を翻訳し日本に紹介して、日本の哲学研究の基礎を築いた。また、翻訳の領域でも活躍した。西洋の「Philosophy」を音訳ではなく、「哲学」という漢語に翻訳、日本の「哲学の父」と呼ばれている。他にも「芸術」「理性」「科学」「技術」など多くの哲学科学に関わる語彙を創造した。彼の翻訳創造によって、日本の近現代の科学の分野における言語表現に新鮮な空気がもたらされた。

　中江 兆民（1847〜1901）は土佐藩（現在の高知県）出身で、日本の思想家、政治家。日本へ民権思想を紹介し、「東洋のルソー」と呼ばれている。1871（明治 4）年フランスへ留学、帰国後仏学塾を開き民権論を提唱。自由党の創設に参画、同党機関紙「東洋自由新聞」を創刊し、主筆を務めた。第 1 回総選挙に当選して代議士となる。日本の自由民権運動の理論的指導者である。フランスの啓蒙思想家ジャン＝ジャック・ルソーの『民約論』や同じく思想家、哲学者、政治家のベロンの『ヴェロン「維氏美学」』を翻訳した。英語の「aesthetics」に対し「美学」という訳語を考案したのも彼である。ちなみに息子・中江丑吉は中国研究の学者で、30 年間北京に滞在、主著として『中国古代政治思想』『公羊伝の研究』などがある。

　福沢諭吉（1835〜1901）は豊前国中津藩（現在の大分県中津市）出身、幼少時代より漢籍を読む。文明開化の啓蒙思想家であり、研究分野は蘭学、政治、思想、哲学、教育、法学、経済など幅広い。慶應義塾の創立者としても著名である。21 歳の時に長崎へ（国内）留学し、蘭学を学ぶ。彼が主張した「独立自尊」は彼の代名詞である。1860（万延元）年アメリカに留学、翌年イギリス・オランダー・ドイツ・ロシア・ポルトガリアへ遊学する。『西洋事情』『英国議事院説』『世界国尽し』『窮理図解』などの著

書や翻訳を通じて、西洋の文化・文明思想及び地理・人情などを日本に紹
介し、また全国民の知識普及のために「実学」を提唱したことによって、
日本を社会文明の向上及び発展へと導いていく役割を果たした。

戦前の中国からの在日留学

　19世紀後半、日本は近代国家の仲間入りを遂げた。世界史において、
日本の留学による実績は世界でも驚くほどのものである。それにより、国
家及び時代の発展が強力に推し進められた。特に留学生たちは、翻訳とい
う形式で啓蒙思想、政治、教育、科学技術、天文地理などの西洋の文化や
知識を大量に日本へ紹介し、かつ体制の改革を促進した。1868（明治元）
年から1882（明治15）年にかけての15年間で、翻訳書籍の総数は9,713
件に上るが、その分類は、地理、歴史、道徳、宗教、政治、法律、経済、
礼儀、医学、心理、論理、物理、化学、生物、天文などに及び、他に雑書
として、進化論、文明史、社会、伝記、乱世史、紀行、小説などがある。
　1868（明治元）年の明治維新は300年余りに及ぶ江戸幕府の封建統治
を終わらせた。その後は、日本が世界の列強と肩を並べ、徹底して西洋を
学び、文明開化を実施した時代である。この凄まじい潮流は政治形態に留
まらず、経済・社会・風習・文化などあらゆる領域を巻き込んだ。西洋の
学習を通して、維新の改革が行われ、日本は急速に世界の資本主義列強の
中に入った。
　しかし、同時期の中国は清朝政府の腐敗と無能によって、日増しに国勢
は衰え、帝国主義により侵略された半植民地に成り下がっていった。そこ
で、中国の有識者たちは日本に倣って維新の変法を行い、強い中国の道を
求めようとする。19世紀から20世紀初頭にかけて多くの中国官吏・学者
が日本に視察に訪れ、大勢の青年たちは日本に留学した。このような文化
交流の主な特徴は質の変化が起こったということで、つまり、中国はこれ
までの歴史的文化の「輸出国」から一転して「輸入国」になったのである。
このいわゆる「輸入」には2つの意味があり、その一つは直接に日本の
発展した文化を吸収すること。もう一つは日本を媒介として西洋の先進的

な文化を輸入するということである。その交流の主な方法は、中国人が自らの行動によって視察・学習を行い、翻訳によって書籍の紹介と科学知識の伝播を図る、といったものであった。彼らの著した報告や旅行記録は1897年から1911年までで135冊に上り、1912年から1935年の間では74冊であった。

　1896年、清朝政府は唐宝鍔を始め13名の留学生を派遣、それにより近代中国の留学生派遣運動の幕が開かれた。1896年から1911年の辛亥革命までに、派遣された留学生の総数は3万4,327名に達し、辛亥革命以降の1912年から抗日戦争開始の1937年まででは、在日の留学生者数は6万1,130名にも上っていた。

　留日学生は先進科学を導入し、新文化と新思想を紹介するため、多くの刊行物を発行した。例えば、馬君武（中華民国の政治家・教育家・工学者）主編の『浙江潮』（1903年創刊）や陝西省留学生主編の『夏声』（1908年創刊）などの刊行物には、旧中国の倫理道徳と習慣を猛烈に批判し、社会の気風を改め、最新の学説を注ぎ込んで、固有の文化を展開し、国民の精神を鼓舞することを主旨とするという、主張があった。他方、日本の書籍や日本語を介して他国の先進的科学技術の著作・意識形態理論の書籍を翻訳、出版することは留日学生のもう一つの大きな役目であった。統計によると、1896年から1937年までの40年間で、中国語に翻訳された日本の書籍は1,906冊あった。翻訳書によって多くの日本の語彙が中国に伝わり、現代中国語の語彙の中に溶け込んだ。それらは例えば、文化・民族・改良・必然・社交・表象・抜河（綱引き）・封建・宗教・概念・背景・物質・思想・科学・美術・美学・特徴・規範・現象・唯心・唯物・集団・伝統・歴史・芸術・哲学・観念・立場・幹部などで、およそ844語が含まれ、中国近代科学技術における語学表現に多大な便利さをもたらし、言語文字に新しい活力を注いだ。

　辛亥革命は、当初は留日学生を主体として展開された。孫中山（孫文）は中国の独立・民主・近代化を生涯の事業として奮闘し、日本と確固たる絆を結んだ。彼は30年の間に、5回も日本に渡り、9年間滞在した。1905年、日本滞在中の孫中山は中国で最初の明確な綱領をもった、全国

規模の革命政党を結成した。清朝政府の支配体制の打倒に向けて、留学生を中心に革命勢力の結集が進んだ。機関紙『民報』が発刊され、孫中山は「発刊詞」で、初めて「民族」「民権」「民生」という「三大主義」（三民主義）の理論体系を明確にした。

　1915 年から 1921 年にかけては、北京と上海を中心とした地域で、「新文化運動」が起こった。この運動では、従来の封建的な礼儀と道徳に反対して、民主と科学を主張し、新文化と新思想が提唱された。偉大なる思想啓蒙運動の核心的人物は、陳独秀、李大釗、魯迅、胡適、錢玄同、劉半農、沈尹黙、高一涵の 8 人であった。彼らのうち、胡適、劉半農以外はすべて留日の帰国留学生である。

現代の留学

　1970 年代に入ると、1972 年、中日両国間は国交正常化が実現し、1978 年には平和友好条約が締結された。それによりその後 20 年の間、両国間では政治・経済・科学技術・文化などの各領域の交流と協力において、めざましい進展が見られた。

　中日国交正常化後の両国間の人的交流はその質においても、量においても、歴史上いかなる時期をも超えている。その顕著な特徴は、隋唐時代の日本からの留学生と留学僧の一方的訪中、明治維新以後の中国からの留学生の一方的訪日のいずれとも異なり、双方から互いに留学生の交換が行われていることである。日本政府の発表によると、国交正常化後 1988 年 12 月までに、中国からの訪日学者や留学生は 5 万 1,030 人で、中国史上、日本への「留学文化」のピークであった 1906 年の 7,285 人の 7 倍に及ぶ。1992 年時点の日本在住の 4 万 8,561 人の外国人留学生のうち、中国大陸と香港、台湾からの学生は 2 万 7,071 人でトップに立っている。

　21 世紀に入り、文部科学省の統計によると、2021 年 3 月時点で、在日留学生の総数は 27 万 9,597 人、そのうち、中国人留学生者数は 12 万 8,943 人（台湾からの 7,088 人を含む）であり、1 位となっている。

おわりに

　前述のように、中国と日本の間では古い時代から近代にかけて文化交流が積極的に行われてきた。両国間で多くの優れた文化や物事などを導入し合い、それを生かしていく。そして、歳月の流れとともに、それらの文化を自国文化の中に融合し、精錬を重ねたことにより、時代の発展・国民生活の向上、さらに人類のための大きな貢献が見られた。文化交流は人類の進歩と発展を推し進めていく大きな原動力なのではなかろうか。

　現在、コロナウイルスの感染拡大の影響により、人類は最大の課題と試練を与えられている。時代が変わり、各業種や人々の今までの当たり前の生活形態も変わってしまった。様々な活動、特に人的交流はやむをえず、停止・中止させられている状態となっている。この限られている状況の中、また複雑な国際関係の情勢の昨今だからこそ、中日の歴史における先人たちの、強い信念とその限りなき探究精神を継承しつつ、文化の持つ力を信じて、両国の文化交流とその発展のために、大いに努力しようではないか。

主要参考文献

小島憲之校注『日本古典文学全集6 「万葉集」巻一』小学館、1994 年。
西尾実ら編『新版日本文学史』秀英出版、1971 年初版。
大庭脩ら編『日中文化交流史叢書　1 歴史』大修館、1995 年。
石附実『近代日本の海外留学史』ミネルヴァ書房、1952 年
辻直人『近代日本海外留学生の目的変容——文部省留学生の派遣実態について』東信堂、
　　2010 年。
宮田登・馬興國編『日中文化交流史叢書　5 民俗』大修館、1995 年。
嚴紹璗・中西進主編『日中文化交流史叢書　6 文學』浙江人民出版社、1996 年。

櫻美林大学的京剧艺术教育实践：
深化日本高校中日文化交流的探索之路

桜美林大学での京劇芸術教育実践——日本の
大学における日中文化交流深化の道を探る

袁　英明

【日本語要約】中国を代表する国劇である京劇を観たことがない日本人学生への指導とその成果及び京劇による日中文化交流の意義と役割について、桜美林大学での実践を通して論じたケーススタディである。

　桜美林大学の演劇専攻と孔子学院中国語専攻の学生それぞれの特徴に合わせた指導により、京劇芸術への興味を持たせ、楽しさを体感させることができた。さらに本格的な京劇舞台公演の実現は困難を乗り越えた達成感と自信を学生に与え、同時に中国文化への理解を深めさせた。

　数回の中国での日中大学生の京劇交流公演は、舞台内外で日中文化交流や相互理解等を増進し、学生や観客にとって自国の伝統文化を自覚する機会となり、日中友好の促進に積極的で良好な役割を果たした。

序

　　在日本提起中国的传统艺术，人们首先想到的就是京剧。京剧艺术作为中国传统文化、传统艺术的代名词，在日本社会几乎家喻户晓，尤其是在知识界认知度极高，这与近百年前（1919 年）[1]京剧艺术大师梅兰芳的访日公演的轰动效应、开辟的中日戏剧文化交流之路及其延续至今的不断拓宽、两国之间的不懈努力是分不开的。但是不曾忘记的是在梅兰芳民国时期首次访日公演之前昆曲以外的京剧等中国戏曲艺术在日本的文学界是被鄙视的，日本的中国文学家向来重视经文、诗文，尤其崇拜唐宋十大家的所谓"硬文学"，忽视、轻视中国的"俗文学"，甚至置之度外，对于京剧艺术则更是不屑一顾。比如中国戏曲史专家青木正儿也认为"'皮黄'、'梆子'激越俚鄙之音"[2]。意思是说，京剧、梆子的唱腔、文字是粗鄙、低俗的。当时在日本的学界，比如京都大学"中国学"学者中，即使是戏曲小说研究领域的开拓者，也偏重于昆曲的文本和曲本，对作为"俗曲"、"俗技"、"俗艺"的京剧艺术则不以为然，认为京剧与昆曲相比不雅不文、艺术性差。他们往往以"文学"为视角，以"曲学"为标准，赞赏昆曲而鄙夷京剧，这是历史的局限。但是，1919 年梅兰芳初次访日公演所呈现的轰动局面，使他们或多或少地走出书斋、进入剧场，改变了对京剧艺术的看法，而且从不同角度得到了这些"中国学"学者们的肯定。

　　而今京剧艺术走进了日本的大学课堂，并作为普通教程、毕业学分，这意味着什么，本文对樱美林大学的京剧科目—已列入日本高校课程的京剧艺术教育、以及对于中日大学生京剧交流汇演，从主教、总策划及艺术指导的角度作一回顾总结并分析其意义和作用。

---

1)　此论文为 2017 年的口头发表文稿，因此按 2017 年时的数据、年份叙论。
2)　参考青木正儿著、王古鲁译：《中国近世戏曲史》中"序"第 2 页，商务印书馆 1936 年 2 月版。

1. 因材施教、特色教学

櫻美林大学是一所生在中国长在日本的基督教大学[3]，跟中国有着深厚的渊源关系，一向重视中国文化以及与中国的交流。2000 年经日本文部省审批，櫻美林大学在文学系中设立了综合文化学科，其中有戏剧、音乐和美术专业，作为戏剧专业课的一部分——"东方戏剧实践"之京剧课程的教师（本人）以及教学内容也经过了日本文部省的严格的审核，合格后才准许开课。由此，櫻美林成为全日本第一所、也是唯一的一所持有京剧表演教程的大学，此课程开设后立刻受到了日本社会的瞩目，比如当时的杂志《フォート》以封面及头条报道以附有照片的大篇幅对此作了详细介绍。櫻美林大学开设京剧课程的目的并非培养学生们毕业后成为专业的京剧演员，而在于通过实践、体验京剧表演，提高戏剧专业学生的表现能力、了解东方戏剧特征，更重要的目的是使学生们深入理解中国文化。这正遵循了櫻美林大学的培养具有基督教精神的国际化人才的教育方针。

櫻美林大学的教学制度为一年两学期制（成绩按学期评定），即春学期和秋学期，课程及学分也是每学期独立的。京剧课程也是如此，每个学期设有入门和初级两个班，一年为四个班。学生每周一次两节课，一学期 15 周，可获取两个学分（90 分钟 1 节课，一次两节课共 180 分钟），学生在学期间可选修 4 次京剧课，即可修 8 个学分。

2005 年文学系的综合文化学科独立为综合文化系，2013 年综合文化系又改名为艺术文化系。

艺术文化系戏剧专业的学生主攻话剧。学生们出于好奇心来选修京剧课。

对于从未见过中国京剧、更谈不上任何基础的日本大学生，如何教授，从何教起，作为此课程教师的本人——一位京剧专业演员来说是一个课题，同时也是一个学习过程。学生们不会一句中文，没有压过腿也没下过腰，按照培养专业京剧演员的教课方式显然是不适合的。而且中日共通的现象是：年轻人一般不愿意去剧场看传统戏剧，对于传统艺术不感兴趣，更何况是外

---

3) 櫻美林大学 1921 年创立于北京朝阳区，当时名为崇祯学园，1946 年迁至东京，改名为櫻美林学园，至今，包括櫻美林幼儿园、櫻美林初中、櫻美林高中、櫻美林大学。

国的传统艺术。因此首先要在使学生们"感兴趣"上下功夫。面对中国的传统戏剧一无所知、没来任何概念的入门班的学生们，首先，讲解欣赏。简洁易懂地诠释何为京剧。边讲边演，使学生们有直观感受。为了使学生们有亲近感，讲解时把京剧艺术和日本的传统艺术歌舞伎、能作比较，比如其历史、特征、表演手法的异同等。每次都选用影像资料，边解说边让学生们鉴赏，并精选最简单的部分，让学生们在课堂上当场模仿，比如眼神、手势动作等。年轻的学生们对武打比较有兴趣，第一次看到京剧的武打以及跌打翻滚既吃惊又佩服，尤其是激烈的武打之后的亮相学生们觉得非常帅气。欣赏影像资料后教学生们模仿简单的武打则更具直感、立竿见影，容易接受掌握，当他们初步模仿得到教师认可后便有一种小小的成就感，津津有味，兴趣也就越来越浓。其次，表演体验。戏剧专业的学生们是学表演的，在掌握了一定的基础知识、对京剧有了概念之后，就把重点放在体验实践上，这样更益于理解，也有益于引起学生们的兴趣。但是由于学生们不会中文，因此开始不适合教"文戏"[4]，当他们学习了一段时间以后，有的学生便逐步对文的感兴趣，希望学一些"做功"方面的片段，或学一点唱段。体验实践以循序渐进的方式，比如什么是程式化表现方式，与他们平时所学的西方话剧的写实性表演区别何在，东西方戏剧中"喜怒哀乐"等表现方法比较；再与同属东方戏剧的他们本国的传统戏剧做比较，比如与歌舞伎、能在表现方式上有何共同点及不同之处，具体的如台步、圆场，京剧是从脚跟到脚尖压着脚步走，而日本的传统戏剧中的台步则是平蹭脚底走。又如，在动作的整体重心方面日本的传统戏剧要比京剧更靠下，即重心在大腿和膝盖部分，而京剧的重心则是在腰部、京剧和歌舞伎的亮相的相异之处等等。入门班在体验实践上从最基本的举手投足开始，即手势（兰花指）、站相、台步、云手、山膀，基本身段、初级把子等。初级班则训练学生们舞台实践所需的基本功，如压腿、踢腿、翻身、飞脚、扫堂、旋子、串翻身、跑圆场等，身段有折扇、团扇、趟马、水袖、枪下场等，另外教授各种把子以及剧目小片段。最初，习惯了西方戏剧表演形式或者芭蕾、现代舞的学生们怎么也找不到京剧的平衡状态、美的感觉、找不到使劲的要领，便浑身使劲，出现练兰花指时手指抽筋、拉山膀

---

[4]　京剧中唱、念、做称之为"文的"，以唱、念、做为主的剧目称之为"文戏"。

练弓箭步时两膀、两腿颤抖、压腿、跑圆场时两腿疼痛等等各种现象。但是只要坚持不懈地练习，就能渐渐进步，在一年半之后一般会产生从量到质的变化，原来"不堪入目"的姿势，变得有模有样，甚至有一点京剧的"味儿"。京剧表演艺术方面的成长是由刻苦学习与天赋灵气相结合的。

由于戏剧专业的学生几乎都没有学过中文，因此以唱、念为主的文戏是不适合的。教学中开始只能以把子身段为主，武打比较多，学生们比较感兴趣，也很容易接受，例如《三岔口》片段，始终不断地有新的学生希望学演。当学生们提高了兴趣，并掌握了一些基础和基本知识及最基本的规律以后，适当地教授文戏片段，比如在我的"专攻演习"（专业课小组研习班）课中教习《拾玉镯》、《秋江》、《霸王别姬》、《坐楼杀惜》等剧目的一部分。这是一个必经过程。但是，无论哪出文戏、无论是韵白还是京白，尤其是连中国人都很难学会的韵白，对于一周只上一次课，连拼音四声都不懂的从未学过中文的外国学生来说念白以及唱腔的难度是相当大的，对于教师的我来说，如何能高效率地（在学期内）使学生们掌握一部分演技则是更大的难题。只有从基础发音即拼音字母四声开始指导。对于母语中没有四声、没有卷舌音、没有"于"和"俄"音的日本学生来说，在攻克中文台词这一难关的同时也锻炼了他们的毅力。指导时也必须使出浑身解数，录音、录像、对口型、讲解示范每个发音部位等，既严格要求又褒扬鼓励。枯燥的发音，学生们一口气一练就是几十遍，口干舌燥、嘴部肌肉疼痛，甚至有的学生嗓音沙哑。经过刻苦磨练，当他们能有腔有调地说几句韵白、四声准确地念《三岔口》中刘利华的京白"数板"[5]时、当他们有板有眼地唱几句"流水"时、当他们得到从未体验过的配合锣经的程式化表演的艺术享受时，欣喜若狂，我也热泪盈眶，师生们一起其乐融融。真所谓"冰冻三尺，非一日之寒"。

至 2015 年为止，除了上述艺术文化系戏剧专业以外，樱美林大学的孔子学院也有京剧教育，即特别课程。学生们在主攻汉语的同时，学习体验中国文化。京剧就是其中的教程之一。这里的学生与戏剧系不同的是他们能说一些中文，但从未学过表演，没有一点表演基础，不擅长表演。因此这里的教学就不以表演实践为主，而采取了系列讲座和实践体验相结合的教学方式。

5）"时才在前村，遇见可疑人，身背刀一把，满面是风尘，他东也找西也问，打听焦赞发配人。"

同样是一次两节课 180 分钟，两个京剧课堂的侧重点则不同，即戏剧专业的学生两节课中三分之一的时间是讲解鉴赏，三分之二的时间是实践，甚至到排练剧目时两节课时间完全用于表演实践。孔子学院的学生两节课的时间分布是讲座和实践各占百分之五十，即一节课讲座，为了有助于理解，另一节课实践体验。也就是说前者侧重于通过演技实践、掌握表演技巧来理解中国艺术文化的特征，后者侧重于讲座、附带一些表演体验来理解中国文化。为了使学生们听起来不枯燥，形象而易懂，在孔子学院的京剧课程的备课中必须花费大量的时间精选与讲座内容相匹配的京剧影像片段及照片资料并编辑至 PPT 中，并边讲边演，学生们在觉得此课程"很奢侈"的同时自然地受到了中国文化——京剧艺术的熏陶。在指导孔子学院的学生体验京剧表演时，发挥学生的中文能力，体验台词，尤其是京白的台词体验，学生们觉得跟他们平时所学的普通话几乎相同，只是更强调语气和感情的表现，饶有兴趣；体验韵白时虽然跟普通话差别较大而有一定难度，但是比没学过中文的戏剧专业的学生相对容易适应，他们从中也感受到了中日传统戏剧中台词的共性——程式化、古文化。另外，在孔子学院中不仅有应届的高中生毕业生而且还有中老年学生，年龄的参差不齐，对于没有接触过表演的学生们来说，学习京剧的表演难度颇大，体验课的时间又短于戏剧专业的学生，因此在密切注意学生的安全的同时，精选一些简短易学的表演片段，使学生们在提高兴趣的同时，完整地掌握一个小片段。另外，在我自己讲解指导的同时，请戏剧专业的日本学生示范表演，并解说自己学习时是如何攻克难关的、哪一点对于专业京剧演员来说是简单的，而对于外国学生们来说是比较难以掌握的，结合自己的体会帮助孔子学院的学生们克服困难。虽然内容、形式和戏剧专业的学生不同，但同样有成就感。且每天都是坐着上课的孔子学院的学生，每周都期待着既能体验京剧表演又能锻炼身体的京剧课。孔子学院中老年学生的刻苦认真、一丝不苟的精神，令我感动。通过此课程极大地增进了日本学生们对中国文化的理解与兴趣。

2. 攻克难关、粉墨登台

櫻美林大学的戏剧专业理论与实践并重，每年都不断地安排学生舞台公

演。京剧课的学生们也定期演出实践。但是对于毫无幼功，只凭借每周一次课的外国学生来说，要完全和专业演员一样粉墨登场，可以想象必须攻克的难关之多。举例如下：

（1）文戏。举旦角方面的例子，首先是唱，要找发声方法，学会用丹田气，喊嗓练发声。没有基础、发声和用气方法，京剧的高音部位及拖音部分是很难唱的，更不用说迂回婉转的唱腔和抑扬顿挫的劲头儿及韵味儿，不掌握技巧没有功夫很难胜任。而京剧的半音比钢琴上的高出一点，因此用一般唱歌的感觉是很难找音准的，且京剧独特的唱腔对于从未听过的日本大学生来说怎么也找不到感觉，发声和唱腔的声音运转，不同于身段把子，它看不见摸不着，唯有心会神灵地找感觉。每次我教完文戏组后学生们便听录音、看录像、练发声，练气息，互相探讨，反复苦练，还必须合胡琴吊嗓子，记住每个前奏和过门，否则便不知何时何处张嘴演唱，极其不易！循序渐进，终于能站在舞台上和乐队珠联璧合地演唱时，学生们都高兴地欢呼跳跃；其次是念，上述的京白韵白，要能达到舞台上演出的标准，对于没有一点中文基础的日本学生来说好比登高山，从中文发音的精准度、到人物语气的准确性、声音腔调的优美感、到感情表达的游刃度，也就是说，尽管演员是外国学生，但必须让中国观众一听就懂、演的人物要可信、感人、同时必须给观众美的享受，学生们根据老师（本人）的严格要求，一步步攀登高峰，经过一定时期坚持不懈地攻克，终于在舞台上初步达到了目标。中国的观众不敢相信这些日本学生不会一句中文能准确地把握语气及人物感情说台词，不管是京白还是韵白都"是那么回事"。再次是水袖。即水袖功，看似简单，但是学生们真正练习时却困惑了。真丝面料的轻薄的水袖，如何把它散上，且散得优美，并作各种优雅的身段动作却是一道功夫。开始学生们为怎们也散不上而泄气，更别说美了，但是学生们仍然每天穿上水袖服，不断地练习，时而气馁时而兴奋，从只能单手看着散，到渐渐地看着镜子中的袖子散上到完全不看双手能把两袖同时得心应手地散上，在此基础上再根据唱词意思、人物心理、感情来运用水袖表现。渐渐的，学生们达到了基本能运用自如的程度。在理解了京剧表现手法的特征的同时认识到了"京剧原来这么美"、达到程式美又是如此艰难；而经历了艰难地攻克难关后的成就感又带来了莫大的喜悦，使自己越来越自信。

（2）武戏。武戏在京剧中是极有特色的一部分，它可以跨越语言障碍，即使不用字幕外国观众也能懂得其表演含义，因此深受国外观众的欢迎，也吸引了不少樱美林大学的学生。其跌打滚翻是需要有功底和功夫的，是必须经过从小训练的。但是没有任何基础、技巧的外国学生要登台表演武戏，难度极大。作为主教的我十分担心学生的安全，从排练到演出每天提心吊胆，捏着一把汗，男学生们又跃跃欲试，只能是在地毯上小心亦亦地教学生简单的翻滚，高难度的翻跟头则改为其它的表演方式，比如用"虎跳"等。但是具有翻打素质的男学生们自己到外面找地方悄悄地练功，到了排练厅突然在我面前翻跟头，吓得本人连忙喊停，学生的安全是排练厅内的首要注意事项，尤其是舞刀弄枪的武戏场面；演出剧目中的打把子（武打）无法省略，京剧的把子种类极其丰富，学生们对打把子很感兴趣，一套把子千锤百炼，有的把子是 4 对人物同时打，看的是整齐，最后和锣鼓分毫不差地合上，才有舞台效果。学生们在排练时间内每天一口气就练十几遍，为了不打扰其他组的排练，群打组在教室外的操场上自习，并录像找差距，不齐的问题在何处，尽管群打只是个配角的表演场面，但是在舞台上整齐的武打光彩夺目，赢得了观众的阵阵掌声；另外"踢出手"在京剧舞台中是个难度极大的武打技巧，表现剧中人物奋不顾身地与敌人拼打的场面。一般专业演员从中专起就必须坚持每天练习，才能达到精准、和下把配合得严丝合缝。樱美林大学学生连"出手"都没见过，从何谈起在舞台上用此高难度技巧。但是学生们知难而进，在给他们编排的范围内，坚持每天练习，学生的腿上踢枪部位满是青紫色的伤痕，但为了在舞台上准确无误地配合，扔出手和踢出手的学生们坚持不懈地攻克难关，终于在舞台上成功地表现了白素贞为救丈夫之命把生死置之度外地与看守仙山的鹤鹿童、金山寺的守护神们拼死相战的场面，受到了京剧界专家及观众的高度评价。

（3）穿戴。如《杨门女将》一剧，女将们上战场是扎大靠（即盔甲）的，光是大靠就有好几斤重，加之紧吊眉毛后带上沉重的翎子盔头，共有好几公斤，还没上台，只是穿戴上，学生们就晕了，更别说"全副武装"后激烈地武打，有的学生在排练中晕倒在台上。2014 年赴中国交流演出《杨门女将》时，一位女生下场后头疼得泪流满面，但是紧接着的上场又精神抖擞地以剧中人物出现在观众面前；2016 年的《白蛇传》排练中，学生们都是第一次

"勒头"，武打场面必须在吊眉后把"盔头"勒得很紧，学生们哪里受过这个罪，头疼得泪流满面，劝她们解开缓一会儿，但仍然边掉眼泪边排练，当排练结束解下"盔头"时，学生说"头已经木得没感觉了"。作为教员看到学生们为了体验、演绎中国文化，如此辛苦，也觉心疼，劝说他们"盗仙草"和"索夫""水斗"分两个演员演，这样可以解决头痛问题，但是被学生们拒绝，她们仍然刻苦耐劳，甚至头疼得排练中瞒着我偷偷地跑到更衣室呕吐，却泪脸欢笑地跟我说"没事"。

（4）锣经。即合京剧的"锣鼓"问题。学生们在合乐响排时才第一次正式接触锣鼓，京剧中的锣鼓是有固定规则，即有"锣经"的，专业演员们是必修课，可是这些学生们没有学过这门课，只是平时听本人嘴上念锣经而已。表演过程中也不懂如何给鼓师（指挥）"交代"（暗示），因此很难和锣鼓完全合拍，甚至锣结束后才亮相（专业用语是"出去了"）。排练时间有限，学生们为了攻克这一难关把鼓师念的锣经和锣鼓声录音后回去反复听反复背，当他们能和锣经密切配合甚至达到严丝合缝的程度时，一边兴奋地说"太过瘾了！感谢老师给了我们在话剧中体验不到的艺术享受"，一边摩拳擦掌地期盼着早日上台一展身手。演出结束后学生们说："学习京剧，不仅是学习它的演技、学习中国文化，同时也培养了我们坚强的毅力，太难得了"。真所谓"台上一分钟，台下十年功"。学生们第一次体会到演绎中国传统艺术的艰苦、何为"台上一分钟，台下十年功"的内涵以及作为一名演员必须对观众负责的责任心和对艺术的敬仰。

对于指导教师来说同样必须攻克各种难关，比如跨行当指导。众所周知，京剧表演中分生、旦、净、丑之行当，四个大行当中再细分小行当，各个行当的表演都有着严格的规范，专业演员一生只攻一个行当。而在樱美林大学教学排练，因只有两位老师，因此所有的行当两个人都必须教授，包括文武。例如，本人的行当是青衣、花衫，《白蛇传》中应白蛇的角色，但是由于教师人员缺乏，而青蛇（花旦、武旦）、包括男角色的许仙（小生）、法海（花脸）以及配角的水族、神将等主演配演都必须教授。这就意味着需要大量的备课时间来学习练习本行当以外的角色、掌握以后再根据学生的情况编排、调整演法，才能教学生；再有，这里的演出后台各部门都是由学生担任，他们从没看过京剧，不知所为，因此本人除了教表演以外，还必须负责指导学

生们灯光、音响、舞台美术、服装、化妆、道具、宣传等如何准备。术业有专攻，从事表演的我，在剧团时上述各个部门都有专职人员负责因此从未关心过，但是在樱美林大学教学，后台的各部门包括如何穿行头（服装）都需要我来指导，这对我来说都必须学习，正所谓全方位教学，教学相长。

如上所述，樱美林大学的学生演出的特点是从前台到后台，在教师的指点下各个部门都由学生们自己负责。生、旦、净、丑各个行当的角色自然是由学生来扮演，另外，司会、舞台美术、灯光、音响、服装、策划、宣传、字幕、制作到当天的接待观众也都由学生们承担。这样既提高了学生的舞台表现力、拓宽了视野、挖掘了潜在能力、培养了学生的团队精神，也锻炼了学生的舞台运作能力。京剧课的学生在东京每 3-4 年公演一次，演出剧目有《三岔口》、《霸王别姬》、《虹桥赠珠》、《秋江》、《拾玉镯》、《盗仙草》、《坐楼杀惜》、《杨门女将》、全本《白蛇传》，同时也表演了"基本身段"、"折扇舞"、"团扇舞"、"长绸舞"、"剑舞"、"起霸"、"趟马"、"枪下场"等。每次演出座无虚席，甚至出现加座及许多观众排队等当天票的现象。

2016 年 12 月樱美林大学学生于东京演出京剧《拾玉镯》

看到 3、4 年级的师姐师哥们在舞台上的英姿，1、2 年级的师弟师妹们羡慕不已，也纷纷来选修京剧课，梦想着有朝一日能跟师姐师哥们一样登上唯有櫻美林大学才能体验到的中国京剧舞台。如此一届届相传，京剧课程已成为櫻美林大学戏剧专业中的特色之一，也是櫻美林大学的一道靓丽风景。

櫻美林大学的学生们在学习京剧表演的同时，自然而然地体验并受到了中国文化的熏陶、一定程度加深了对中国传统文化的理解，也锻炼了他们的坚强意志和毅力及团队精神。

3. 京剧汇演、友好交流

在中国国家汉办孔子学院总部、中国外交部、中国驻日本大使馆的大力支持和邀请下，櫻美林大学的学生分别在 2012 年、2014 年、2016 年三次访中，举行了中日大学生京剧汇演并进行友好交流。

2012 年是中日两国邦交正常化 40 周年。在这庆典之际，櫻美林大学携手上海同济大学、上海外国语大学，为缔结中日两国友好之情，于 5 月 23 日至 5 月 25 日，在上海举行了连续 3 天的中日大学生京剧汇演。观众 1300 多人。本次汇演在中国国家汉办孔子学院总部的大力支持下，完成了日本大学生团体首次在华举行京剧公演、首次举办中日大学生京剧汇演的历史创举。这也印证了中国国家汉向向全球推广中国文化的成功。此次汇演不仅很好地促进了中日两国青少年的友好交流，更增进了两国高校之间的友谊，延续了两国高校之间多年来的情谊。

櫻美林大学的 32 名学生参加了这次汇演。其中有戏剧专业的学生、也有孔子学院的学生。学生们代表日本的青年到京剧的故乡中国跟中国的同龄人通过京剧艺术进行文化交流，既紧张又期待，也很兴奋。在同济大学以及上海外语大学的大力协助下，分别和同济大学、同济大学第三附属高中、上海外语大学的学生一起同台演出京剧等民族艺术，博得了京剧专家、大学生以及一般观众的高度评价和热烈掌声。演出后有专家说："说实在的，本来对这次的演出没抱什么希望，因为日本的大学生不可能有什么京剧基础，但没想到能他们能达到如此水平，太出乎意料了！令我刮目相看"。上海戏剧学院戏曲学院院长说："没想到！有的学生的规范程度甚至超过了我们戏校

的学生"。还有一位大学生在接受记者采访时说："真让我们中国学生吃惊、汗颜。除了台词，他们的演技已经很有份儿、相当专业了，太棒了！"当然这些都是鼓励。我认为，对于日本的大学生来说，台步走得好不好、念白咬字准不准都不是最重要的，重要的是参与，学生们通过京剧艺术的体验，通过京剧这种文化形式的熏陶，走近中国社会、理解中国文化；京剧好比一座桥梁，这座桥梁不仅沉淀了中国文化的精髓，更架起了两国人民间的友谊。

2014 年为了庆祝孔子学院诞生 10 周年，在中国汉办的支持下，樱美林大学的学生们 3 月 19 日至 23 日赴天津外语大学，中国戏曲学院、中国传媒大学，举行了第二次中日大学生京剧汇演。此次的参演者人数为 37 名，同样是樱美林大学孔子学院和戏剧专业的学生，但是年龄跨度较大，最年轻的为 19 岁，最年长的为 67 岁，有第一次登台演出的，也有具一定话剧舞台经验的学生。令学生们紧张的是，天津的京剧观众的严格程度是全国首屈一指的；中国传媒大学是艺术院校，云集了各个专业的专家；更紧张的是中国戏曲学院是京剧艺术的最高学府，外国大学生到此舞台上亮相是名副其实的班门弄斧。但是，紧张反倒成了学生们的动力，一定要尽最大努力演绎中国的国剧——京剧。演出剧目为《三岔口》、《拾玉镯》、《秋江》、《杨门女将》4 个剧目以及《霸王别姬》的南梆子片段（每场的剧目组合不同）。演出形式和 2012 年相同，和中国大学生同台演出，中日方节目间隔着轮流出演。台上日本学生们对中国艺术、中国文化的狂热，感染、感动了所到之处的观众，即便是令人望而生畏的中国戏曲学院的师生专家们，也都以阵阵热烈的掌声鼓励这些外国的"京剧演员"们。

参加演出的中日大学生们在演出之余，还参观了同台演出的大学校园，并在中国戏曲学院参加了京剧表演课，和专业的学生同课堂的短时间学习，让日本的"京剧迷"们着实地过了一把京剧瘾；另外，演出结束后还在台上积极互动，台下互相交流。比如中国的学生指导日本学生京剧唱腔，日本学生指教中国学生折扇身段、枪下场、绸子舞；互相交换礼品、分组学习中国书法、剪纸、中国结、搭积木、一起联欢等，学生们兴致勃勃，兴高采烈，有的成了好朋友。大家流连忘返，感叹时间太短，分别时依依不舍。可见京剧搭起了一座中日友谊的桥梁。

第二次的 3 场汇演，观众人数超过了 2000 名。

　　2016 年为促进中日青年文化交流及中日友好，应中国外交部、中国驻日本大使馆之邀，在中国汉办孔子学院总部的大力协助下，本人带着櫻美林大学的 37 名学生赴中国进行了第三次中日大学生京剧汇演。12 月 23 日在上海戏剧学院戏曲学院、12 月 27 日于北京大学的百年讲堂櫻美林大学的学生演出了京剧经典名剧《三岔口》及全本《白蛇传》，这次也和前两次一样与国内的大学生交叉着同台演出。上海戏剧学院戏曲学院是培养京剧专业演员的名门高校，在一个半小时的公演中，上海戏剧学院戏曲学院的学生们以高姿态让出了宝贵的舞台时间，只演了 10 分钟的清唱，余下的一小时 20 分钟让给了远道而来的櫻美林大学的学生，让热爱中国文化的日本大学生们一展身手。櫻美林大学的学生在《三岔口》之摸黑开打的场面结束后，紧接着演出了从"游湖"到"断桥"的文武兼具的全本《白蛇传》，上戏校内 300 多座位的剧场里坐满了京剧专业的师生、京剧的专家以及普通观众，学生们难免有些紧张，当他们的唱腔、念白、把子、出手、亮相都受到观众们的热情鼓励，掌声、叫好声此起彼伏时，作为主教的我心里的一块石头终于放下，演出结束后，上海戏剧学院戏曲学院院长箭步上台，"抢过"主持人的话筒激动地连说三遍"完美、完美、太完美了"！接着对学生们的表演给予了高度赞扬和评价，观众们也以热烈的掌声叫好声热情鼓励这些来自日本櫻美林大学的"京剧演员"们；北京大学是众所周知的世界著名高校，其京昆社也久负盛名，櫻美林大学及其姐妹校北京陈经纶中学的学生们有幸在北京大学 2000 个观众席的百年讲堂和北京大学的名票们一起演出既兴奋又幸福，但是出乎我意料的是櫻美林大学的学生们竟然不紧张，反倒是我和另一位老师捏了一把汗，因为当时借的两块地毯凹凸不平，满是波纹，很容易摔倒。开演前几十个学生们一起踩踏试图用体重压平地毯，虽有所改善但未能完全平整，上下场和武打场面很危险。在北京大学及陈经纶中学的学生精彩地表演了合唱、昆曲《游园惊梦》后，櫻美林大学的学生们开始了《三岔口》和《白蛇传》的演出。对日本大学生们一丝不苟的表演，唱、念、做、打，一招一式，观众席上响起了雷鸣般的掌声和接连不断的叫好声，观众的热情鼓励给了台上"演员们"鼓舞，激励着他们更加全身心投入、使出浑身解数演绎中国的京剧，剧终后观众席沸腾了，掌声、叫好声经久不息。中国的京剧艺术使剧场内至始至终洋溢着中日友好的气氛，艺术超越了国界，京

剧艺术使中日两国国民心与心碰撞、心与心交流，剧场内仿佛架起了一座中日友好的桥梁，这就是京剧艺术之魅力、文化交流之力量、樱美林大学京剧教育之意义。

本以为外国大学生去北大演京剧，班门弄斧，上座率一定不高，不想在北大各部门以及中国戏曲学院的大力支持下，竟然有 1700 多名观众前来捧场，由衷感谢。这也是京剧艺术、文化交流之魅力。

樱美林大学的三次访中、中日大学生京剧汇演，都引起了社会和媒体的关注。中央电视台（CCTV）、日本的 NHK、上海电视台、上海东方卫视、天津卫视、《朝日新闻》、《日本经济》、《文汇报》、《天津日报》、《中国青年报》、《中国文化报》、《北京晚报》、中国新闻网、新华社新闻网（日语版）、日本经济网等等，诸多媒体都作了重点报道，尤其是中央电视台采风频道，2014 年从学生们到了北京机场直到活动结束始终跟踪采访，编辑了 15 分钟的纪录片，在中日关系紧张之际，短时期内连续播放了两次。

另外，为了纪念今年（2017 年）中日建交 45 周年，在中国汉办孔子学院总部的大力支持下，樱美林大学学生在日本国内演出推广了京剧，分别在 10 月 19 日于京都立命馆大学、20 日于京都外语大学、27 日于东京台场召开的全日本私立大学总会中演出了京剧折子戏《秋江》、《三岔口》、《拾玉镯》、《白蛇传·盗仙草》，京剧独特的表现手法吸引了许多观众，所到之处无不受到观众的热烈欢迎与高度评价，观众们大多是第一次欣赏中国的京剧艺术，有的观众说："日本学生演中国的京剧，感到很亲近，尤其是有的角色用日语说台词易懂而有趣"、"京剧如此有意思，以后有机会一定去中国的剧场欣赏"。

4. 文化理解、意义深远

樱美林大学的京剧艺术教育自 2000 年至今（2017 年），已有近 18 年的历程。选修京剧课的学生总计人数为 1800 多人。通过课堂学习、舞台实践，使一批从未见过中国传统戏剧的日本大学生对中国的戏剧、中国的文化产生了较大的兴趣。

此课程开设时受到社会的注目，本人当时曾抱有疑问：为何日本的高校

2012 年 5 月樱美林大学学生于同济大学交流演出京剧《秋江》

2014 年 3 月樱美林大学学生于中国戏曲学院交流演出京剧《杨门女将》

2016 年 12 月樱美林大学学生于上海戏曲学院交流演出京剧《白蛇传》

2016 年 12 月樱美林大学学生于北京大学百年讲堂交流演出京剧《白蛇传》

需要开此课程？学校及社会给了我很好的解答，其中也包含了中国的京剧艺术在日本的大学中的教育意义。(1) 学校方面：此课程是櫻美林大学教育目标之一环。此大学的教育目标为"培养以基督教精神为基础的具有丰富教养、见识宽广的国际化人才"。所谓的"国际化"不仅仅是学会外语，更重要的是必须亲身体验异国文化，通过体验达到对异文化的深层理解，进而具有国际化视野，成为国际化人才。众所周知，京剧艺术中凝聚着中华文化的精华，比如忠、孝、节、义的传统思想、道德准则、伦理观念和天人合一、真善美的对立统一、虚实相生、神形兼备、中正平和的中国美学观念。早在民国时期日本的著名文学家、中国戏剧评论家辻听花就曾说过：要了解中国文化、中国的风土人情，必须看京剧。(2) 日本教育界：对中国文化——中国京剧艺术的认同。日本的文化中不少都源于中国，因此日本国民本身对于中国的传统文化怀着崇敬感恩之情，但是如前所述日本知识界曾经对于中国戏曲艺术之"俗文化"则抱有偏见，谓其风格不够雅、文学性不够高，甚至被鄙视，但是自从梅兰芳访日公演之后扭转了日本社会尤其是知识界的认知，通过梅兰芳访日公演之后的访美及访苏公演，京剧艺术文化的价值不仅在日本社会，而且在国际社会都得到了的充分的认可，近现代国际文化交流的不断进行，中国的传统文化，尤其是频繁亮相在国际舞台的京剧艺术的文化价值更得到了世界的高度评价。近些年，每年两次中国的京剧团访日公演，平均百分之八十的上座率及观众强烈的反应和认知、櫻美林大学学生在东京定期举办京剧公演时的场场爆满、2010 年京剧被联合国教科文组织登录为世界非物质文化遗产这些事实就足以证明了这一点。

　　另一方面，三次中日大学生京剧汇演与交流中双方学生的反应，表明了通过此项此活动唤起了双方青年对忽视本民族文化现象的反省、刺激了中日双方青年对本国传统文化的认知度。日本的大学生演绎中国的传统戏剧的举动，触动了中国的大学生。如 CCTV 的记者在采访观众时，天津外语大学的学生如是说："日本的学生能把我们的中国文化演绎得如此完美，我们作为中国人更应该把自己的文化发扬光大，因为这是我们的根"；"这种活动应该多举行，可以增强我们对传统文化的兴趣"。中国传媒大学的学生对我说："很惭愧，以前我从来不看京剧，通过观看这次的中日大学生京剧汇演，我喜欢上了京剧，以后一定去剧场看京剧，学习我们自己的民族文化"。中国

大学生们的感言，说明了日本大学生的京剧访中交流汇演引起了他们的反思，引发了他们作为炎黄子孙的热爱民族艺术文化的热情，外国的大学生能如此痴迷地演绎中华民族的艺术文化，作为中国人更应该珍惜、爱护、继承并发扬光大民族智慧的结晶——中华文化，这才是民族之根、国家之本；反之日本的大学生也有较大的触动，也激发了他们对本民族文化的热爱，如前所述，中日年轻人的共同之处是对本民族的传统艺术、传统文化的疏远，注重时代潮流、忽视传统根本，樱美林大学的学生们通过学习京剧艺术、舞台实践、交流演出，发现同属东方艺术文化的中日传统戏剧有着深厚的底蕴，承载着历史的积淀，具有典雅含蓄中和的东方审美特色及神韵，如果一味地追随西方，则是缺乏根基的沙上楼阁，为自己忽略传统戏剧文化而汗颜，表示要加强学习本民族的传统艺术和文化，唯有如此，才能在国际社会发挥更大的作用、真正成为国际化人才。由此可见对于中日年轻人来说参与此项活动，既是一次文化交流的机会，也是一个良好的反思契机，有利于促进年轻一代重视本民族的传统文化，增强爱国意识。

以中日大学生京剧汇演的形式展开的中日青年传统戏剧交流，不仅增进了中日青年的文化交流、互相了解、友善相处，而且播下了友好的种子，潜移默化地对中日友好起着积极良好的促进和推动作用，意义深远。对于日本大学生来说，踏上中国国土、走进中国、亲身体验、感受中国文化，我认为是最切实有效的教科书。

近些年中日关系紧张、不尽人意，樱美林大学的学生家长有的反对孩子到中国，心有余悸，恐有危险，有的学生因此而未能成行，组织时产生了一定的困难。但是所有来到中国演出的学生们都体会到了中国国民的热情和友好。亲眼目睹、亲身体验，学生们发觉日本的媒体宣传很片面，只宣传消极的一面，到了中国，事实上跟媒体的宣传大相径庭，不只是校内接待，即使是在校外问路、购物时中国国民都热情友好，因此完全改变了对中国的印象，消除了胆战心惊的紧张心态，可见客观、正面的媒体宣传以及亲身体验在中日关系中起着不可忽视的重要作用。通过中日大学生京剧交流汇演，原来对中国毫无兴趣的的日本学生中，出现了迫切希望到中国留学的学生，回到日本后埋头学习中文，如名仓步美，考取了京剧最高学府中国戏曲学院导演系研究生班，现已毕业，并获得了文学硕士学位；另外还有几位学生，通过努

力学习中文，也已去中国留学。他们通过京剧交流、通过学习京剧艺术，爱上了中国文化、爱上了中国。尽管只是一部分，但是文化交流改变了日本年轻人的意识观念，我认为这是一股不可低估的文化力量。事实证实了越是两国关系紧张时越彰显出文化交流的必要性和重要性。

综上所述，樱美林大学的京剧教育，中国的京剧艺术表演教程走进日本的高校，它不仅是培养国际化人才的具体体现，也充分显示了中国艺术文化的价值得到了国际社会的高度重视和认可；中日大学生京剧交流汇演，引起了中日大学生的反思，激发了他们对本民族传统文化的热情和兴趣，踏上中日国土亲身体验以及媒体的客观正面的宣传引导是保持中日友好的重要举策，文化交流以其跨越政治的不可抗拒的力量推动着中日友好的发展。从这个意义上讲，樱美林大学的京剧教育意味着国际社会对中国文化艺术价值的高度认知以及异文化体验、跨文化教育、国际化教育、中日文化交流、中日友好的新时代的到来，可谓意义深远。

结

民国时期（日本的大正时代）日本研究中国戏曲的学者，尤其是"中国学"京都派学者，受王国维及乾嘉学派的影响颇深，除了重雅轻俗以外，还表现为重文学轻艺术、重文本轻表演、重正统轻民间，认为乾隆以后的中国戏曲都没有文学价值，如前所述，根深蒂固地崇尚"硬文学"，是当时日本尤其是京都学术界的主流思潮。京剧艺术大师梅兰芳的 1919 年访日公演所掀起的中国京剧艺术热潮，使重文献考据、轻场上表演的日本中国文学、中国戏曲学者重新认识中国戏曲、中国民间的"俗文学"、"俗艺术"，开始走进剧场欣赏原本不屑一顾的京剧艺术，这不得不说是艺术大师梅兰芳的一大功绩，他改变了日本学界固有的陈旧观念，渐渐认识并接受了中国戏曲作为综合艺术，其文学侧面并不是衡量它的唯一标准，而中国戏曲已由原来的文本中心转型为以场上表演为本体的事实。

梅兰芳开辟的中日戏剧文化交流道路，经过了漫长的跋涉，越走越宽。近 100 年后的今天，京剧艺术以作为中国文化、中国传统艺术的象征被日本社会包括教育界所高度认可，经日本文部省审批的樱美林大学的京剧艺术

教育就证明了这一点；同时中日艺术文化交流也呈现出纷繁多样的可喜景象，如日本音乐剧中融入京剧艺术的元素（例：我担任艺术指导的日本宝塚歌剧院的音乐剧《燃烧的爱—吴王夫差与西施—》、《花舞长安—唐玄宗与杨贵妃—》、《凤凰传—克拉夫与杜兰朵》、《虞美人》等）；京剧和歌舞伎的合演（例：《龙王》）；昆曲和狂言的合演（例：《秋江》）；京剧和能的合演（例：《杨贵妃》）；昆曲、京剧和日本舞蹈的合演（例：《杨贵妃》）等等，这些事实证明：中国的传统戏剧文化在日本社会中有着深厚的根基，其艺术文化价值被日本社会所认同并受到尊崇，值得中国人骄傲，同时也标志着历史的变迁、时代的进化。

　　樱美林大学的京剧艺术教育实践及以京剧艺术为中日高校文化交流的模式，可以说在一定程度上深化了日本高校在中日文化交流中的探索之路；中日戏剧文化交流之路在百年前由京剧艺术大师梅兰芳开辟，而百年后作为梅兰芳的徒孙、梅派艺术传人的我，担任此课程的主教，也证实了历史的延续、传承的重要性以及全球化时代多元化文化交流模式的必然性。

新冠肺炎疫情下的中日文化交流

コロナ禍の中の中日文化交流

初　暁波

【日本語の要約】2020 年に始まった新型コロナウイルス感染症パンデミックが人類社会の発展に及ぼした影響は極めて深刻である。本稿は桜美林大学が、特に佐藤東洋士前理事長の指導の下で中日文化交流の推進に全力を傾注してきた歩みを振り返り、さらにパンデミックの間、中日両国の文化芸術産業が深刻な衝撃を受けたこと、両国の文化芸術従事者が迅速に対策を練り、危機を乗り越えるために様々な試みを実施してきたことについて考察した。中日両国間の文化交流では現地化、オンライン化など、コロナ禍による難局を乗り越えるための様々な対策を試み、両国民の心理的距離の短縮、好感度低下の緩和に重要な貢献をした。ポストコロナ時代において、両国は「パンデミック思考モード」の束縛から抜け出し、歴史的責任感を持って両国の民間文化交流と友好往来を引き続き推進していかなければならない。

进入新世纪以后，在"百年未有之大变局"下，中日两国综合国力对比出现了逆转，两国关系与两国国民之间的亲近感都陷入动荡与波折的境地。2020 年初开始的新冠肺炎疫情肆虐世界，时间之长、死亡人数之多、造成影响之深，在人类近现代历史上都是罕见的。在此背景下，中日两国各方面的交流不可避免受到重大影响，其中注重面对面交流展示的两国文化交流成为重灾区，更是面临着建交以来前所未有的困难与挑战。樱美林大学与北京大学之间是中日交流的坚定拥护者和积极践行者，即便在新冠肺炎疫情之下，仍然克服困难坚持举办学术会议等各种交流活动。尤其是已故佐藤东洋士前理事长，为中日两国，为樱美林大学与北京大学两校的交流做出了不可磨灭的贡献，本文在简要回顾樱美林大学和佐藤东洋士前理事长为中日文化交流做出的丰功伟绩之后，根据中日两国详实的调查数据，回顾新冠肺炎疫情对两国文化产业和文化交流造成的重大影响，在总结两国各界积极努力克服疫情影响做出的努力后，尝试对后疫情时代两国文化交流进行一些展望。

1. 樱美林大学与佐藤东洋士前理事长对中日文化交流的贡献

众所周知，樱美林大学与中国，特别是与北京有不解之缘。1921 年清水安三先生在北京朝阳区创建了崇贞工读女学校，1946 年回国后创办了樱美林学园，1966 年正式成立樱美林大学。清水安三先生在中国的经历，有非常详实的记录[1]。其中特别值得提及的是，清水先生与鲁迅先生的交往，以及由此成为向日本传播中国文学成果，特别是介绍鲁迅作品和特点的重要渠道。1922 年在拜访周作人不遇却结识了鲁迅先生之后，清水先生尝试翻译鲁迅的作品，并在与鲁迅先生的深入交流后（清水先生多次出现在《鲁迅日记》里），在日本杂志撰写介绍和评论。与青木正儿等人的介绍相比，清水先生的文字更加感性、更深入具体，让读者感到非常形象化。清水先生与鲁迅之间强烈的共鸣，原因之一是两人都存在着对本国国民性非常深刻的批判，

---

1) 清水安三：『朝陽門外』東京：朝日新聞社、1939 年；清水安三：『朝陽門外』東京：桜美林大学出版会、2021 年。中文版参见【日】清水安三著、清水畏三编：《朝阳门外的清水安三：一个基督徒教育家在中日两国的传奇经历》，李恩民、张利利、邢丽荃，北京：社会科学文献出版社，2012 年。

在战争阴云密布的严峻形势下，依然对两国关系发展的未来存在着期待。樱美林大学后来成为日本学界鲁迅研究的重镇，延揽了包括丸山昇、藤井省三等在内的一批著名学者，推动两国文艺与思想的深层交流，应该是有清水先生个人经历和认同的重要影响[2]。

清水安三先生与北京大学的关系也非常密切，与胡适、陈独秀等著名教授都有来往，其中与李大钊之间的关系尤为特殊。两人在李大钊留学日本的时候，就通过丸山传太郎介绍认识。清水先生到北京之后，在北京大学教授陈启修做东的宴会上与李大钊久别重逢，此后便频繁往来，有记录的交流也有十四五次。清水先生为李大钊提供了大量的日文左翼报纸和书籍，这种帮助甚至到清水先生赴美国留学的时候也在持续，直到李大钊先生就义[3]。1960 年，日本学者野泽丰在东京神保町的山本书店无意中购得一本《国立北京大学 20 周年纪念册》，里面竟然有"敬赠 清水先生 北京大学国立大学图书馆主任李大钊"字样的珍贵签名。在中国历史学家刘大年的建议下，野泽丰教授将其捐赠给了中国革命博物馆。1985 年的《光明日报》刊发《李大钊赠给日本友人的北大 20 周年纪念册今归故里》还专门做过详细报道[4]。

佐藤东洋士前理事长 1944 年生于北京，1996 年开始担任樱美林大学校长。本世纪初，佐藤先生在中国教育国际交流协会主办的中国教育国际论坛（长春）上发表过题为《日本人口迅速变化环境下的高等教育改革》的演讲，其中提到，"教育制度必须重建，以强调跨文化的理解。在日本社会，现在亟需摆脱民族中心主义倾向，培养一代可以理解和接受不同观点的人。也就是说，日本教育必须实行全球化。"[5]我想正是这样的理念，成为佐藤先生和樱美林大学致力于推动与中国，尤其是与北京大学密切交流源源不断的

2）乐融："鲁迅在日本的接受和传播——从两个日本人说起"，载上海鲁迅纪念馆编：《上海鲁迅研究 2015 年 冬》上海社会科学院出版社，2016 年，第 21-28 页；李明非："清水安三先生与中国——几多鲜为人知的往事"，载《外国问题研究》1992 年第 3 期，第 61-67 页。

3）刘柠："清水安三眼中的李大钊"，载《人民政协报》，2014 年 7 月 3 日。

4）野泽丰："怀念刘大年先生——相识日本与重逢中国及其他的追忆"，载《近代史研究》，2000 年第 6 期，第 45-46 页。后收入刘大年著、张海鹏主编：《刘大年全集（附卷）时人评论与研究 16》武汉：湖北人民出版社，2019 年，第 116 页。

5）【日】佐藤东洋士："日本人口迅速变化环境下的高等教育改革"，载中国教育国际交流协会编：《中国教育国际论坛 第 1 辑》北京：人民教育出版社，2003 年，第 177 页。

动力。1998 年 12 月 10-11 日，两校举办了首届樱美林大学北京大学学术会议，到 2022 年已经举办了 20 届。从第一届学术会议开始，两校就确定了总主题"中日关系的现状与展望"，每年的学术会议保持了共同性和连贯性，维系这个总主题的三个关键词是"新人文主义""共生"和"环境"。[6]两校学术交流的成果，体现在日本先后出版的多本会议论文集，如『新しい日中関係への提言：環境・新人文主義・共生』、『教育・環境・文化から考える日本と中国』、『日中新時代の基本的視座－教育・環境・文化から』、『日本と中国を考える三つの視点－環境・共生・新人文主義』等等，是两校交流的宝贵财富，也是佐藤先生心血的凝结。当然，樱美林大学在中国有 60 多个姐妹学校和合作单位，北京大学仅仅是其中的一所；樱美林大学曾授予近 20 位中国著名学者和社会知名人士名誉博士学位，其中包括北京大学已故前副校长何芳川教授和前常务副校长吴志攀教授。

　　樱美林大学与佐藤先生在中日文化交流中做出的重要贡献之一，是推动樱美林大学孔子学院于 2005 年 11 月揭牌，这是全日本第二家、东日本第一家孔子学院。中国驻日使馆时任公使衔教育参赞李东翔受国家汉办委托，与佐藤先生在协议书上签字。中国时任驻日大使王毅、日本文部科学省和外务省有关官员出席了签约仪式并致辞。佐藤先生在接受采访时曾表示过，"如果我说樱美林大学是生在中国，长在日本，那么孔子学院则是生在中国，长在全世界。孔子学院的建立，就是为了使世界上的人了解中国，促进年轻人或者教师的国际交流，这对 21 世纪世界和平稳定是非常重要的，也是孔子学院最能打动我的地方。"[7]正是因为佐藤先生在孔子学院方面做出的杰出贡献，2011 年在第六届孔子学院大会上获得了"孔子学院先进个人"荣誉称号，并得到了中国国家领导人的亲切接见。

　　樱美林大学与佐藤先生推动的中日具体领域的文化交流还很多。例如从 2000 年起经过日本文部省批准，开设了中国京剧课程，成为日本唯一一所教授京剧表演艺术的学校。在中国著名梅派表演艺术家梅葆玖先生的弟子、

---

6) 李玉、张平："北京大学与日本樱美林大学的学术交流（1998-2015 年）"，载《亚太研究论丛（第十三辑）》，北京大学出版社，2016 年，第 12-26 页。

7) 何嘉欢："生在中国，长在日本——专访日本樱美林大学理事长、孔子学院理事长佐藤东洋士"，《孔子学院》，2014 年第 3 期（总第 32 期），第 28 页。

戏曲学博士袁英明教授的带领下，樱美林大学京剧团多次访问中国。2016年12月27日，两校戏曲文化交流演出在北京大学百周年纪念讲堂观众厅举行，受到了热烈的欢迎[8]。此外，樱美林大学与佐藤先生还推动了大量的两国文化交流，如2018年的中日交流书法展，2019年的中日青少年奥林匹克漫画交流展，以及同年举办的第一届全日本大学生中文演讲大赛决赛、第18届"汉语桥"世界大学生中文大赛日本区预赛等重要活动，为中日两国之间文化联结，尤其是青少年之间的文化交流发挥了重要的桥梁作用。

2. 新冠肺炎疫情下中日两国文化产业发展面临的挑战

新冠肺炎疫情发生，由于其传播途径广、传染性强、危害性大、病毒变异快等特点，对各国民众的生命安全造成了严重影响。各国政府被迫采取了不断严格的管控措施，如避免人群长时间聚集、减少面对面接触、限制特定染疫地区的人员正常流动、加强出入境管控措施等等，这对各国民众的日常生产和生活造成了巨大的不便。以樱美林大学图书馆统计的艺术文化学群学生借阅量来看，因为疫情来临后学校被迫多次闭校，大部分授课转为线上进行，实体图书馆的利用量出现了断崖式下跌的趋势。艺术文化学群学生总数从2016年的1096人，增长到2020年的1431人，但图书借阅量从2018年最高5400册，到2020年仅有612册；杂志借阅量从2016年的39册，到2020年仅有3册；视听资料的借阅量从2016年最高的1558次，到2020年仅有54次[9]。这不可能不对学校的艺术文化教学活动和学生的专业学习产生影响。

对于那些必然要产生人员聚集的文化艺术活动，从博物馆、艺术馆的展览参观，到电影电视的拍摄、推介、放映、研讨全过程，戏剧表演和音乐会等短时间大规模人群聚集的活动更是面临着毁灭性打击。可以说，新冠肺炎疫情对各国的文化艺术产业提出了前所未有的考验。2020年2月26日，

---

8) "樱美林大学与北京大学戏曲文化交流演出举行" https://news.pku.edu.cn/xwzh/129-296358.htm（最后检索时间：2024年7月10日）
9) 佐々木俊介：「新図書館開設と新型コロナウイルス感染症拡大による影響——桜美林大学図書館の事例から」、『大学図書館研究』120号（2022）第2130 – 9頁。

时任日本内阁总理大臣的安倍晋三公开喊话，「多数の方が集まるような全国的なスポーツ、文化イベント等においては、大規模な感染リスクがあることを勘案し、今後 2 週間は、中止、延期又は規模縮小等の対応を要請」。这是日本政府应对新冠肺炎疫情的无奈之举，但这对于日本的文化演艺事业造成了沉重的打击。就在这一天预定在大阪ドーム进行的 EXILE 公演、预定在东京ドーム进行的 perfume 公演都被迫临时中止，公演长期准备付出的计划方案、场地租赁、舞台搭建、排练宣传以及演出参加者和所有工作人员的报酬都已经支付，但演出临时取消、被迫退票，这一天的损失就达到了数亿日元。根据 2020 年 3 月 19 日文化芸術推進フォーラム对日本演劇興行协会等团体的调查，全国共有各种规模的公演 5600 场次被迫中止，损失达到 520 亿日元[10]。还不止如此，4 月 7 日宣布紧急事态宣言之后，不仅是公演被迫停止，就连艺术教室等可能产生密切接触的设施都要关闭；电影拍摄、电视节目收录也都统统中止，甚至发展到 NHK 大河ドラマ也史无前例地出现了断档。这严重影响了演艺团体和从业人员的生活，4 月 14 日日本芸能実演家団体協議会（芸団協）对各个相关团体和演员、音乐家、舞蹈家、落语家等的调查发现，4 月份收入不到此前 50% 的占到 34%，完全没有收入的占到 42%，4 月之后完全没有接到新的演出邀请的则占到了 72%[11]。面对如此严峻的局面，日本政府和社会各界通过各种途径，对从事文化演艺活动的群体和个人发放补贴和提供捐助[12]。

　　面对突如其来的重大冲击，日本从事文化演艺的群体和个人，并没有怨天尤人、自暴自弃，而是冷静接受现实，从当时学校教育从线下转为线上并逐渐普及的举措中吸收经验，开始尝试将文化演艺活动转为线上的可能性。一开始是最简单的方式，即通过播放以前演出的录像来满足人们对文化艺术

10)　早稲田大学坪内博士記念演劇博物館专门设立了网站来进行展示与纪念，オンライン展示「失われた公演——コロナ禍と演劇の記録／記憶」，https://prj-ushinawareta.w.waseda.jp/（最后检索时间：2024 年 7 月 8 日）

11)　大和滋：「未曾有の事態、10 か月のたたかい、そして浮かんだこと」、『文化経済学』第 18 巻第 1 号、第 5 頁。

12)　朝倉由希：「コロナ禍と国の文化芸術支援——文化芸術活動の継続支援事業を中心に」、『文化経済学』第 18 巻第 1 号、第 12-16 頁。日本政府对于映画、映像産業的支持措施，参见池田高明：「コロナ禍における映像産業振興策—その変化の兆しと今後の課題」、『文化経済学』第 18 巻第 2 号、第 17-20 頁。

的基本需求，但很快就开始意识到，无论对于文化演艺从业人员还是观众而言，这都不是长久之计。随后逐渐探索成型的线上活动大致可以分为两种模式：一种是用网络摄像头或者智能手机，将文化演艺人员在特定场所的个人表演，直接在网络平台上展示，或者通过 ZOOM 等社交会议软件，把同一场演出中不同演员在不同场所的表演同时上传，通过直接展示或者经过后期编辑处理 在网络平台来进行展示。一个典型的例子，就是日本富士电视台著名的大众娱乐节目《笑点》，在疫情最严重的时期，只有主持人在现场，没有观众，而参演的其他演员都在自己家中，通过连线的形式，在现场用一个一个液晶显示屏放映来完成演出。第二种是在疫情得到一定控制之后，因为考虑到防疫要求，很多演出场所都规定了上座率不能超过 50%，为了增加收入，扩大影响，很多个人和团体开始了线上、线下相结合的方式，即在线下可以演出的情况下，同时进行线上直播。经过不断尝试日益成熟之后，一些日本国内和世界范围内的艺术节、戏剧节，开始探索以线上的方式进行。其中有代表性的如每年四月末五月上旬在静冈县举办的国际舞台芸术祭，疫情期间除了线上放映本来准备要参加演出的外国艺术家作品外，本地剧团 SPAC 著名艺术导演宫城聪先生，将一系列对谈、演出排练、正式表演全部上网，一时间引起了广泛关注，拓展了人们对演剧的理解和表现形式[13]。日本各地多有类似尝试，都是顺应疫情挑战的主动之举[14]。

中国的文化艺术事业面临着和日本完全一样的挑战和困境。根据中华人民共和国文化和旅游部《2020 年文化和旅游发展统计公报》显示，全国艺术表演场馆 2770 个，全年共演映 58.84 万场，比上年下降 54.2%；观众6064.67 万人次，下降 51.7%。全国美术馆 618 个，全年共举办展览 5988次，比上年下降 17.6%；参观人次 2186.76 万人次，下降 47.1%[15]。根据

---

13) 萩原健：「コロナ禍を受けたオンライン（と）演劇、その展開——変容する／再発見される〈演劇〉」、『演劇学論集 日本演劇学会紀要』第 71 期、2020 年、第 36 頁。

14) 例如岛根的「しまね伝統芸能祭 2020」，在编舞师藤田善宏的主导下，克服了重重困难，将当地人们相信能疫病镇護的石见神乐『SHOKI—鐘馗』搬上舞台，获得巨大成功。福間一：「2020 年度における地方劇場の制作現場から——島根県立いわみ芸術劇場の取り組み」、『文化経済学』第 18 巻第 2 号、第 1-3 頁。

15) 中华人民共和国文化和旅游部 2020 年文化和旅游发展统计公报：https://zwgk.mct.gov.cn/zfxxgkml/tjxx/202107/t20210705_926206.html（最后检索时间：2024 年 7 月 2 日）

《新型肺炎疫情对中国艺术行业的影响调查》结果显示，被调查的文化艺术行业从业者中，认为新型肺炎疫情对艺术行业影响大的比例占到 42.4%，认为影响非常大的比例占到了 36.6%，二者合计占到了 79%。涉及到文化艺术行业面临的具体问题，占据第一位的是"艺术展览、艺术教育等公众活动搁置"，第二位的是"机构收入减少，流动资金紧张"[16]。

　　中国文化艺术行业与日本一样进行了苦苦探索。例如第七届中国交响乐之春的演出中，著名指挥家余隆率领中国爱乐乐团就采取了线上直播的方式来传播高雅艺术。因为疫情遭受到严重影响的旅游胜地敦煌莫高窟，运用高清图画技术，推出了线上版的敦煌，提出了"欢迎在家 云游敦煌"的口号，吸引了大量民众的参观。中国戏剧界代表性探索者之一是北京薪传实验剧团的王翀，他在 2019 年与澳大利亚同行进行线上对话时就开始对线上戏剧充满了兴趣，2020 年新冠肺炎疫情爆发后，他迅速推出了《等待戈多》2.0 版，从策划到选角，从排练到演出，全程都是在线上进行，主创团队、演员团队、制作团队、横跨北京、武汉、广州、大同 4 个城市联合作业，线上参加直播观摩的人数竟然达到 29 万人。2021 年，他在香港艺术节上，与五大洲 6 个国家的演员合作了线上戏剧《鼠疫》2.0 版，让不同国家的演员讲述的就是新冠肺炎疫情下的真实感受，非常具有冲击力。他坚持彼得·布鲁克（Peter Brook）在《空的空间》（The Empty Space）中"当下的戏剧"（Immediate Theatre）的理念——戏剧不仅在主题上应该是当下的，在技术上和实现手段上也应该是当下的[17]。在完成了《等待戈多》2.0 版之后，他提出了「線上戲劇宣言」，其中こう書きました。「オンライン演劇は、疫病の時期のその場しのぎでは断じてない。『オイディプス』のように、疫病は風とともに去り、賢者は生と死の間で翻然とめざめるだろう。人類の社会はやがて、VR（バーチャル・リアリティ）、AR（オーグメンテッド・リアリティ）、人工知能、人工生命体で溢れかえるだろう。人類の芸術も同様である。人類はいずれ「人類」を再定義し、「演劇」も再定義するだろう。演劇人は

---

16)　吴双、徐文华、段佳莉、陈亭廷："新冠肺炎疫情对中国艺术行业的影响调查"，载《美术报》，2020 年 2 月 22 日。

17)　详细研究参见【英】彼得·布鲁克：《空的空间》、王翀译、北京：中国友谊出版公司，2019 年。

すでに「演劇の死」を経験しており、手をこまねいて見ているべきではなく、座して死を待つことはできない。オンライン演劇は、演劇の死を告げる弔鐘ではなく、未来への前奏曲なのだ」[18]。中日文化艺术从业人员都在适应新冠肺炎疫情过程中，努力去拓展对于艺术本身的理解，把本来成为对行业致命打击的灾难，变成了重新思考文化艺术本质的新起点。

3. 疫情下中日文化交流的特征

2020 年本来应该是东京奥运会举办的重要年份，也是中日文化体育交流推进年，突如其来的新冠肺炎疫情根本改变了这一切。在两国国内的文化艺术体育事业都难以正常进行的情况下，两国间相关领域的交流就更加困难。

从人员往来的基本面来看，中国大陆赴日访问人数从 2015 年开始一直是日本外国访问总人数的第一名，2019 年更是达到了历史新高 959.43 万人，如果加上台湾与香港，总数达到了惊人的 1677.56 万人。但新冠肺炎疫情开始后的 2020 年，中国大陆赴日人数迅速下降到 107 万人，仅有疫情前的 11%，到 2021 年仅仅有 42239 人[19]。在同样状况之下，两国官方，尤其是领导人之间交流也比疫情前明显减少，正式的国事访问基本停止。

在新冠肺炎疫情爆发之前，中日之间的文化交流可以说达到了一个非常高的层次。日本人アーティストの中国公演が盛況：其中包括 RADWIMPS（2018 年 7 月、上海・北京・成都公演）サカナクション（2019 年 6 月、上海・深圳公演）星野源（2019 年 11 月、上海公演）等，而疫情发生后，所有日本来华公演全部取消；日本电影在中国深受欢迎，如『千と千尋の神隠し』が 4.88 億元と同年の日本映画ではトップ。『天気の子』2.88 億元、『名探偵コナン 紺青の拳』2.31 億元、『ONE PIECE STAMPEDE』2.04 億元、仅

18) 王翀（薪伝実験劇団演出家）、田村容子：「コロナ時代の演劇——王翀の「線上戯劇」をめぐるオンライン・インタビュー」、『演劇学論集　日本演劇学会紀要』第 72 期、2021 年、第 45 頁。关于王翀的研究和介绍，参见瀬戸宏：「王翀（ワン・チョン）と『ポストドラマ演劇』」、『演劇学論集　日本演劇学会紀要』第 67 期、2019 年、第 71-88 頁。
19) 日本政府観光局：国籍 / 目的別 訪日外客数（2004 年〜2022 年）https://www.jnto.go.jp/statistics/data/tourists_2022df.pdf（最后访问时间 2024 年 7 月 18 日）

仅在 2019 年には 24 本の日本映画が中国で劇場公開。到 2020 年疫情严重之后，中国大部分的电影院时常会被迫关闭，虽然也有 11 部日本电影引入中国，但興行収入もトップが『デジモンアドベンチャー LAST EVOLUTION 絆』，仅仅获得了 1.25 億元的票房。

公益財団法人笹川平和財団笹川日中友好基金在 2023 年出版了『コロナ禍と日中交流実態調査（2022 年度）』，调查对象包括在日本与中国存在交流的团体和组织 655 个样本，其中与文化艺术领域有关的团体为 127 个，得到了一系列重要的结论。从调查结果来看，疫情期间中日之间文化艺术领域交流的频率近乎腰斩，从疫情前平均每年 1.8 次，下降到了 1 次；同样，交流的规模也出现了重大变化，受到疫情影响，中日之间交流总体上比疫情前缩小了 76.3%，但文化艺术领域的交流缩小了 86.6%[20]。显然，这与上文提及的文化艺术领域强调面对面交流和互动的特殊性有重要关联。

在疫情影响之下，中日两国的文化艺术交流探索了诸多的新模式。尽可能减少跨国流动的在地化展示就是其中一个重要手段。例如 2020 年 12 月 22-25 日在东京的中国文化センター举行了「闽の美——中国福建古代芸術並びに文化観光展」，让日本民众不用到中国福建，也可以了解当地的历史文化和风土人情。2021 年 3 月 19 日至 6 月 6 日，日本著名设计师安藤忠雄的作品展《挑战》在上海举行；同年 6 月 12 日至 10 月 10 日，深受中国民众喜爱的"宫崎骏与吉卜力的世界"在北京今日美术馆开展；2022 年 1 月从日本正版引进的奥特曼系列舞台剧——奥特英雄《父与子》的羁绊在北京天桥艺术中心演出，最贵的套票卖到了 880 元人民币；此外，天桥艺术中心还推出了日本传统艺能系列的高清电影，如坂东玉三郎与尾上菊之助主演的歌舞伎《京鹿子娘二人道成寺》、松本幸四郎、中村勘九郎与中村七之助主演的新歌舞伎『アテルイ』、松本幸四郎、市川猿之助、市川中车等人主演的经典曲目《女杀油地狱》，还有著名导演山田洋次执导、中村勘三郎、中村勘九郎、中村七之助主演的经典曲目《连狮子》等，吸引了大批北京青

---

20)　園田茂人、李妍焱、松田奈月、荒川雪：『コロナ禍と日中交流実態調査（2022 年度）』公益財団法人笹川平和財団笹川日中友好基金、2023 年 6 月 30 日発行、第 40-41 頁。https://www.spf.org/global-data/user60/20230822_covid19_JCexchange.pdf（最后访问时间：2024 年 7 月 16 日）

年观众。这些都是推动中日两国文化交流和民众相互理解的努力。

更为重要的手段是在线化的趋势。这既包括网络静态艺术展示，如2020年10月至12月，主题为"与子同裳、风雨共担"的第十届中日韩青少年国际书画交流展在线上进行，观众可以浏览每一幅作品的细节，并且留言表达自己的感受。同时，以学术讨论会、文化艺术表演为特点的在线互动也非常热烈。包括北京大学与樱美林大学疫情期间多次的学术交流，都是通过 ZOOM 以线上互动方式进行的。根据『コロナ禍と日中交流実態調査（2022年度）』的调查，2019年以前，中日之间交流总体的78.7%是线下方式进行的，仅有3.9%是纯粹线上方式完成。形成对比的是，文化艺术领域的交流，线下方式占到83.3%，纯粹线上方式仅为2.4%。但2020年新冠肺炎疫情之后，中日之间交流总体仅有12.9%是线下方式进行的，超过半数的52.6%是纯粹线上方式完成。同样形成对比的是，文化艺术领域的交流，线下方式为10.7%，纯粹线上方式则达到了60.7%[21]。

疫情前后中日文化交流领域还有一个值得关注的现象，在此前的中日文化交流中，中国的古典文化、丝绸之路、风土人情等更容易得到日本民众的共鸣；而日本的现代文化，尤其是漫画、游戏、电影等在中国民众中更有市场。但近年来出现了新的趋势，如上文所述，很多中国年轻人开始喜欢日本的传统艺术，包括能、狂言、歌舞伎，也包括茶道、花道和香道；而中国现代艺术形式，包括 TikTok 在日本的流行，网易 NetEase 在线游戏「荒野行動」以及モバイルゲームの「原神」や「陰陽師」など在日本都逐渐打开了市场，两国文化交流呈现出多元性、多层次、相互促进的良好局面。

从『コロナ禍と日中交流実態調査（2022年度）』中可以看出，促进中日之间交流，尤其是文化艺术交流所产生的明显作用。调查结果显示，"交流を通じて、中国に対する認識が深まった"的比例，中日交流整体为59.4%，通过文化艺术交流得到类似感受的则远高于平均数，达到了74.8%；"交流を通じて、新たな気付きや発見を得られた"的比例，中日交流整体为55.9%，通过文化艺术交流得到类似感受的达到了63%[22]。在

21）園田茂人、李妍焱、松田奈月、荒川雪：『コロナ禍と日中交流実態調査（2022年度）』第41頁。

22）園田茂人、李妍焱、松田奈月、荒川雪：『コロナ禍と日中交流実態調査（2022年

调查对未来继续推动中日交流意向的时候，各个领域整体希望推动的比例达到了 67.9%，而在文化艺术领域，希望继续推动交流的比例则达到了 78%。调查还显示，在从事中日交流之前，对中国有"良い印象だった"与"どちらかといえば良い印象だった"的整体比例为 38.8%，但文化艺术领域持有正向态度比例则低于总体，仅为 37%；但是经过交流之后，对中国正面印象总体比例提高到 47.7%，而文化艺术领域正向态度则出现了明显的增加，超过了总体达到了 55.9%[23]。这种令人振奋的调查结果表明，推动两国交流，尤其是推动两国文化艺术交流的作用非常明显。此外，中日之间民众之间的好感度，降到了历史最低点，确实令人担忧，但仔细分析不同年龄层的相互认识的规律可以发现，18-29 岁的青年人对彼此抱有良好印象的比例远远超过其他年龄段[24]。这提醒我们，在中日两国高政治领域，如外交、安全等领域矛盾重重的情况下，通过民间交流和文化交流等低政治领域的努力，来增加两国国民的相互交流，进而可以为两国关系发展营造更为宽松的环境。

4. 结束语

樱美林大学佐藤东洋士前理事长非常喜欢查尔斯·达尔文的一句话，"It is not the strongest of the species that survives, not the most intelligent, but the one most responsive to change."（真正的强者并非是那种活得更长的，也非那种特别聪明的，而是那种能够对变化做出极为敏捷反应的。）佐藤先生提醒我们，"即使是高等教育机关也不例外，作为一个组织，如果它不能根据形势的变化、新问题的出现而改变自己，那么就难免要遭受被淘汰的命运。"[25]

度)』第 49 頁。

23）　園田茂人、李妍焱、松田奈月、荒川雪：『コロナ禍と日中交流実態調査（2022 年度)』第 53–54 頁。

24）　相关研究请参加初晓波："日本社会对中国认知代际差异研究"《日本学》（第 21 辑)，北京：世界知识出版社，2022 年。

25）　【日】佐藤东洋士："日本高等教育的现状和课题"，载《日本学论坛》，2005 年第 1 期，第 208 页。

　　新冠肺炎疫情已经过去了一年多的时间，除了失去的生命、无助的隔离以及痛苦的记忆，疫情也给我们带来了诸多的思考和遗产，比如线上学习E-learning 无论在技术上还是习惯上，都已经日益成熟并被广泛接受。当然，这并不会代替中日两国国民人与人、面对面的真诚交流。在后疫情时代已经到来的情况下，很多个人与国家，并没有根据形势的变化、新问题的出现而改变自己，"疫情思维模式"依然存在。从个体来看，诸如沉迷于手机和线上的各种海量信息，忽略或者抗拒与现实活生生的人进行交流的过程；被疫情所带来的巨大不确定性困扰，只注重当下情感反馈而忽略长远规划与理性战略等。从群体和国家的层面来看，经济领域里的"脱钩断链、小院高墙"；政治外交领域里的"逆全球化"和军事集团化复苏；思想领域内极端民族主义、排外主义思潮泛滥等等，从长远来看，其危害程度不亚于新冠肺炎疫情。

　　人与人的关系、国与国的关系，正如新冠肺炎疫情期间两国民众相互支援时所引用的古人吟唱，"山川异域，风月同天""青山一道，同担风雨"。经历过三千年文化交流的中日两国，一定要带着历史责任感继续推动两国民众之间的文化交流和友好往来，续写后疫情时代新的美好篇章。

论中国民间文学研究的
四种价值取向

中国民俗文学研究の４つの価値志向

陳　連山

【日本語の要約】人文学科において、真を求めるのは最も基本的な基準に過ぎず、合理的な価値志向もあってしかるべきである。ここ百年余りの民俗文学について、中国現代学術史には４つの代表的な価値志向が現れた。新文化運動期の啓蒙主義的民俗文学研究、革命支援のための民俗文学研究、民族主義的民俗文学研究、そして今流行りの実践的民俗文学研究の４つである。それぞれ各時代において学術研究を方向付け、独自の成果を上げてきたが、避けがたい限界もあった。それぞれの経験と教訓の考察のうえで今後の中国民俗文学研究の向かうべき方向を模索し、中国における新しい文化志向を反映し、また研究者の拠って立つ価値基盤を持ち備えた民俗文学学科の建設を目指したい。

我个人认为，一门学问应该具有自己的价值取向。中国现代著名历史学家顾颉刚说，学术只要求真就完成了自己的使命。我以为不然。求真只是学问之所以为学问的最起码要求。除了求真之外，学术还应该有自己的价值诉求，有自己的终极关怀。如果只为求真，那只能满足我们的一点好奇心，很可能与社会发展无关，与人生目的无关，那就不能成为学者安身立命的学问。

当然，学术遵循的价值应该是一种真的价值，不能是伪价值；而且价值观也不能损害学术求真的基本原则。

中国现代民间文学研究长期遭受各种伪价值的毒害。"人民性""阶级性""革命性""民族性"等政治性概念是否是真正的价值本身就值得怀疑，而且这些概念借助于政治压力严重扭曲学术研究的客观原则，造成民间文学研究的严重挫折。这些历史教训都使得我们在二十世纪八十年代以来为了保持学术独立性而特别强调学术研究的独立性和客观性原则，不愿意讨论学术的价值属性。这种态度其实是为了回避那些伪价值。但是，随着社会发展，民间文学研究的客观原则已经确立，现在是重新思考学术是否应该具备价值属性的时候了。

回顾中国现代民间文学研究的历史，我总结出四种基于不同价值追求的民间文学研究取向。以下，我按照我个人探寻民俗学研究不同道路的先后顺序，分别加以分析，不完全按照时间先后排序。

1. 革命的民间文学研究及其造成的当代学术危机

1949 年新中国建立以后搜集、发表的民间文学作品是按照政治标准选择过的，很多都经过了修改，还美其名曰"剔除糟粕"。因此很多国外学者根本否定中国五六十年代搜集出版的民间文学作品。现在，我们也不敢直接使用这些作品。

二十世纪五十年代的民间文学研究是在发掘民族优秀文化遗产的口号下展开的。周扬和郭沫若在 1950 年 3 月 29 日召开的中国民间文艺研究会成立大会都这么说。但他们在"文化遗产"前所加的"优秀"二字作为定语实际暗含着民间文艺中还有不优秀、甚至糟粕存在。所以周扬说："今后通过

对民间文艺的采集、整理、分析、批判、研究为新中国新文化创作出更优秀的更丰富的民间文艺作品来。"[1]郭沫若在大会上发表了《我们研究民间文艺的目的》。他说："我们不仅要搜集、保存、研究和学习民间文艺，而且要给以改进和加工，使之发展成新民主主义的文艺。……今天研究民间文艺最终目的是要将民间文艺加工、提高、发展，以创造新民族形式的新民主主义的文艺。"[2]周扬和郭沫若是当时文化领域的领袖人物，他们的说法，直接为基层民间文学工作者修改民间文学作品开了绿灯。

当时盛行搜集历代农民起义的故事传说，如明朝末年李自成张献忠起义、清代太平天国起义、捻军起义和义和团运动的传说，还有中国共产党的革命传说。本来民间对于这些农民起义是有不同传说的。在原来的部分民间传说中，李自成、张献忠都是杀人魔王。浙江等地百姓原来把太平军叫做"长毛"，说他们胡乱杀人。到了五、六十年代，这些传说都被当作地主阶级对于农民起义的诬蔑，当然不予搜集出版。于是现在可见的那时候出版的农民起义传说就不能真实反映民间文学的真实面貌。还有配合1958年大跃进运动而出现的民歌（后来收入郭沫若和周扬编选的《红旗歌谣》），都是在政治动员之下组织民众创作的。其能否反映民众的真实思想，只有天知道！建立在这样的作品和价值取向上的民间文学研究当然是不科学的，也是不能长久的。以革命为宗旨的民间文学研究最终走向失败。

1979年改革开放之后恢复的民间文学研究努力减少政治干涉。但由于没有找到新的价值观，举步维艰，难以发展，远远落后于直接取法五四启蒙主义的现代文学研究。学术思想落后的结果，就是民间文学研究被古代文学研究、现代文学研究等学科歧视。在九十年代开始，各高校纷纷取消民间文学课程，撤销民间文学教研室。2002年，北大中文系也差一点取消民间文学教研室。

---

1) 周扬《在中国民间文艺研究会成立大会上的开幕词》，《周扬文集》第2卷，呼和浩特：内蒙古人民出版社，1998年。

2) 郭沫若《我们研究民间文艺的目的》，《民间文艺集刊》第1册，北京：人民文学出版社，1950年。

2. 早期启蒙主义的民间文学研究

既然革命的民间文学研究行不通，我们就回到原点，到中国现代民间文学研究的开端——五四歌谣学运动去寻找"源头活水"。

学术界在回顾中国现代民间文学研究史的时候，总是对五四歌谣学运动不惜热情地加以赞美。其实，中国现代民间文学研究从一开始就步履维艰。影响最大的两个学术刊物都十分短命。《歌谣》周刊1923创办，1925年停刊，只维持了两年。《民俗》周刊1928创刊，1933年停刊，也只维持了五年。在这个学科的前三十年里，专门的民俗学家只有钟敬文和娄子匡两个人，当时也非一流学者。从事民俗学的著名学者大都是业余时间关注一下民俗学而已。周作人、闻一多是文学家，顾颉刚是历史学家，江绍原是宗教史学家，而董作宾是古文字学家。他们虽然都曾经一度关注并从事民间文学研究，可是后来都放弃了这个研究领域。可见，当时的民间文学研究也不能成为一种可以让现代知识分子安身立命的学问。

为什么会这样？是从业者素质太差吗？上述各位都是大学者，都曾经参与过民间文学研究。那么他们为什么都一去不回了呢？这样，问题就回到了民间文学研究作为一门学术本身。这个所谓的"与新文化运动一同降生"的来自西方的现代学问，为什么不能吸引真正的学术大师参与？为什么不能产生大师？它存在哪些先天或后天的缺陷？

作为新文化运动一份子的中国现代民间文学研究从一开始就试图实现人的自由平等理想，这是现代民间文学的价值基础。所以1918年刘半农、周作人在北京大学开始征集全国民间歌谣，一下子就传开了，后来办了《歌谣学》周刊，既发表民歌作品，也发表研究论文，形成一个全国的歌谣学运动，搜集了上万首民间歌谣，不可谓不轰轰烈烈。但是，这批新文化运动的主要学者并没有真正贯彻自由平等的思想原则，而是以启蒙者自居，以改造其他人，改造民众为己任。起初，周作人曾经热情宣扬民间文学是"被埋没的民族的优秀诗歌"。但是随着搜集的民歌越来越多，周作人的高雅文学趣味使他无法喜欢民歌。其实，当时绝大多数中国知识分子都不能完全喜欢民歌，认为民歌太简单、太粗糙、太原始，认为这些东西无助于新文化的建设。因

此，早期的启蒙主义民间文学研究也是无法发展的。所以，随着1925年《歌谣》周刊并入《国学门》周刊，歌谣学运动就自然消亡了。

总结这一段学术历史，我认为当时的学者们犯了一个大错。在我看来，知识分子和民众生活方式不同，文学趣味不同是很自然的。自古以来，在中国就有所谓"阳春白雪"和"下里巴人"之别。民间文学本来就是民众自己的文学，不是给知识分子看的文学，知识分子也没有权利去否定它的存在价值。从贯彻新文化运动的自由平等理想出发，民众有权利发展自己的文学趣味，发展自己的文学。

3. 民族主义的民间文学研究

二十世纪九十年代之后，随着中国经济的腾飞，以持续的"文化热"为标志的民族主义思想崛起，国学、儒学迅速发展。民间文学研究者大多转向民俗学，极力发掘民俗之中包含的传统文化价值观。中国民间文艺家协会推动的民族民间文化遗产保护工程就是在这种思想下展开的。假如放眼世界，我们会发现：民族主义的民间文学研究是世界民间文学研究发展的通例。芬兰、德国、日本早期民间文学研究的发展都植根于民族主义的土壤之中。但是，民族主义民间文学研究存在着巨大的政治危险。德国民间文学研究对纳粹主义的形成是有影响的，因此欧洲各国至今对于"FOLKLORE"这个学科名称心有余悸。柳田国男领导的日本民间文学和民俗学也使得日本人充满大和民族优越感，因为他故意忽略了"非常民"的那些不够"优秀"的日本民俗。赤松启介为此专门反对。中国是多民族国家，民族主义民间文学研究将导致各族分别发展自己的民族主义，最终结果恐怕也不会很美妙。

仅仅从学术上讲，民族主义民间文学研究也存在问题。因为追求统一的民族文化，必然导致人们关注民族"普遍的"民间文学，忽略"纯粹个人的"民间文学变异因素，甚至认为那些个人因素是"伪民间文学"，仿佛民间文学是先天注定不变的。学者们在各地变化万千的民间文学异文中去寻找共同点，以构建全民族，乃至全国的普遍的民间文学形式。例如，端午节起源传说在各地存在多种变异形式，彼此差异巨大。有纪念屈原的（主要分布在湖南、湖北）、纪念伍子胥（分布在江苏苏州一带）、纪念曹娥的（分布于浙江），

也有送瘟神、驱灾辟邪的（常见于北方），还有仅仅为敬奉龙王的（湖北郧阳县）。追求全民族共同的民间文学形式的学界关注的焦点不是各地民间文学的独立性和各自的内在合理性，而是竭力寻找究竟哪一种传说异文更原始，更具有端午节的本质意义。这种研究当然是有意义的，在构建民族意识的活动中，它甚至具有异乎寻常的重要性。不过，这就背离了民间文学研究全面认识民众文学的天职。另外，当民族主义民间文学研究极力追寻民间文学作品产生的历史根源时，就遭遇巨大障碍。由于忽略了民间文学作品演变的直接个人原因，这就无法找到其真正的源头。学者们只能在不完整的古代文献中去摸索，去推测。妙处在于，这种古代文献残缺的不利状况实际上反而给予学者们巨大的想象空间，使得他们可以长期沉浸在想象的学术"创造"之中，乐不思蜀。直到有一天，学者们突然发现，自己和这门学科被社会遗忘了。

4. 基于自由平等的民间文学研究

在五四新文化运动初期，自由平等曾经是民间文学研究起源的最初动力。但是，由于第一代学者对自由主义理解的偏差和社会历史条件的限制，中国现代民间文学研究未能贯彻自由平等理念，并最终导致学科发展举步维艰。当前，在经济利益和政治利益驱动下，我们的民间文学研究发展迅速。但是，假如缺乏正确的价值取向，缺乏真正的终极关怀，我们民间文学研究的未来也是充满不确定性的。它有可能走向民粹主义和狭隘民族主义。因此，继续五四新文化运动未竟的事业，深入贯彻自由平等的价值取向，为中国当代民间文学研究奠定一个稳固的价值基础是非常必要的。

新的价值取向将极大地影响到民间文学研究的发展。

首先，"眼光向下的"精英主义的立场将被抛弃，而代之以自由平等的对话立场。通过民间文学研究，我们不仅了解民众的知识与文化生活，而且通过它可以使我们肯定所有人的文化权利和生活权利。从而使得这个学科在建立未来的中国新文化过程中具有自己独特的贡献。在这个意义上，新的民间文学研究在价值观上将和现代知识分子的文化理想达成一致，从而使这门学科的学者们得以安身立命。

其次，旧的民间文学研究关注民族共同民间文学形式的倾向将逐步丧失其在学术研究中的核心地位。新的民间文学研究将更加关注地方社群、小集体、甚至个人的民间文学作品。联合国教科文组织 2003 年通过的《保护非物质文化遗产公约》正是基于这样的立场。而这不但不会导致对民族共同民间文学形式的忽略，反而会促进对于它的认识，因为，普遍的民间文学形式本身其实是各地人民自由选择的结果。

第三，我们将超越雅俗之争。过去，所有的民间文学研究者都会面临一个困难的选择（故意装疯卖傻者除外）：民众的审美趣味与知识分子的审美趣味之间的矛盾，即所谓的"雅俗"之争。民众的社会政治、经济、文化地位不同于知识分子，所以他们的文学趣味自然有别于知识分子，自古皆然。宋玉说：阳春白雪和者寡，下里巴人和者众。学者们研究民间文学是不是要认同民众的文学趣味？假如他们这么做了，那是否是"媚俗"？这一下子就会问倒一大批民间文学学者。当然也有的学者会利用人类文学普遍性的一面（即部分的民间文学作品达到了社会共同的艺术标准）说民间文学可以是好的，如冯梦龙在《叙山歌》中所谓"今虽季世，而但有假诗文，无假山歌。"但是，冯的做法实际是片面之见，不足为训。而站在新的民间文学研究立场，我们研究民间文学，并非是自己认同民众的文学趣味，而是肯定民间文学具有不可侵犯的生存权利，肯定民众有不可侵犯的文学创造权利和文学享受权利。这就是欧洲一个民间谚语所说："我不同意你的观点，但是我要用我的生命去保护你说话的权利。"不同的人群完全拥有自由表达各自文学观念的权利，文学趣味无可争辩。所以，依据自由平等的价值立场，新的民间文学研究者完全无惧于研究任何一种俗文学。通过肯定每一个民众的文化权利，事实上我们也就肯定了自己作为一个知识分子的文化权利，从而推进了全社会的文化权利。这就接近了康德所说："……我学会了来尊重人，认为自己远不如寻常劳动者有用，除非我相信我的哲学能替一切人恢复其为人的共同权利。"

当我们相信自己的学术研究不仅仅是自己的饭碗，而且促进了全体社会公民的权利的时候，我们是不是可以谦虚地问一句话：这是不是一门伟大的学问？

古代日本叙事散文中的
韵文以及散文的演变

古代日本の物語散文における韻文
および散文の変遷

張　平

【日本語要約】本稿では、韻文の創作と鑑賞は本質的に「音声」によって実現するが、散文では基本的に「文字」がなければ『古事記』や『源氏物語』のような長大な物語散文は生まれないという観点に立って、『古事記』や『源氏物語』等に見られるように散文の語りを補完・増強する韻文の存在、『万葉集』や『伊勢物語』等に見られるように韻文の鑑賞を支える散文の役割を古代文学の散文における語りの一大特徴とし、文字との関わりからその形成、変化と消失について論じてみた。

序

散文在当代中国一般是指区分于小说的一种短小的叙事文，而在日本散文仍然是指诗歌等韵文以外的文体，包括小说类叙事文。本文所用"散文"一词是专指相对于韵文的无韵之文。约在 5 世纪汉文、汉字传入了日本，从此日本人开始使用文字，写作散文。8 世纪初出现了用汉字写的长篇叙事散文，9 世纪末 10 世纪初出现了用假名写的长篇叙事散文。假名是日本人发明的专用于书写日语的文字，假名的出现为日本文学的繁荣创造了不可估量的绝佳条件，就现存散文作品来看，从 10 世纪初到 12 世纪末的近 300 年中出现了以《源氏物语》为巅峰的一大批文学作品。纵观这些散文作品，无论是用汉字写的还是用假名写的，叙事中融入了大量的韵文，"以韵助散""以散辅韵"的"散韵交融"成了这一时期叙事散文的最大特色。直到 12 世纪末才出现摈弃韵文独立行走的散文。

成书于 8 世纪初的《古事记》（712 年）和《日本书纪》（720 年）均为史书，是出于日本古人之手的用汉字写成的早期散文。《古事记》是纪传体，叙事性较强；《日本书纪》是编年体，整体来说记事性较强，但 7 世纪以前的文章更偏向于叙事性。这两部史书均存有相当数量的歌谣。《古事记》的散文力争保留日语的原貌，但其基本骨架依然无法摆脱汉语的句式、汉文的行文模式。毋庸讳言《古事记》的叙事散文是粗糙的，不精美的。然而，《古事记》在叙事中巧妙地利用了歌谣，让歌谣为其助力，使它依然不失为一部具有特殊感染力的叙事史书。《古事记》的精彩篇章中，歌谣的比重远远超过了散文。

同时期的《日本书纪》是用汉文写成的史书，其散文叙事具体详尽，无需歌谣的助力，然而散文中的歌谣不少于《古事记》。可见，在当时歌谣才是让人们感到"达意"的表达方式，有了韵文的助力，叙事、抒情才能酣畅淋漓，才不会感到"隔靴抓痒"。日本贵族虽然已经掌握了汉文写作，但本民族的日语散文依然是"散韵交融""韵强散弱"。这种状态可以追溯到口传叙事的时代。

759 年左右完成编辑的《万叶集》也收录了许多古代歌谣，3 部文献中

的古代歌谣数量可观、形式多样、内容丰富，涉及各个领域。在日本古代韵文的产生与成熟要远远早于散文，汉字传入日本到出现假名散文，日语散文走了约长达 500 年之久的探索之旅。在这条漫长的旅途中，韵文始终陪伴着散文，在古代散文的叙事中扮演了重要的角色。

本文试图从这一视角，来梳理、描述日本古代散文形成、发展和演变的过程，并揭示日本古代文学之瑰宝——平安文学的物语叙事之最大特色"散韵交融"形成的原因。这是一段极其漫长的岁月，文献资料极其丰富，难免顾此失彼多有疏漏，本文只能做一概述，意在抛砖引玉。

1. 汉文与"汉字散文"

汉文传到日本大约在 5 世纪左右。据《古事记》(712) 记载，约 5 世纪前后的第 15 代天皇——应神天皇在位其间，朝鲜半岛百济国的王仁来到日本，带来了《论语》和《千字文》[1]。

> 此之御世、(中略) 亦新羅人參渡來。是以建內宿禰命引率、爲渡之堤池而、作百濟池。亦百濟國主照古王、以牡馬壹疋、牝馬壹疋、付阿知吉師以貢上。亦貢上橫刀及大鏡。又科賜百濟國、若有賢人者貢上。故、受命以貢上人名和迩吉師。即論語十卷、千字文一卷、并十一卷、付是人即貢進。(此和爾吉師者文首等祖。)《古事记》〈应神天皇记〉

《日本书纪》(720) 也有应神天皇十六年王仁（王仁即上文所引《古事记》中的"和迩"。）来日本，并教太子习读典籍的记载。

> 十六年春二月、王仁來之。則太子菟道稚郎子師之。習諸典籍於王仁。莫不通達。所謂王仁者、是書首等之始祖也。《日本书纪》〈应神天皇十六年〉[2]

---

1)　本文引用中的下线均为笔者所加。
2)　《古事记》《日本书纪》均引自岩波书店日本古典文学大系版。

　　日本熊本县江田船山古坟出土的铁刀铭、埼玉县稻荷山古坟出土的铁剑铭是目前为止发现最早的汉字记事短文，这两件出土文物的年代大约也在 5 世纪。

〈铁刀铭〉

治天下獲□□□鹵大王世奉事典曹人名无利弖八月中用大鉄釜并四尺廷刀八十練九十振三寸上好刊刀服此刀者長寿子孫洋々得□恩也不失其所統作刀者名伊太和書者張安也

〈铁剑铭〉

辛亥年七月中記乎獲居臣上祖名意富比塝其児多加利足尼其児名弖已加利獲居其児名多加披次獲居其児名多沙鬼獲居其児名半弖比其児名加差披余其児名乎獲居臣世々為杖刀人首奉事来至今獲加多支鹵大王寺在斯鬼宮時吾左治天下令作此百練利刀記吾奉事根原也

　　以上铭文中加下线处为人名等，是利用汉字的字音记录日语的音节。铁刀铭中的"獲□□□鹵"和铁剑铭中"獲加多支鹵"为当时的日本武王，即雄略天皇的日本名[3]。〈铁刀铭〉中的"张安"应该不是日本人，可能是来自朝鲜半岛的。

　　和歌山县桥本市隅田八幡神社所藏人物画像镜的制作年代约为 5 至 6 世纪之间，此镜周边有 48 字的铭文。

癸未年八月日十大王年男弟王在意柴沙加宮時斯麻念長寿遣開中費直穢人今州利二人等取白上同二百旱作此竟

　　文中加下线的"意柴沙加""斯麻""開中費""今州利"均为利用汉字字音记录的地名和人名等。"日下"亦为人名，发音为 KUSAKA，与汉字的关系不详。铁刀铭、铁剑铭、铜镜铭是简单记事短文，当属汉文。

　　《宋书》〈夷蛮传〉中录有顺帝升明二年（478）日本武王遣使所上的表

---

3)　使用天皇称号约始于七世纪以后，此前的天皇称号是后加的。

文极具文采，与铁刀、铁剑及铜镜的铭文相比不可同日而语。

> 封国偏远，作藩于外，自昔祖祢，躬擐甲胄，跋涉山川，不遑宁处。东征毛人五十五国，西服众夷六十六国，渡平海北九十五国，王道融泰，廓土遐畿，累叶朝宗，不愆于岁。臣虽下愚，忝胤先绪，驱率所统，归崇天极，道遥百济，装治船舫，而句骊无道，图欲见吞，掠抄边隶，虔刘不已，每致稽滞，以失良风。虽曰进路，或通或不。臣亡考济实忿寇仇，壅塞天路，控弦百万，义声感激，方欲大举，奄丧父兄，使垂成之功，不获一篑。居在谅暗，不动兵甲，是以偃息未捷。至今欲练甲治兵，申父兄之志，义士虎贲，文武效功，白刃交前，亦所不顾。若以帝德覆载，摧此强敌，克靖方难，无替前功。窃自假开府仪同三司，其余咸各假授，以劝忠节。

这篇上表文很有可能是来自朝鲜半岛的人帮助撰写的，或在收进《宋书》时经编纂者润色。总之日本上层社会约在 5 世纪已经开始阅读汉文，学习汉字，写作汉文。此后汉字、汉文的运用在日本逐渐普及，汉文的写作日渐娴熟，比如圣德太子（574-622）所作《宪法十七条》、太安万侣所撰《古事记》序文均属汉文佳作[4]。

> 一曰、以和爲貴、無忤爲宗。人皆有黨。亦少達者。是以、或不順君父。乍違于隣里。然上和下睦、諧於論事、則事理自通。何事不成。二曰、篤敬三寶、々々者佛法僧也。則四生之終歸、萬國之極宗。何世何人、非貴是法。人鮮尤惡。能教從之。其不歸三寶、何以直枉。〈宪法十七条〉节录）

> 臣安萬侶言。夫、混元既凝、氣象未效。無名無爲。誰知其形。然、乾坤初分、參神作造化之首、陰陽斯開、二靈爲群品之祖。所以、出入幽顯、日月彰於洗目、浮沈海水、神祇呈於滌身。故、太素杳冥、因本教而識孕土産嶋之時、元始綿邈、賴先聖而察生神立人之世。（《古事记》序文节录）

---

4)《古事记》序文、《日本书纪》的〈宪法十七条〉和均仁德天皇十一年记事均引自岩波书店日本古典文学大系版。

　　另一方面受日语影响的句式、词语也在日本汉文中出现，《日本书纪》的汉文中也俯首可拾，如仁德天皇十一年记事的下线所示。

　　冬十月、掘宮北之郊原、引南水以入西海。因以號其水曰堀江。又將防北河之澇、以築茨田堤。是時、有兩處之築而乃壞之難塞。（《日本书纪》仁德天皇十一年节录）

　　但是写于 7 世纪初的奈良县斑鸠町法隆寺金堂的藥師如来像〈造像記〉则不同，文中的日语词语和句式不是受日语的影响，而是有意而为。见下线处。

　　池邊大宮治天下天皇大御身勞賜時、歲次丙午年、召於大王天皇与太子而誓願賜、我大御病太平欲坐故、將造寺藥師像作仕奉詔。然當時、崩賜。造不堪者、小治田大宮治天下大王天皇及東宮聖王大命受賜而、歲次丁卯年仕奉[5]。

　　其中 4 处"赐"字为动词后缀，是日语的敬语句式；2 处"大御"为表最高敬意的名称前缀；"欲坐"中的"坐"字为表存在的敬语，"欲"字若按汉语句式当在句首；"药师像作"是日语的"宾语＋动词"语序，此后的"侍奉"二字是动词后缀，表谦逊之意，最后的"诏"字是动词，"将……侍奉"是天皇"诏"的内容，若按汉语句式"诏"字当在句首；"造不堪者"中的"造不堪"为'未来得及造'之意，"者"为句与句之间的接续助词；"大命受"也是日语的"宾语＋动词"的语序。这则造像记中属于汉语的句子仅为"岁次丙午年"和"岁次丁卯年"两处，属于传入日本的纪年法。整篇文章基本都是日语的句式和词语，只是文章的行文模式还是汉文的。所以，此文应该是用汉字写成的日语散文，若与"假名散文"相比对当称其为"汉字散文"。但是，这种"汉字散文"难以写作内容复杂、情节曲折的散文，在阅读时也

5）　文中的"池邊大宮治天下天皇"是用明天皇，死于 6 世纪末。"大王天皇"指推古天皇，"太子""東宮聖王"是指圣德太子，"丁卯年"是推古天皇 15 年，公元 607 年。

会费解费时。如果篇幅较长则难度更高，不易写也不易读，缺乏实用性。就现存文献中"汉字散文"仅此一篇，恐怕不是偶然。

2.《古事记》的散文与韵文

太安万侣在奉旨撰写《古事记》时同样遇到这种困惑，太安万侣在序文中诉说了他的困惑，并提出了解决的方案。

> 於焉、惜舊辭之誤忤、正先紀之謬錯、以和銅四年九月十八日、詔臣安萬侶、撰録稗田阿禮所誦之勅語舊辭以獻上者、謹隨詔旨、子細採摭。然、上古之時、言意並朴、敷文構句、於字即難。已因訓述者、詞不逮心。全以音連者、事趣更長。是以今、或一句之中、交用音訓、或一事之內、全以訓録。即、辭理叵見、以注明、意況易解、更非注。

太安万侣奉旨撰录的是"稗田阿礼"口颂的"勅语旧辞"，毫无疑问"稗田阿礼"口颂的"勅语旧辞"是旧时的日语，但是这些"上古之时"的"勅语旧辞"是"言意并朴"，不似现今的汉语词语之华美，所以在"敷文构句"时，汉字的使用很难。"因训述者"——如果用汉语、汉文来写，则"词不逮心"——不能达意；但是"全以音连者，事趣更长"——都用汉字的字音将日语的音节一一写出，那么会变的冗长不堪。于是或"交用音训"——适当地采用汉字的字音或使用汉语的句式、词语；或"全以训录"——或全部都用汉语的句式、词语撰录。可见，太安万侣最终还是作了妥协，除非不得不用日语句式、词语外，均采取用汉语句式、词语——"训"[6]。

由于篇幅的关系，在此仅举一例以示《古事记》叙事散文以"训"为主线的撰文方针。同时，也让我们看到《古事记》中叙事散文的微弱和大量借助韵文叙事的具体情况。《古事记》中有不少感人的故事，均以韵助散，散韵交融，轻太子与轻大娘子的悲恋故事就是其中一例，散文部分只是寥寥数语，13 首歌谣占据了叙事的绝大部分。下面是这段故事的全文，散文部分

6）"训"原指与汉语相对应的日语，此处是指相对应与日语的汉语。与"训"相对立的概念是"音"，指被置换成日语发音的汉语发音。

按原文引用，歌谣部分译成汉语，并附上了（1）～（3）和（A）～（M）的符号，以方便论述。

故事发生在约五世纪中叶，允恭天皇[7]去世后，轻太子与穴穗皇子之间展开了一场皇位之争，最后以轻太子的失败告终。而轻太子被大臣们抛弃，败给穴穗皇子的理由被归为与同母妹轻大娘子私通。

（1）天皇崩之後、定木梨之輕太子所知日繼、未即位之間、奸其伊呂妹輕大郎女而歌曰、

（A）崎岖路难行　上山挥锄造山田　山高无水灌　挖土埋管作暗渠　暗中来相见
　　　相见何难我的妹　暗中流泪哭　哭泣思念我的妹　难得今夜能相见我与阿妹安心睡

此者志良宜歌[8]也。又歌曰，

（B）小竹叶茂　冰雹实实打竹叶　实实在在地　我与阿妹只一宿　何顾日后难相见

（C）心上的阿妹　只要能与阿妹睡　割倒的菰草　零落狼藉有何妨　只要能与阿妹睡

此者夷振之上歌[9]也。

（2）是以百官及天下人等、背輕太子而、歸穴穗御子。爾輕太子畏而、逃入大前小前宿禰大臣之家而、備作兵器。（爾時所作矢者、銅其箭之内。故號其矢謂輕箭也。穴穗御子亦作兵器。此王子所作之矢者、即今時之矢者也。是謂穴穗箭也。）於是穴穗御子、興軍圍大前小前宿禰之家。爾到其門時、零大氷雨。故、歌曰、

（D）大前小前　宿祢家的大门口　躲进门槛下　赶快过这边来　在此等到雨停吧

尔其大前小前宿祢举手打膝，舞诃那传[10]，歌参来。其歌曰，

7）　第 19 代天皇，5 世纪前期在位。
8）　"志良宜歌"为歌谣分类名称。
9）　"夷振之上歌"为歌谣分类名称。
10）　"诃那传"为日语语音，意为舞蹈时以手动作之意

（E）宫中的人们　裤腿上的小铃铛　不知丢哪儿　宫中的人们闹哄哄
　　宫外的人们别起哄

此歌者，宫人振[11]也。如此歌參歸白之、我天皇之御子、於伊呂兄[12]王無及兵。若及兵者、必人咲。僕捕以貢進。爾解兵退坐[13]。故，大前小前宿禰、捕其輕太子、率參出以貢進。其太子被捕歌曰、

（F）轻雁高飞　心爱的轻娘子　如若放声哭　必为他人所知晓　波佐山
　　上鸽子叫　低声叫　像那鸽子低声哭

又歌曰、

（G）轻雁高飞　我的轻娘子　悄悄走过来　共度良宵再去吧　心爱的轻娘
　　子们

（3）故、其輕太子者、流於伊余湯[14]也。亦將流之時、歌曰、

（H）鸟儿高飞　那是捎信的使者　当你听见　白鹤的鸣叫　请问白鹤我在
　　哪

此三歌者、天田振[15]也。又歌曰、

（I）高贵的君王　将被流放去孤岛　船满打回头　定将归来把家还　我的
　　坐席不可碰　话虽说坐席　此话仅仅是比喻　千万不可碰我妻

此歌者、夷振之片下[16]也。其衣通王[17]獻歌。其歌曰、

（J）夏日草萋萋　阿比尼的海滩上　牡蛎壳如刀　千千万不可踩　等到天
　　亮再走吧

故、後亦不堪戀慕而、追往時、歌曰、

（K）夫君去日多　多少日夜多少盼　双叶接骨木　阿妹出门迎夫君　绝不
　　坐等夫君归

故、追到之時、待懷而歌曰、

（L）四面环山处　泊瀬周遭山连山　在那大山上

11）“宫人振”为歌谣分类名称。
12）“伊呂兄”为同母兄之意。
13）“坐”置于动词后表敬意。
14）“伊余”在今四国爱媛县松山市，“汤”为温泉，即现在的道后温泉。
15）“天田振”为歌谣分类名称。
16）“夷振之片下”为歌谣分类名称。
17）“衣通王”即轻大娘子。史传其貌美可透过衣衫，因而有“衣通王”之称。

竖起面面幡旗　在那小山上　竖起面面幡旗　不大也不小　永远恩爱
无终了　日夜思念我的妻　榉木作的弓
爱不释手横着放　梓木作的弓　爱不释手竖着放　百看不厌无尽头
日夜思念我的妻

又歌曰、

(M) 四面环山处　泊濑周遭绕河流　在那上游处　竖起神圣的树桩　在那
下游处
竖起美丽的树桩　神圣的树桩上　挂起神圣的镜子　美丽的树桩上
挂起美丽的玉珠　如美丽的玉珠　我思念的阿妹　如神圣的镜子　我
想念的爱妻
倘若说　你还活在人世间　我将匆匆把家赶　我将深深思家乡

如此歌、即共自死。故、此二歌者、讀歌[18]也。

　　这段悲恋故事可分为三个部分：(1) 轻太子与同母妹轻大娘子通奸事
发；(2)"百官及天下人等，背轻太子而归穴穗御子"，同母弟穴穗皇子率兵
拘捕轻太子；(3) 轻太子被流放四国的伊余，轻大娘子追至该地两人殉情而
死。散文部分只是勾勒事件的轮廓，人物之间的对话、随着故事情节的发展
而变化的主人翁轻太子和轻大娘子内心世界的描述则是通过歌谣来完成的。
本来作为史书记录事情的经过已经足够，不必过多描述人物的具体行为、言
论，更不适合用过多的笔墨来描述人物的内心世界。但是，《古事记》的作
者并不以记事为足，而是用大量的歌谣来描述人物的心理。不仅如此，更令
人惊讶的是这些歌谣除了穴穗皇子与大前小前宿祢对话的歌谣（D）（E）与
故事情节有关联，替代散文记述了人物之间的对话，而其他歌谣都与故事情
节没有直接的关系，有些歌谣甚至与故事内容相矛盾。比如，歌谣（A）（B）
（C）都是男方对女方的恋情诉说。不难看出这些歌谣应当是年轻男女在对
歌求偶时所唱的，而且很可能是集体一起唱的。当时日本的婚姻形态是走婚，
日暮后相见日出前分手，男方离女方而去。孩子出生后则由女方养育，同母
异性子女不得相通。按散文部分的叙述，同母兄妹轻太子与轻大娘子的"通

---

18)　"读歌"为歌谣分类名称。

奸"已经事发，不复存在对"暗中""一宿""只要能与阿妹睡"的诉求。

歌谣（F）中有怕人知晓的句子，也已无此必要。歌谣（G）所唱对"轻娘子们"的挑逗与情节更是相去甚远。歌谣（J）劝男方"等到天亮再走"，别黑灯瞎火踩到比利刃还锋利的牡蛎壳划破了脚，这种关爱之情真挚感人，但不属于王公贵族的恋人之间所要担心的事。歌谣（L）跟（M）如故事结尾最后处所注"此二歌者，读歌也"，是属于同一类型的歌谣，（L）诉说对妻子的忠贞不渝之情，这与故事情节看不出有什么龃龉，而（M）就与散文所叙述的情节相矛盾。当时轻大娘子已经赶到太子的流放处，两人已经在一起，不存在"如果说，你还活在人世间，我将匆匆把家赶，我将深深思家乡"的情况。

然而，尽管歌谣与故事之间存在种种矛盾、龃龉，这些歌谣所表达的情感是真实的、感人的。可以想象由于夫妻不在一起生活而产生的对爱情的急切诉求，这种直抒胸臆、直言不讳的歌谣读来尤为感人。轻太子和轻大娘子的悲恋故事中的歌谣所表达的丰富的情感充分弥补了散文叙述的单调乏味。作为一篇讲述悲恋故事的文艺作品，它是感人的，然而散文部分的表达是粗糙而乏味，缺乏感染力的。

如前面所述，《古事记》的句式虽然基本遵循汉语的句式，但从文章中所含的不合汉语习惯的日语表达形式，有些是不经意的有些可能是其本意。我们还注意到文中对歌谣一一注明了该歌谣为何种类型，这于故事的叙述本身而言是没有直接关系的，或者说是多余的。想来无非是想告诉人们这些歌谣是有由来的，以此来证实这些歌谣的真实性、可信性，从而加强文章的说服力、感染力。

《古事记》中的113首歌谣和《日本书纪》中的128首歌谣全是一个音节一个汉字记录的。歌谣有音节数律、对仗等韵律节奏，词语、句式较为固定，加之篇幅有限，而且广为传唱，所以即使是集音、形、意于一体的汉字排列，还是比较容易辨识词语、句式结构的。然而，散文则不同，要将字字有意的汉字排列成句，汉语的基本句式是很难打破的，尤其是内容曲折、用词微妙的散文难以"为所欲为"。

3.《日本书纪》《万叶集》及"和歌物语"

《古事记》113 首歌谣与《日本书纪》128 首歌谣之间约有三分之一是大同小异，可视为同一歌谣的不同传本，还有更多的歌谣虽然"小同大异"，估计也是出于同一源流。有些记载不仅内容相同，歌谣形式也十分相近。《日本书纪》是用汉语写成的，与《古事记》相比散文的叙事并不乏力，但是，《古事记》中的歌谣与《日本书纪》中的歌谣所担当的角色是有很明显区别的，《古事记》中某些篇章的散文叙事较为仓促，而表述人物内心世界的歌谣却从容多姿，感人至深。然而在《日本书纪》中散文叙述是极为详尽的，歌谣只不过是"锦上添花"而已。但同样在散文的叙事中嵌入了很多歌谣，这种散、韵相杂的叙事形式应当是出于同一渊源的。若按《古事记》序文所说，这个渊源就是出于如"稗田阿礼"之流口传的"敕语旧辞"。《日本书纪》的〈神代〉篇中以"一书曰"的形式保留了为数众多的异本，可见这些异本是《日本书纪》编纂时参阅过的文献，我们可以认为这些用文字撰写的散文中融入歌谣，以韵助散的叙事方法来自于口传叙事的传统，这种借力于歌谣的叙事方法正是当时的人们所熟悉的、能够引起广泛共鸣的叙事方法。

《万叶集》是一部庞大的诗歌集，收录了约 4500 首诗歌，有些是传唱的歌谣，有的是特定人物的创作。有些诗歌前面有较长的题词，有些诗歌后面附有详细的注解，用以说明诗歌创作的背景或场景。虽然与《古事记》和《日本书纪》相反，是以散文辅助韵文，但同样是散韵交融形成一个整体。《万叶集》中以散文叙事作为欣赏和歌作品辅助的文学形式在平安时代的早期物语——"和歌物语"[19]中得到了进一步的拓展，形成一种新型的文学形式，《伊势物语》就是这一文学形式的代表作。在此仅示一例。

　　昔，京城东五条大街有皇后所住府邸，府邸的西厢房有一女子。一男子甚爱此女，悄悄与其幽会。岂料大约正月十日此女子不知去向。虽然探得去处，却不是常人所能去得的地方。男子难忘此女，一直闷闷不乐。翌

---

19)　日语写作"歌物语"，发音为：UTAMONOGATARI（うたものがたり）。

年正月，又是梅花盛开季节，因念及去年之事，又去五条大街旧处看望。站着看，坐着看，虽久看难舍，却哪有去岁旧时景象。便流泪哭泣，卧伏于空无一物的地板上，直到月亮西斜。想想去岁在此幽会的情景，不胜感慨，因作和歌。

月非去岁月　春也不似旧时春　寻春春何在　唯有自己今犹在　旧时心境旧时爱
月やあらぬ　春やむかしの　春ならぬ　わが身ひとつは　もとの身にして

天已蒙蒙亮，男子无奈，哭啼而归。

这首和歌也被收录在《古今和歌集》中，在和歌前面也附有内容相似、更加短小的散文（日语称为"词书"）。"以散辅韵"和"以韵助散"是散韵交融的不同表现形式，在平安时代以叙事为主的"创作物语"[20]中则是"以韵助散"大行其道，其中的和歌也是极受重视的，如《源氏物语》中的和歌历来评价极高。

4.《竹取物语》中的散文叙事与韵文

到了9世纪末、10世纪初出现了用完全脱离了汉字的假名写作的纯日语散文叙事作品，早期的假名散文[21]作品有《竹取物语》[22]，约成书于9世

20）日语称作"作物语"，发音为：TUKURIMONOGATARI（つくりものがたり）。是指内容为虚构的物语。而"歌物语"以真人真事为题材。
21）"假名散文"日语称为"假名文"或"平假名文"，顾名思义即用假名写成的文章。但，为了便于阅读文中也会夹杂一些汉字，如《古今和歌集》假名序中的"猛き武士の心をも慰む"等。平假名是将汉字的草体极端简化了的字体。作为用作书写日语的文字，从原理上讲跟使用汉字原来的字体书写日语的"万叶假名"是一样的，不同的是，平假名已经形成了完全区别于汉字的、独自的字体。
22）《竹取物语》的求婚部分的故事情节跟藏族的民间传说《斑竹姑娘》基本相同，如出一辙。此间的传承关系目前还难以考证，但两者的主题思想迥然不同，此后的故事的结局也大相径庭。

纪末至 10 世纪初，在《源氏物语》中称其为"物语之祖"。尽管《竹取物语》中假名散文的有些句法、文章结构有些受汉语训读影响的痕迹，但无疑是日语散文。在《竹取物语》中同样有大量的和歌为其叙事助力，每一段情节的终结都以故事中人物所作和歌来收尾，大都为故事中人物间的对话，有的是作者的评语。下面所引是女主人公"迦具夜姫"与求婚者之一的"石作皇子"的一个章节[23]。

〈原文〉

なほ、この女見では世にあるまじき心地のしければ、「天竺に在る物も持て来ぬものかは」と思ひめぐらして、石作の皇子は、心のしたくある人にて、天竺に二つとなき鉢を、百千万里のほど行きたりとも、いかでか取るべきと思ひて、かぐや姫のもとには、「今日なむ、天竺に石の鉢取りにまかる」と聞かせて、三年ばかり、大和の国十市の郡にある山寺に賓頭盧の前なる鉢の、ひた黒に墨つきたるを取りて、錦の袋に入れて、作り花の枝につけて、かぐや姫の家に持て来て、見せければ、かぐや姫、あやしがりて見れば、鉢の中に文あり。ひろげてみれば、

　　海山の道に心をつくしはてないいしのはちの涙ながれき

かぐや姫、光やあると見るに、蛍ばかりの光だになし。

　　置く露の光をだにもやどさまし小倉の山にて何もとめけむ

とて、返しいだす。

鉢を門に捨てて、この歌の返しをす。

　　白山にあへば光の失するかとはちを捨てても頼まるるかな

とよみて入たり。

かぐや姫、返しもせずなりぬ。耳にも聞き入ざりければ、いひかかづらひて帰りぬ。（《竹取物语》节录）[24]

〈译文〉

　　然而，石作皇子心想自己若不娶此女为妻岂能甘心，寻思道"即便是天竺国的物件也有我得不到的吗？"石作皇子是一个极有心计的人，暗自

---

23)　译文为笔者所译。
24)　引自小学馆新日本古典文学全集。

思忖既然是天竺仅有的一口石钵，哪怕自己跋山涉水百千万里又如何能到手？于是便派人到迦具夜姬[25]家说，今天就出发去天竺国取石钵。过了三年左右，他来到大和国十市郡的一座山寺，将那里的宾头罗坐像前被炊烟熏得漆黑的钵盂装在锦囊中，将锦囊扎在手工做的花枝上[26]，来到迦具夜姬家，递入给迦具夜姬看。迦具夜姬心中诧异，打开锦囊一看，石钵内有一书信，展开来看，只见写道：

渡海翻山路途遥　呕心沥血取石钵　谁知流尽无数泪

迦具夜姬心想石钵应该是晶莹透亮的，可此物连萤火虫的那点光亮都没有，于是作歌递出答道：

哪怕尚有泪珠光　可怜此钵暗如漆　小仓山寺何为求

石作皇子将石钵丢置在迦具夜姬家门口，作歌递入答道：

只因白山太耀眼　何道石钵暗无光　石钵可弃情难舍[27]

迦具夜姬再也没有作歌，不予搭理。石作皇子因迦具夜姬再也没有理会他，口中自辩自解怏怏而归。

从5世纪汉文传入日本，到8世纪初《古事记》《日本书纪》《万叶集》的出现经历了约3个世纪，再到9世纪末10世纪初出现《竹取物语》，其间又过了约两个世纪，共经历了500年的漫长岁月。10世纪中叶后涌现出一大批假名文学作品，日语散文已经完全成熟，在现存的《伊势物语》《大和物语》《平中物语》《蜻蛉日记》《宇津保物语》《落洼物语》《和泉式部日记》《源氏物语》等物语中，受汉文影响的句式已经销声匿迹，很难找见。但是，在平安时代的假名物语中和歌在散文叙事中依然扮演着极其重要的角色，以韵助散始终是平安时代假名物语的最大叙事特色。

比如《源氏物语》中有795首和歌，这么多的和歌为《源氏物语》的叙事增添了巨大的感染力。在此仅举1例，窥其一斑。下面两首和歌是《源氏物语》的主人公光源氏与他的夫人紫上的一组唱和。病入膏肓的紫上夫人

25）"迦具夜"为发光闪烁之意，"姬"为贵人家小姐之意。

26）当时将和歌赠人时，须将写了和歌的纸扎在有花的树枝上送去。此处当为将装了钵盂和和歌的锦囊扎在树枝上。

27）日语"鉢"与"耻"发音相似，仅清音与浊音之别。扔掉"鉢"即暗指扔掉"耻"，此意为"忍辱"或"不顾脸面"。

从病榻中勉强起身观看院中的秋景，此时光源氏来看望夫人。紫上夫人作和歌道：

おくと見る　ほどぞはかなき　ともすれば　風に乱るゝ　萩の上露
院中秋风起　起身探看弱无力　哪堪风吹急　枝摇叶翻树影乱　萩花露珠能几时

光源氏作和歌和之：

ややもせば　消えを争ふ　露の世に　後れ先だつ　ほど経ずもがな
风吹露珠散　纷纷落落赴黄泉　人世朝露短　何必追思苦伤怀　但愿随行与君伴

次日清晨紫上夫人谢世，这两首和歌成了两人最后的唱和。

5. 日本文学中的韵文

《古事记》《日本书纪》《万叶集》中所收录的上古歌谣足以让我们了解到在日本的上古时代歌谣已经渗透到生活的各个角落，成为人们生活中不可或缺的表达情感的语言形式。我们从《万叶集》所收录歌谣、和歌作者的阶层也能看到韵文的普及程度，其中不仅有天皇、贵族、下层官吏还有农民、艺人、远离京城的地方百姓、戍边兵士等遍及各个阶层。还有 2100 首无名氏的和歌。

最早涉及歌谣的记载可见于《三国志》〈东夷传〉，其中关于丧礼时歌舞的记载，"始死停丧十余日，当时不食肉，丧主哭泣，他人就歌舞饮酒。"《古事记》〈神代〉的神话中也有关于丧礼时歌舞的记载，"乃於其处作丧屋而河雁为岐佐理[28]持，鹭为扫持，翠鸟为御食人，雀为碓女，雉为哭女，如此行定而日八日夜八夜遊也。""日八日夜八夜遊"的"遊"就是指歌舞。在

28）"岐佐理"为日语，意不详。有人认为是指食物。

《日本书纪》〈神代〉中也有丧礼歌舞的记载，"一书曰，伊奘冉[29]尊生火神时，被灼而神退去[30]矣。故葬於纪伊国熊野之有马村焉。土俗祭此神之魂者，花时亦以花祭。有用鼓吹幡旗，歌舞而祭矣。"

《古事记》《日本书纪》《万叶集》所收录的歌谣体裁多样，《万叶集》中注明作者的和歌也有各种体裁。但到了平安时代，和歌的体裁基本归于一体，即短歌。短歌由 5 音节句和 7 音节句搭配组成：5-7-5-7-7，共 5 句 31 个音节。短歌是相对长歌而言，原本是附在长歌后面的，但长歌在平安时代前期就已基本消失。和歌则是相对汉诗而言的，泛指日本诗歌。日语单词多音节词居多，31 个音节的诗歌体裁不适用叙事，多因事、应景有感而发。在物语中和歌是男女[31]恋爱中最为重要的交流工具，恋情中的和歌尤其突显出在叙事中的特殊地位。

从 905 年第一部"勅撰和歌集"——《古今和歌集》到 1439 年的最后一部"勅撰和歌集"——《新续古今和歌集》历时 534 年，共有 21 部"勅撰和歌集"。其间个人歌集可以说不计其数。平安时代（794-1192）结束进入镰仓时代（1192-1333）后，以天皇为中心的贵族退出政治舞台，武士阶层取而代之。失去政治地位同时也丧失经济地位，上中下各级贵族都面临一个谋生的问题，其中有些贵族以创作、教授和歌为谋生手段。此后的室町时代（1336-1573）、安土桃山时代（1573-1603）、江户时代（1603-1868）亦是武士阶层的天下。除了短歌外，游戏性的连歌、俳句等不仅是文学的主流也成了大众的爱好。

短歌、俳句在现在的日本虽然不如以往盛行，但仍然是日本民族喜爱的韵文表达形式，现今还有不少短歌社团、俳句社团、以及专业的或业余的歌人、俳人。专业创作或业余创作的和歌集、俳句集也常见于书肆。

6. 日本古代散文的产生与发展

而散文则不同。如前所述，大约在 5 世纪汉文传入日本后，汉文是主

29）"伊奘冉"为日语，女神名。
30）"神退去"指神之死亡。
31）物语的恋爱故事中的男女大都是贵族或京城中的人士。

要的散文体裁。到了 8 世纪前后，如我们在奈良时代（710-794）的《古事记》（712 年）、《日本书纪》（720 年）和《万叶集》（759 年）等文献中所能看到的，以汉语格式、汉文体裁为基础的散文是那个时代主流。就文献所示，5 世纪〈铁刀铭〉〈铁剑铭〉中利用汉字音书写人名，8 世纪初《古事记》《日本书纪》《万叶集》利用汉字音记录歌谣，这种舍意取音记录日语的汉字在《万叶集》中多达 1300 多种。在这 3 百余年间，用汉字音写作日语文章的尝试也有过，现存 761 年的〈正仓院假名文书〉甲、乙两种就是一例，但均为极短的书简类而已。直到平安时代（794-1192）中期，10 世纪前后出现了假名散文，日本民族才有了属于自己的文章体裁。其间又过了 200 余年。

905 年《古今和歌集》编者之一的纪贯之为该歌集写了〈假名序〉，这是一篇才情并茂、文质兼美的日语散文。假名中夹杂了用汉字写的日语词语，这样更便于辨识词语。

やまとうたは、人の心を種として、万の言の葉とぞなれりける。世の中にある人、ことわざしげきものなれば、心に思ふことを、見るもの聞くものにつけて、言ひいだせるなり。花に鳴く鶯、水に住む蛙の声を聞けば、生きとし生けるもの、いづれか歌をよまざりける。力をも入れずして天地を動かし、目に見えぬ鬼神をもあはれと思はせ、男女の中をも和らげ、猛き武士の心をも慰むるは歌なり（《古今和歌集》〈假名序〉开篇）

夫和歌者、託其根於心地、發其花於詞林者也。人之在世、不能無爲、思慮易遷、哀樂相變。感生於志、詠形於言。是以逸者其詞樂、怨者其吟悲。可以述懷、可以發憤。動天地、感鬼神、化人倫、和夫婦、莫宜於和歌。（《古今和歌集》〈真名序〉开篇）[32]

文章论述了和歌的功能、历史、分类、评论的标准，并对以往具有影响的歌人做了评论，最后记述了《古今和歌集》的编辑过程。《古今和歌集》

---

32)《古今和歌集》的〈真名序〉和〈假名序〉均引自小学馆日本古典文学全集。

还有一个〈真名序〉，"真名"即汉字，就是汉字写的汉文序[33]。〈假名序〉不仅在内容上而且在文章结构上也模仿了〈真名序〉，借鉴了对仗等修辞手法，采纳了很多"汉文训读"的表达方式。"汉文训读"是将汉文转换成日语时形成的特有的日语表达方式，有不少不同于一般日语的句式、词语。同时还值得我们注意的是〈假名序〉采用了和歌表达方式及修辞手法。假名散文不仅在其产生、发展的过程中从汉文、汉文训读以及和歌中吸取了大量的养分，而且在表述方面借力于韵文。

假名叙事散文真正登上历史舞台是 10 世纪中叶，出现了一大批由贵族女性写作的"创作物语""日记物语"等。"物语"的"物"没有具体的意义，相当于"吃东西"的"东西"，或"说事"的"事"，或"讲话"的"话"。"物语"的"语"为"讲述""叙说"之意。"语"可作动词亦可作名词，在"物语"一词中"语"为动名词，所以"物语"即为"故事"之意。在日本平安时代贵族、官吏多有记日记的习惯，有些贵族女性也记日记，记一些生活中的事，写成以私人生活经历为题材的叙事性散文，所以也被称为"日记文学"。

按照叙事散文中散、韵的主次之分，平安时代的"物语"被分为两大种：以和歌为主，配以叙述和歌创作背景的散文，如《伊势物语》《大和物语》《平中物语》等"和歌物语"。另一种是以故事为主，配以和歌，如《竹取物语》《源氏物语》等"创作物语"。至此，获得了属于日语自身的文字——假名后的日语叙事散文已经完全成熟，如《源氏物语》等长篇巨制的文学杰作便是其标志。

然而，在这些假名写成的叙事散文中，和歌依然是不可或缺的表达形式。直到 12 世纪后叶的平安时代末期，散文才放下韵文这根支柱。究其原因大约有三。其一，汉字传入日本时日本古人看到的不是单个的汉字，而是汉文。也就是说他们所学习、消化吸收的是包括汉字、汉语句式以及文章格式的汉文，还有其中蕴含的汉文化。汉字在很长时间内，至少在知识精英圈子内不是独立存在的，汉字既是汉诗、汉文的载体，也是汉文化的语言符号，与汉诗、汉文、汉文化共存而不可分割。其二，汉字集音、形、意于一体，是表

---

33) 1205 年编成的敕撰《新古今和歌集》也有真名、假名两个序。《古今和歌集》《新古今和歌集》和《万叶集》是日本和歌史上最具影响力的三大歌集。

语文字，更适合以语序为主要构词造句手段的汉文，而不适合于以词形变化和助词为构词造句手段的日文。韵文由于具有韵律节奏、对仗排比等特定的句式，所以即使舍意取音地逐一按音节排列汉字依然可以辨识词句。

其三，使用假名散文的写作在整个平安时代始终属于妇女所为之事，对于有地位、有修养的贵族男性来说是不屑而为之的，假名被称为"女手"，汉字则被称为"男手"。然而正是京城的贵族妇女、尤其是后宫女眷用假名散文创作了以《源氏物语》为巅峰的大量的物语。要论平安时代文学中的瑰宝，非"女流文学"莫属。平安时代的"女流文学"是日本古代文学史中最为辉煌的一页，也是最值得日本民族骄傲的文学成果。

平安时代的男性贵族引以为荣的修养是阅读、写作汉诗、汉文，以及创作和歌。这种传统的价值观一直延续到近代，明治时期汉文依然具有绝对的权威，是正式的文体。明治时期的两大文豪——夏目漱石和森鸥外均深受汉学的熏陶，精通汉文、汉诗。两人均留下了大量的汉诗。尽管夏目漱石就读于东京帝国大学英文科，精通英国文学；森鸥外官费留学德国，精通西方文学。使汉学、汉文的绝对权威发生动摇，最后被推翻的原因，是来自西方文化的冲击和中国自身的衰落。

7. 散文的独立

"以韵助散"的散文叙事传统到了平安时代的末期开始被打破，平安时代末期的《大镜》是一部"历史物语"，采用两人对话的叙述方式，摒弃韵文，开创了语气刚硬的散文体。对于读惯了以散韵交融为特色的散文的人来说，没有韵文衬托的散文是粗鄙的、失雅的。渡边实在《平安朝文章史》〈与平安的诀别——大镜〉一章中指出，"大镜以前的平安文学的文章是以源氏物语为规范的"物语"文章。这种"物语"文章以和歌修养为不可或缺的前提条件，文章中韵文和散文走得很近，几乎到了越界的程度，可以说"物语"散文是韵文的延长。大镜选择了对话体的散文，对话体是最没有诗意的语言形式，做出这种选择的理由就是要义无返顾地叛离韵文式的散文。"[34]

---

34)　渡边实《平安朝文章史》筑摩书房 2000 年 p.355

　　"历史物语"相当于中国的演义，是取材于历史的小说。《大镜》为何人所著尚不得知，成书时间也不见于文献记载，从内容推断当为平安末期的院政时期。《大镜》出现在这个时期绝非偶然。这一时期皇家为了抵抗外戚藤原氏对朝政的专断，天皇退位在府邸另起炉灶实行"院政"，与藤原氏控制的朝廷分庭抗礼。这个时期朝廷的内部争斗往往利用地方武装势力来打倒对方，于是地方武装势力逐渐进入中央政权，权力争斗发展成为大规模的内战（1156 年的保元之乱、1159 年的平治之乱）。以朝廷、京城为活动中心的贵族逐渐退出政治舞台，地方武装势力逐渐进入京城、朝廷，地方上的文化、习俗也随之而来。原来具有绝对价值的贵族文化的地位开始发生动摇，被相对化，地方武装势力——武士最终夺得天下，取代以藤原氏为代表的贵族势力。但是，以平清盛为代表的平氏地方武装势力在夺取天下，取代藤原氏的外戚政治，掌控朝政后，迷恋于贵族生活和贵族文化，最终重蹈藤原氏覆辙再次被地方武装势力消灭和取代。

　　如此巨大的社会动荡必然也会给延续了数百年（794-1192）的平安贵族文化带来强烈的冲击，在封闭的贵族社会中发展起来的散文自然也不例外。韵文（和歌）从散文中淡出，散文放下了韵文这根拐杖，开始独立行走，散韵交融再也不是日语散文的主要特征。日本古代的韵文主要是抒情的，尤其是 31 个音节组成的短歌（和歌）容量极为有限，不适于叙事，而且日语词语多音节居多。和歌退出散文之后，出现了如《徒然草》《方丈记》等在日本文学和思想史上留下浓墨重彩的论述性假名散文名篇，以及以战争为主要题材的新物语《平家物语》《太平记》等"军记物语"。

　　以源赖朝为首的地方武装势力打败并取代了平氏后，再也没有进入京城效仿贵族政治，重蹈藤原氏和平氏之覆辙，而是在远离京城的镰仓建立了武士政权。1192 年源赖朝没有推翻朝廷，而是受封征夷大将军，开启了镰仓幕府——武士掌权的时代。此后一直到 1867 年江户幕府的最后一代将军德川庆喜将国政大权归还皇室结束江户幕府为止，武士统治的武士社会在日本持续了近七个世纪。在这一漫长的历史长河中日本社会经历了诸多的动荡和变化，日本文化自然也发生了许许多多的变化。散文也不例外，应着社会的变化和需要发生了很大的变化。在这近 700 年的时间里，可以说散文不断从上往下、从中央往地方逐渐普及，在平民中、在日常生活中不断渗透，成

为全日本民族表达思想、情感的文字语言。不再依赖韵文而独自行走的散文不断发展、成熟。

镰仓时代是武士阶层第一次掌握政权，如何统治国家既没有经验又面临一个全新的局面，无数的尝试、失败与成功和随之而来的各种权益之间的争斗是这个时期的主要特征；室町时代各地方势力纷纷崛起，地方之间、上下之间，包括皇室、贵族各种势力相互争战，全国性的大洗牌性的战乱是这一时期的基本特征。镰仓时代与室町时代的代表性散文作品就是这一时期出现的一批描写战争的"军记物语"。传统的"物语"在镰仓时代还是模仿平安时代的作品，取材于王公贵族为多，到了室町时代则转向通俗、短篇，内容逐渐取材于平民百姓，成为平民的读物。

1603 年德川家康平息了战乱，统一了全国，受封征夷大将军，建立了德川幕府，日本进入了江户时代。一直到德川幕府末期"倒幕运动"兴起，1868 年明治政府成立，日本经历了约 265 年基本没有战争的和平时期。在这个没有战争，人民生活基本稳定的时期，农村、农业得到了发展；城市、城镇、商业、手工业逐渐形成，不断兴盛；教育、出版业也极为活跃，市民文化呈现了空前的繁荣。各种通俗小说充斥书肆，出现了一些以写作为生的作家。

武士阶层的统治长达约 700 年之久，在镰仓、室町、江户不同的历史阶段，社会、文化的特色也各不相同，散文也一样在各个历史阶段有各自的特色。但是在这约 700 年的历史中散文的发展有其特征性的趋向，(1) 脱离韵文，独自行走；(2) 从汉籍和传统散文中汲取营养，到了江户时代形成了汉和并茂的日语散文。

到了江户时代的末期，许多地方开始接触、接受西方文化。江户末期社会各阶层的矛盾日渐激化，江户幕府和各个藩国（约 300）在政治、经济领域也走到了穷途末路，此时西方的政治、文化的影响给日本社会带来了变革的契机，促使日本爆发了"倒幕运动"，1867 年德川幕府被推翻，翌年 1868 年成立了明治政府，宣告了以天皇为最高统治的中央集权制近代国家的诞生。从明治时代一直到现今，日本是以西方的政治、文化为其范本，是在吸收西方文化的过程中发展过来的，日本的语言、散文也不例外。从明治到现今日语散文的发展、演变过程的主要特征就是逐渐脱离"汉唐"转向

"欧美"，日渐西化。

结语

韵文，尤其是歌谣，是语音的艺术品，歌谣的创作与欣赏都是通过语音来实现的。即使是文人笔下推敲、精炼出来的诗歌也离不开对语音美的追求。然而，散文则不然。虽然散文并非不可离开文字，但若没有文字的依托就不可能提供巨大的语言库藏，编织出恢弘巨篇，或锤炼出精美的短篇。无论是韵文还是散文，文字是坚实的大地、肥沃的土壤。

从 5 世纪汉文传入到 10 世纪出现假名散文，其间经历了 500 年之久的漫长岁月。在散文的摸索、发展的过程中韵文弥补了散文的不足，为散文的发展伴走，同时形成了无韵不成文的散文叙事传统。直到由社会底层为主要成员的武士阶层替代了贵族阶层，才给散文的独立带来了契机。本文对这一历史过程做了粗略的梳理和阐述。

第三部
日中高齢化社会の現状と課題

日本における高齢者の社会経済地位による健康・医療・介護の格差

杉澤秀博

はじめに

　欧米先進国では、1980 年代から、教育、職業、収入などの社会経済的地位による健康格差を明らかにした研究が数多く行われてきている（平岡 2010）。日本では、社会経済的地位による健康格差に関する研究は 2000 年代から本格的に取り組まれるようになった（平岡 2010）。

　このような研究動向を反映して、政策面においても社会経済的地位による健康格差の是正を重視した方向性が示されるようになった。すなわち、2000 年に制定された国民の健康づくりの基本方針である「国民の健康の増進の総合的な推進を図るための基本的な方針」では、基本的方向として一次予防の重視と個人の健康習慣を支援する社会環境の整備が位置づけられるようになったものの、健康格差についての言及はなかった。2012 年の方針の改訂で、基本的方向に健康格差（地域や社会経済状況の違いによる集団間の健康状態の差）が初めて取り上げられ、格差の是正にはあらゆる世代の健やかな暮らしを支える良好な社会環境を構築することが必要であると謳われるようになった。2023 年には基本的方針が全面的に改訂され、基本的な方向として第一に健康格差の縮小が掲げられ、留意事項として、個人の行動と健康状態の改善のみが健康格差の縮小につながるわけで

はなく、社会環境の質の向上自体も健康格差の縮小のための重要な要素であると指摘されるようになった。

　日本を含む先進国では、高齢化の急速な進展に伴い、高齢者に対する医療や介護費用の社会的負担が大きくなってきていることから、その抑制のため、高齢者の健康増進戦略の確立が重要な課題として位置づけられている。従来の健康格差研究においては、主な対象が高齢者を含む成人期の人たち全体であり、高齢者を対象とした健康格差の研究は少ない。高齢者の健康増進戦略の構築には、高齢者のみを対象に健康格差をもたらす社会的要因、なかでも社会経済的地位による健康格差に関する研究の推進が求められている（Sugisawa *et al.* 2018）。そのためには、現時点における高齢者を対象とした健康格差研究の到達点を明らかにしたうえで、今後の研究に求められる課題を示しておく必要がある。

　筆者は、老年学分野において社会経済的地位による健康格差を系統的に追究してきた研究者の一人である。本稿では、主に筆者が研究で取り上げてきた研究上の問いと実証研究に基づく回答を通じて、網羅的とはいえないものの、主として高齢者を対象とした健康格差研究の到達点を紹介する。それを踏まえ、高齢者における健康格差に関する研究の今後の課題について提案してみたい。

　高齢者の健康格差に関する研究上の問いは、疾病予防だけでなく、疾患罹患後の疾患管理・予後、介護に至るまでを範囲に収めている。予防に関する研究上の問いとは、①高齢者の社会経済的地位による健康格差は若い年齢層と較べて大きいか、②高齢者の社会経済的地位による健康格差は時代とコーホートによって異なるか、③高齢者の社会経済的地位による健康格差の発生経路は何か、④個人のライフコース上の社会経済的地位は高齢者の健康に影響を与えるか、⑤地域レベルの社会経済水準は高齢者の健康に影響を与えるか、⑥社会経済的地位の低い高齢者はなぜ健康的な習慣を身につけないのか、である。疾患罹患後の疾患管理や予後、介護における問いとは、⑦社会経済地位による格差は疾病罹患後の疾患管理と予後にも生じているか、⑧社会経済的地位によって医療と福祉の専門家の対応は異なるのかである。

1. 社会経済的地位による健康格差は、高齢者では若い年齢層と比較して大きいのか？

社会経済的地位による健康格差に関する研究は多いものの、この格差が年齢、時代、コーホートによって異なるか否かについては研究が少なく、研究蓄積が図られる必要のある課題である。筆者らは、このような研究の現状を踏まえ、社会経済的地位による健康格差は年齢によって異なるか否かの解明を行った。

健康格差が高齢者と若い人とで異なるか否かについては、2つの相反する仮説が提出されている（Dupre 2007）。第一の仮説は累積的有利／不利仮説である。これは社会経済的地位が低い高齢者は同じ地位にいる若い年齢層の人たちと比較して健康のリスク要因に暴露する期間が長期にわたっているため、社会経済的地位による健康格差が大きいという仮説である。第二の仮説はこれと正反対に、社会経済的地位による健康格差は高齢者で小さくなるという年齢均等化仮説である。この仮説では、加齢が次のような3つの経路で作用することで健康格差が縮小するとみている。①高齢者では加齢に伴う生物的な要因が社会経済的地位の影響よりも優位になるため、格差が縮小する。②高齢者では年金などの収入に依存することになるから、中年期ほどには就労収入の格差が大きくないため、格差が縮小する。③社会経済的地位が低い人では高い人と比較して、高齢期に至る過程で疾病への罹患や障害発生によって早期に死亡する人の割合が高くなる。その結果として高齢期においては社会経済的な地位が低い人では身体的に頑健な人だけが選択的に残されることになるため、格差が縮小する。欧米の実証研究（Kim & Durden 2007）では、これらの仮説をそれぞれ支持する結果が得られている。

筆者らは、厚生労働省が定期的に行っている「国民生活基礎調査」を用いて、所得による健康格差が年齢階級によって異なるか否かを分析した（Sugisawa *et al.* 2016, 2018）。健康指標は健康度自己評価と日常生活動作の障害であった。分析の結果、所得による健康格差は年齢階級が高くなるとともに減少し、75歳くらい前までは低所得者の方が高所得者よりも健

康度が低いものの、75歳前後で高所得者の方が低所得者よりも健康度が低くなるという逆転現象が起こることを明らかにした。日本の他の研究でも、高学歴の人では低学歴の人と比較して80歳以上では死亡率が高いことが示されている（Liang *et al.* 2007）。以上のように、日本においては、社会経済的地位による健康格差は高齢者では若い人よりも小さく、年齢均等化仮説が支持される結果が得られている。

2.　社会経済的地位による高齢者の健康格差は時代とコーホートによって異なるか？

　時代の影響については、重要な要素として経済不況が取り上げられ、経済不況の時代には社会経済的地位による健康格差が拡大するという仮説が提唱されている（Edwards 2008）。この仮説によれば、社会経済的地位が低い人では、不況期間中に失業や賃金削減のリスクにさらされる可能性が高いことから、健康度の悪化が著しく、健康格差が拡大するというものである。しかし、欧米でもこの仮説が妥当か否かについて検証した研究はほとんどない（Schoeni *et al.* 2006）。

　筆者らは、この仮説にも基づき、高齢者の所得階層による日常生活動作障害（disabled activities of daily living: D-ADL）の割合の格差が時代によって異なるか、もし時代によって異なる場合にはその差は失業率の推移によって説明されるか否かを検証した（Sugisawa *et al.* 2018）。分析データは厚生労働省による「国民生活基礎調査」の1989年から2013年までのデータであった。分析の結果、所得による格差が時代によって異なり、D-ADLの割合の格差は1995年までは減少傾向にあったものの、それ以後は逆に拡大していることが明らかされた。さらに、この時代による格差の違いは2〜4年というタイムラグがあったものの、失業率の推移によって説明できることも明らかにされた。タイムラグが生じている理由は次のように説明されている。疾患に罹患したとしてもD-ADLの発生に至るまでに時間を要する。そのため、社会経済的地位が低い高齢者の間で不況期に疾病への罹患者が多く発生したとしても、D-ADLに至るまでにはある

程度の時間が必要であることから、失業率と D-ADL の割合の格差の動向との間にはタイムラグが生じるというものであった。以上のように、時代の影響については仮説を支持する結果が得られている。

社会経済的地位による健康格差にコーホートの影響があるか否かを検証した研究はほとんどない（Morciano *et al.* 2015）。コーホートの影響に関しては、コーホート集団の規模に着目し、団塊の世代のような大きなコーホート集団では社会経済的地位による健康格差が拡大するという仮説が示されている。この仮説によれば、大きなコーホート集団の中では雇用や教育をめぐる競争が激しくなることから、その競争に勝つための資源が乏しい社会経済的地位の低い人では、その競争に負け、健康面でも不利を被る可能性が高いというものである。筆者らは、この仮説を検証するため、D-ADL の割合の所得階層による格差がコーホートによって違いがあるか否かを分析したが、この仮説を支持する結果は得られなかった（Sugisawa *et al.* 2018）。この結果の妥当性については追試が必要であるが、この結果に基づくならば、既述したように高齢者の社会経済地位による健康格差は若い年齢層と比較して小さいことから、高齢期以前の年齢層では健康格差の大きさがコーホートによって異なることがあったとしても、高齢期ではその差が縮小した可能性がある。

3. 社会経済的地位による高齢者の健康格差はなぜ生じるのか、その経路は何か？

社会経済的地位によって健康格差がなぜ生じるのか、その経路には以下の 4 つがあると指摘されている（橋本・盛山 2015）。すなわち、①物質主義的経路、②行動的経路、③心理認知的経路、④政治力学、である。①物質主義的経路とは、社会経済的地位によって教育、医療、介護などの社会的資源へのアクセスに違いが生じることから、このアクセスの違いが健康格差につながるというものである。②行動的経路とは、社会経済的地位が低い人では健康維持や病気の悪化防止に必要とされる生活習慣や疾患管理を行うことが困難であるため、病気に罹患しやすく、罹患後においても

疾病が悪化するなど健康度の低下が顕著になるというものである。③心理認知的経路とは、社会経済的地位によって健康のリスク要因となる心理的ストレスへの曝露の頻度や期間が異なることから健康格差が生じるというものである。これには、社会経済的地位が低いこと自体が周囲からの偏見による心理的ストレスに直面することになり、健康度が低くなるという経路も含まれる。最後の④政治力学経路とは、社会経済的地位が低い人では生活や環境面でのニーズを満たしたり、健康維持のための資源へのアクセスを改善するために必要な政治的発言力が弱いことから、政治に働きかけて生活や環境のニーズを満たしたり、健康資源へのアクセスが限定的とならざるをえず、結果として健康度が低くなるというものである。以上のような経路が示されているものの、それらの経路の妥当性を検証した研究は少ない。

　筆者らは、社会経済的地位による健康格差の経路に関する解明は行っていないものの、健康の維持・増進に関連する生活習慣に着目し、生活習慣が社会経済的地位によって格差が生じているか、格差が生じている場合にはその格差を生じさせている心理認知的経路は何かを明らかにする研究を行ってきた。その一例として、高齢者の食習慣に着目し、就学年数と収入によって食習慣に格差が生じているのか、さらに格差を生み出す心理社会的経路は何かを解明した研究がある（Sugisawa *et al.* 2015）。

　心理社会的経路は図1に示したように、社会認知理論（McAlister *et al.* 2008）を活用、食習慣に特化した自己効力感、結果期待、社会的支援、社会的統制という4種類の心理社会的要因が社会経済的地位と食習慣との間を結ぶ経路として機能するか否かを分析するというものであった。分析の結果、就学年数によって高齢者の食習慣に格差があること、さらにその格差は自己効力感、結果期待、社会的統制という心理社会的要因を経路としていること、所得についても同じような結果が得られたことが明らかにされている。

　以上の研究の他にも、筆者らは高齢者の社会経済的地位による運動習慣の格差についても、食生活とほぼ共通する心理社会的要因が社会経済的地位と運動習慣を結びつける経路として作用しており（Sugisawa *et al.* 2020）、

図 1　社会経済的地位による食習慣の格差の経路に関する分析枠組み

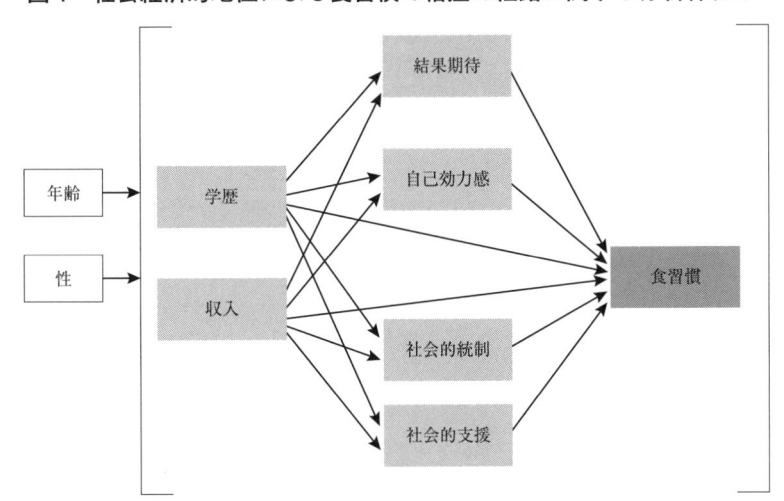

高齢者における社会経済的地位による生活習慣の格差が心理社認知的理論で説明できることを裏づける研究結果を得ている。

4.　ライフコース上の社会経済的地位は高齢者の健康に影響を与えるか？

　2023 年に全面的に改訂された国民の健康増進の総合的な推進を図るための基本的な方針に、ライフコースアプローチを踏まえた健康づくりへの取り組みが位置づけられた。筆者らは、ライフコース上の社会経済的地位に着目することで、この方向の妥当性を裏づける研究結果を提供してきた。ライフコース上の社会経済的地位が高齢者の健康に与える影響を把握するためのモデルには以下の 5 つがある（Glymour *et al.* 2009）。その 5 つのモデルとは、①即時効果モデル、②経路効果モデル、③累積効果モデル、④潜在効果モデル、⑤社会移動効果モデルである。図 2 には、それぞれのモデルの違いが理解しやすいように各モデルを図に示している。

　①即時効果モデルは、直近の中年期の社会経済的地位が高齢期の健康に

図2　ライフコースの視点から見た暴露時期の違いによる病因モデル

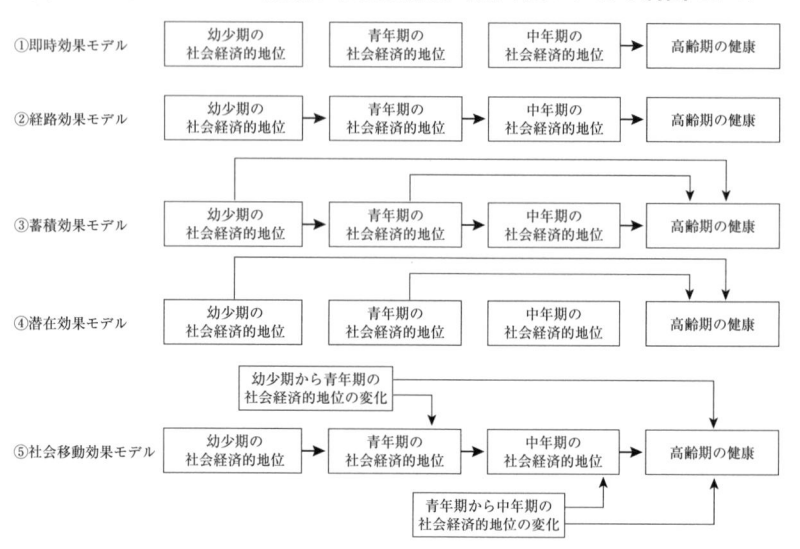

出所：Glymour *et al.*（2009）を参考に筆者作成。

影響するというモデルである。②経路効果モデルは幼少期の社会経済的地位が青年期、中年期の社会経済的地位への影響を通じて、高齢期の健康に間接的に影響するというものである。③累積効果モデルは、その時期に関係なく高齢期に至るまでに低い社会経済的地位を経験した回数が高齢期の健康に影響するというものである。④潜在効果モデルは幼少期など特定の時期に低い社会経済的地位を経験することが、成人期以降の健康に直接的に影響するというモデルである。⑤社会移動効果モデルはライフコース上において経験した社会経済的地位の変化パターンがその後の健康に影響するというモデルである。

　欧米では複数のモデルを利用して、ライフコース上の社会経済的地位が高齢期の健康に及ぼす影響を評価した研究はあるものの（Kahn & Pearlin 2006）、日本では単一のモデルを用いて影響を分析した研究が行われているに過ぎない（Fujiwara *et al.* 2014; Tani *et al.* 2016）。筆者らは、ライフコース上の経済的困窮に着目し、幼少期、青年期、中年期の各時期におけ

る経済的困窮の経験が高齢期の健康に影響するか否かを、既述の②〜⑤の
モデルを用いて分析した（Sugisawa *et al.* 2019b）。健康度の測定には、慢
性疾患の有病数、日常生活動作障害、認知障害、抑うつ症状、健康度自己
評価の各指標を用いた。分析の結果、経路効果モデルがすべての健康指標
の格差を説明すること、経路、蓄積、社会移動の各効果モデルは日常生活
動作障害を除く健康指標の格差を説明すること、潜在効果モデルは慢性疾
患の有病数の格差のみを説明していることを明らかにした。つまり、ライ
フコース上の社会経済的地位が高齢者の健康度に影響するとともに、健康
指標によってその格差を説明するモデルに違いがあることが示唆されてい
る。

5. 地域レベルの社会経済的地位の分布は高齢者の健康に影響するか？

　高齢者の健康に関しては、若い年齢層と比較して居住する生活環境によ
る影響が強い可能性がある（杉澤 2016）。その第一の理由は高齢者の活動
空間が限定されることが関係している。高齢者は若い年齢層に比べて退職
などによる社会活動性の低下や加齢による心身機能の低下によって社会活
動性が制約され、その結果として活動空間が限定される。そのため居住環
境に健康を危険に曝すリスク要因が存在していた場合、高齢者ではリスク
要因に長時間暴露されることになり、健康度の悪化につながりやすい。第
二の理由は生活環境中の健康リスク要因に対する脆弱性が高齢者の中で高
いことが関係している。高齢者では加齢により生活環境における健康リス
ク要因に対処し、減少させるための免疫力や身体的および精神的機能およ
び社会的関係資源が減少してしまうことから、その暴露への影響が出やす
い。

　2000年代以降、欧米では個人レベルの社会経済的地位だけでなく地域
レベルの社会経済的指標も高齢者の健康度に独自に影響することが明らか
にされてきた（Julien *et al.* 2012; Ploubidis *et al.* 2012; Vauclair *et al.* 2015;
Wu *et al.* 2015）。これらの研究では、うつ病の症状、認知機能、身体機能、

健康度自己評価など広範囲の健康指標が使用されている。そのうえ、地域レベルの社会経済的地位と健康との間を結ぶ経路を解明した研究もみられる（Vauclair *et al.* 2015）。日本でも2010年頃から地域レベルの社会経済的地位が高齢者の健康に与える影響を分析した研究が行われるようになった（Aida *et al.* 2011; Ichida *et al.* 2009; 小林 2009）。これらの研究における健康指標には、歯の健康と健康度自己評価が用いられている。

　以上の研究からすれば、日本においても、高齢者個人の所得だけでなく、地域レベルの所得分布も高齢者の健康度に有意な影響があるという欧米の結果が妥当であることが示唆されている。

6.　社会経済階層が低い高齢者は健康的な習慣をなぜ実践しないのか？

　高齢者の社会経済的地位による健康や生活習慣の格差に関する研究の多くは量的研究であり、量的研究を通じて社会経済的地位と健康・生活習慣とを結びつける心理社会的な経路も明らかにされてきている。しかし、これらの研究は高齢期における心理社会的要因に限定された健康・生活習慣の格差に関する経路の分析であり、高齢期に至るまでの家庭、職場、地域生活におけるライフコースの全体を視野に収めた健康・生活習慣の格差出現プロセスの解明は進んでいない。

　筆者らは高齢者における社会経済的地位による格差が著しい運動習慣に着目し、中学卒の人たちを対象とした質的調査に基づき、高齢期に至るまでに運動習慣をどのように認識し、未実施という選択をしてきたか、すなわち未実施に至るプロセスについて、実施群との対比において解明した（Sugisawa *et al.* 2019c）。分析の結果、高齢期に運動をしていない人のプロセスは次の通りであった。以下、【　】はカテゴリー、〈　〉は概念を示す。中学卒業後、【健康に関心を欠く生活・労働環境】（〈肉体的な負担が大きい仕事に従事〉〈無趣味・仕事中心の生活〉といった概念から生成）に置かれていた。このような生活・労働環境の下で、〈仕事が運動になっている〉〈仕事で疲れて運動どころではない〉などの【運動から距離を置く現

役時代の生活】を送ることになった。職業から引退した後も〈身体的にきつい〉〈運動する意欲がわかない〉というように【現役時代の疲労や健康破綻の継続】で、運動習慣が生活に取り入れられることはなかった。他方、高齢期に運動を開始した人もいた。その要因には〈退職後の時間つぶし〉〈地域貢献のための運動〉〈仲間の不摂生が反面教師〉という【健康づくりとは異質な動機による運動への関心】があった。このような関心が実際の運動に結びつくには、〈若い時から運動好きである〉が必要であった。この人たちは【運動による直接・間接的なメリットの享受】を通じて運動を継続させていた。

　以上の結果は、社会経済的地位が低い高齢者では、運動への意欲や動機付けが肉体的な負担が大きい労働環境でむしろ低下していること、そのため、運動とは直接関係ないような機会を契機に運動を始めることができるよう働きかけをすることが必要であることを示唆している。

7. 疾患罹患後の疾患管理・予後においては社会経済的地位による格差が生じているか？

　疾病予防の観点からの健康格差の解明に加えて、疾患罹患後の疾患管理や疾病の予後における社会経済的地位による格差について、筆者らは腎透析患者を対象に研究蓄積を図ってきた。

　まずは、透析患者の透析開始後の予後の重要な指標である透析に伴う合併症の発症およびうつ症状に着目し、これらの指標が収入によって異なるか否か、さらにその格差が年齢、時代、コーホートによって異なるか否かの分析を行った（Sugisawa *et al.* 2016）。分析データは、全国の透析患者を対象とし、1996年、2001年、2006年、2011年という5年間隔で実施された調査を活用した。合併症とうつ症状の発症それぞれの収入による格差が年齢によって異なるか否かを分析した結果、合併症とうつ症状のいずれの指標も50～59歳をピークに収入による格差が減少し、70歳以上ではいずれの指標も収入による格差がほとんどなかった。

　以上のように、加齢による健康格差の減少については、一般高齢者を対

象とした分析結果と共通していた。収入による予後の格差が時代とコーホートによって異なるか否かについては、うつ症状については、その格差が 1996 年〜2006 年に拡大するという時代効果が観察された。しかし、その間の失業率との関連は明確でなく、時代の影響の背景にある要因については今後の課題として残された。予後に関連する指標の収入による格差については、コーホートによる違いは観察されなかった。

　ライフコース上の社会経済的地位が透析患者の予後に与える影響については、透析導入前の社会経済的地位によって、透析導入後の予後に関わる指標（透析による合併症、日常生活動作障害、うつ症状）に格差が生じるか否かを分析した（Sugisawa *et al.* 2022b）。透析導入前の社会経済的地位は、幼少期、青年期、中年期における経済的な困窮度で評価した。ライフコース上の経済的な困窮度のモデルは、先に示した高齢者の健康に適用したライフコース上の社会経済的地位のモデルに基づいている。分析の結果、経路、社会移動、蓄積の各効果モデルが予後に関わる指標すべての格差に、潜在効果モデルが日常生活動作障害とうつ症状の格差を説明するのに有効であることが明らかとなった。以上のように、ライフコース上の社会経済的地位が健康度に与える影響については、透析患者のような疾患罹患者の予後に対しても格差を生じさせていることが示唆されている。

　既述のように、健康格差が生じる経路の一つである心理認知的経路には、社会経済的地位が低いこと自体が周囲からの偏見による心理的ストレスに直面することになり、健康度が低くなるという経路がある。透析患者については、生活習慣がだらしないという偏見の対象となっている糖尿病性腎症から透析に至る人の割合が増えてきている。そのため、透析患者も偏見の対象となり、そのことが疾患管理や健康度に影響している可能性がある。しかし、透析患者に対する偏見の影響を実証的に明らかにした研究は皆無である。筆者らは、透析患者に対する偏見がうつ症状、インフォーマルネットワーク、食事の制限に与える影響とともに、その影響が社会経済的地位の指標である就学年数によって異なるか否かを分析した（Sugisawa *et al.* 2023）。分析の結果、偏見はすべての健康指標に有意な影響をもっていること、加えて、偏見をあまり感じない層では就学年数が長い人でうつ症

状が低かったものの、偏見が強く感じる人の場合就学年数に関係なくうつ症状が高いことが明らかにされている。つまり、就学年数が高い場合には、それによって偏見の影響が弱くなることが想定されたが、それは偏見が弱い場合であり、偏見を強く感じる場合には学歴が高い場合でも低い人と同じように強く現れる、つまり学歴による格差が縮小することが示唆されている。

8. 社会経済的地位によって疾患管理に格差が生じているのか、その経路は何か？

腎透析患者の透析導入後の疾患管理の中で食事制限をするか否かは予後に影響する重要な要因である。そのため、筆者らは、社会経済的地位によって食事制限をするか否かに格差が生じているか、さらにその格差が社会認知理論に基づく心理社会的要因によって説明できるか否かを分析した（Sugisawa *et al.* 2019a）。分析の結果、就学年数によって食事制限を実施するか否かに格差が生じており、その格差は食事制限の自己効力感、結果期待によって説明できること、収入によっても食事制限に格差がみられ、さらにその格差は社会的支援によって説明できることが明らかにされた。以上の結果については、社会経済的地位による食事制限の格差是正のための介入策を考える際には、社会経済的地位の指標によってその経路が異なることを意識する必要があることを示唆している。

9. 社会経済的地位によって介護サービスの利用、医療や福祉の専門家の対応に格差は生じているのか？

介護保険制度が導入されて以降、収入に関係なく介護サービスへのアクセスが認められるようになった。このような制度の導入によって、収入に関係なく介護サービスの利用が行われるようになったか否かを明らかにするため、筆者らは、2000年の介護保険制度が導入された直後の2002年に、在宅介護サービスの過少利用（支給限度額を基準とした場合の利用割合）

に影響する要因を解明した。要因にはニーズ要因（要介護度）、過少利用の促進要因として同居家族、低所得（年収 120 万円未満）の影響を分析した（杉澤ら 2002）。分析の結果、年収が 120 万円未満の高齢者で過少利用の割合が有意に高いことが明らかになった。介護保険制度が導入されて 20 年以上経過していることから、筆者らが分析した当時とは経済的要因の影響が異なる可能性があるため、再度の検証が必要である。

　患者や利用者の社会経済的な地位によって、医療や福祉の専門家の対応が異なるか否かについては、欧米と日本のいずれも研究の蓄積に乏しい。筆者らは、医療の専門家として透析医、福祉の専門家としてのケアマネジャーを対象に、患者や利用者の社会経済的地位によって対応の違いがあるか否かを明らかにしてきた。

　透析医による患者への対応については、筆者らは、医師による患者の疾患管理の評価と患者による疾患管理の自己申告との間の乖離が患者の学歴によって異なるか否かを分析した（Sugisawa *et al.* 2022a）。患者の学歴によって医師の評価が異なるという仮説については、ある特性を持つ患者（学歴が低い、若い、糖尿病性の腎症で透析に至る）に対しては、自己管理をきちんとしていないというステレオタイプ的な認知を医師が強くもちやすいという仮説に基づいている。分析の結果、患者の就学年数が長い場合、患者の自己申告よりも医師の評価の方が良い傾向にあることが明らかとなった。このように、医師も患者の実態を患者からの直接的な聴取に基づき正確に評価するのではなく、社会経済的な地位に依拠してバイアスをもって評価する可能性があることが示唆されている。

　ケアマネジャーは介護保険認定後においては、介護保険サービスの調整を行うキーパーソンである。ケアマネジャーが社会経済的地位の低いケースのケアマネジメントを行う際に様々な困難に遭遇することについて実証的に解明が進められている。しかし、社会経済的地位の低いケースを扱う際の困難感および介入の成果に関連する要因の解明はほとんど行われていない。筆者らは、東京都内のケアマネジャーを対象に、介護保険制度下で経済的に困難を抱える高齢者を支援するケアマネジャーの困難感と介入の成果に影響する要因を分析した（Sugisawa *et al.* n.d.）。要因には経済的に

困窮する者を担当しているケース数、経済的に困窮するケースの複雑さの認識、社会的サポートを取り上げた。分析の結果、経済的に困窮する症例が複雑さであると認識するケアマネジャーは、困難感とともに介入の成果を乏しいと評価する傾向が強いこと、経済的に困窮するケースを多く扱っているケアマネジャーでは介入の成果を乏しいと評価する傾向が強いことが明らかにされた。以上の結果は、ケアマネジャーが社会経済的に地位の低いケースを担当する際には、担当するケース数の調整だけでなく、このようなケースでは複雑な状況に対して適切に対処できるケアマネジメント手法の開発と修得が重要であることを示唆している。

10.　今後の研究課題

　第一には、社会経済的地位による健康や生活習慣の格差に影響する経路については、低い社会経済的な地位の人に対する偏見や差別に着目した研究が必要である。筆者らも含め生活習慣の格差が生じる心理認知的経路についての研究の蓄積が図られつつあるものの、差別や偏見に着目した研究はほとんどないことから、今後の重要な課題として取り組んでいく必要がある。

　第二には、社会経済的地位が低い人に対する一般の人たちの差別や偏見に着目した研究が必要である。これまでは、社会経済的地位によって生じる健康格差に焦点があてられたものの、第一の点として指摘したように、低い社会経済的地位の人たちの健康を害し、格差を生み出す要因の一つに医療・福祉従事者や一般の人の間の差別・偏見があると指摘されている。医療・福祉従事者や一般の人を対象とした差別・偏見に関連する要因に関する研究の推進が望まれる。

　第三には、社会経済的地位による高齢者の健康や患者の疾患管理や健康の格差に着目した研究が筆者によるものも含め、多く行われるようになったが、疾患に罹患することによって社会経済的な地位が低下するという逆の因果関係も考えられる。本稿では紹介していないものの、生産年齢にあたる透析患者の就業率が低く、就業していても不安定な職業に就いている

人が、特に女性で多いことを明らかにした（Sugisawa *et al.* 2024）。疾患に罹患することが社会経済的な地位に与える影響について分析を進めることが必要である。

参考文献

Aida, J., Kondo, K., Kondo, N., Watt, R. G., Sheiham, A., & Tsakos, G.（2011）"Income inequality, social capital and self-rated health and dental status in older Japanese," *Social Science and Medicine*, 73 (10): 1561-1568.

Dupre, M. E.（2007）"Educational differences in age-related patterns of disease: reconsidering the cumulative disadvantage and age-as-lebeler hypothesis," *Journal of Health and Social Behaviour*, 48 (1): 1-15.

Edwards, R.（2008）"Who is hurt by pro-cyclical mortality?" *Social Science and Medicine*, 67 (12): 2051-2058.

Fujiwara, T., Kondo, K., Shirai, K., Suzuki, K., & Kawachi, I.（2014）"Association of childhood socioeconomic status and adulthood height with functional limitations among Japanese old people: results from the JAGES 2010 Project," *Journal of Gerontology: Biological Sciences and Medical Sciences*, 69 (7): 852-859.

Glymour, M. M., Ertel, K. A., & Berkman, L. F.（2009）"What can life-course epidemiology tell us about health inequalities in old age?" J. Jackson, T. C. Antonucci, & H. Sterns (Eds.), *Annual Review of Gerontology and Geriatrics*, Vol. 29, pp. 27-56, Springer Publishing.

橋本英樹・盛山和夫（2015）「社会階層と健康」川上憲人・橋本英樹・近藤尚己編『社会と健康』東京大学出版会，21-37 頁 .

平岡公一（2010）「健康格差研究の動向と社会学・社会政策領域における研究の展開の方向」『お茶の水女子大学人文科学研究』6, 135-148 頁 .

Ichida, Y., Kondo, K., Hirai, H., Hanibuchi, T., Yoshikawa, G., & Murata, C.（2009）"Social capital, income inequality and self-rated health in Chita peninsula: a multilevel analysis of older people in 25 communities," *Social Science and Medicine*, 69 (4): 489-499.

Julien, D., Richard, L., & Kestens, Y.（2012）"Neighbourhood characteristics and depressive mood among older adults: an integrative reviews," *International Psychogeriatrics*, 24 (8): 1207-1225.

Kahn, J. R. & Pearlin, L. I.（2006）"Financial strain over the life course and health among older adults," *Journal of Health and Social Behaviour*, 47 (1): 17-31.

Kim, J. & Durden, E.（2007）"Socioeconomic status and age trajectories of health," *Social Science and Medicine*, 65 (12): 2489-2502.

小林美樹（2009）「所得不平等が主観的健康に及ぼす影響」『生活経済学研究』29 号 ,17-31 頁 .

Liang, J., Bennett, J., Krause, N., Kobayashi, E., Kim, H., Brown, J. W.,…, Jain, A. (2007) "Old age mortality in Japan: does socioeconomic gradient interact with gender and age?" *Journal of Gerontology: Social Sciences*, 57B (5): S294-S307.

McAlister, A. L., Perry, C. L., & Parcel, G. S. (2008) "How individuals, environments, and health behaviors interact: Social coginitive theory," In K. Glantz, B. K. Rimer, & K. Viswanath (Eds.), *Health behavior and health education: Theory, research, and practice* (4th ed.), pp. 169-188, Jossey-Bass.

Morciano, M., Hancock, R. M., Pudney, S. E. (2015) "Birth-cohort trends in older-age functional disability and their relationship with socio-economic status: Evidence from pooling of repeated cross-sectional population-based studies for the UK," *Social Science and Medicine*, 136-137: 1-9.

Ploubidis, G. B., Dale, C., & Grundy, E. (2012) "Later life health in Europe: how important are country level influence?" *European Journal of Aging*, 9 (1): 5-13.

Schoeni, R. F., Liang, J., Bennett, J., Sugisawa, H., Fulaya T., & Kobayashi, E. (2006) "Trends in old-age functioning and disability in Japan, 1993-2002," *Population Studies*, 60 (1): 39-53.

杉澤秀博 (2016)「老年学におけるソーシャル・キャピタルに関する研究の意義と課題」『老年社会科学』37 号 , 465-472 頁 .

杉澤秀博・深谷太郎・杉原陽子・石川久展・中谷陽明・金恵京 (2002)「介護保険制度下における在宅介護サービスの過少利用の要因」『日本公衆衛生雑誌』49 (5), 425-436 頁 .

Sugisawa H, Harada K, Sugihara Y, Yanagisawa, S., & Shimmei, M. (2016) "Socioeconomic status and self-rated health of Japanese people, based on age, cohort, and period," *Population Health Metrics*, 14: 27.

Sugisawa, H., Harada, K., Sugihara, Y., Yanagisawa, S., & Shimmei, M. (2018) "Socioeconomic status disparities in late-life disability based on age, period, and cohort in Japan," *Archives of Gerontology and Geriatrics*, 75: 6-15.

Sugisawa, H., Harada, K., Sugihara, Y., Yanagisawa, S., & Shimmei, M. (2020) "Health, psychological, social, and environmental mediators between socioeconomic inequalities and exercise among Japanese older adults," *Aging & Society*, 40 (7): 1594-1612.

Sugisawa, H., Nomura, T., & Tomonaga, M. (2015) "Psychosocial mediators between socioeconomic status and dietary habits among Japanese older adults," *The Journal of Nutrition, Health and Aging*, 19 (2): 130-136.

Sugisawa, H., Shimizu, Y., Kumagai, T., Shinoda, T., Shishido, K., & Koda, Y. (2022a) "Discordance between hemodialysis patients' reports and their physicians' estimates of adherence to dietary restrictions in Japan," *Therapeutic Apheresis and Dialysis*, 26 (6): 1156-1165.

Sugisawa, H., Shimizu, Y., Kumagai, T., Shishido, K., Koda, Y., & Shinoda, T. (2023) "Influence of dialysis-related stigma on health-related indicators in Japanese patients undergoing hemodialysis," *Therapeutic Apheresis and Dialysis*, 27 (5): 855-865.

Sugisawa, H., Shimizu, Y., Kumagai, T., Shishido, K., Koda, Y., & Shinoda, T. (2024) "Employment rates for working-age patients receiving hemodialysis increasing: Changing economic environment," *Therapeutic Apheresis and Dialysis,* 28 (4): 632-647.

Sugisawa, H., Shimizu, Y., Kumagai, T., Shishido, K., & Shinoda, T.（2022b）"Influences of financial strains over the life course before initiating hemodialysis on health outcomes among older Japanese patients: A retrospective study in Japan," *International Journal of Nephrology and Renovascular Disease*, 63-75.

Sugisawa, H., Shinoda, T., Shimizu, Y., Kumagai, T., & Sugisaki, H.（2019a）"Psychosocial mediators between socioeconomic status and dietary restrictions among patients receiving hemodialysis in Japan," *International Journal of Nephrology*, 2019 (1): 7647356.

Sugisawa, H., Sugihara, Y., Kobayashi, E., Fukaya, T., & Liang, J.（2019b）"The influence of lifecourse financial strains on the later-life health of the Japanese as assessed by four models based on different health indicators," *Ageing & Society*, 39 (12): 2631-2652.

Sugisawa, H., Yanagisawa, S., Harada, K., Sugihara, Y., & Shimmei, M.（2019c）"Reasons for non-participation in exercise activities by older Japanese adults with lower educational attainment," *11th IAGG Asia/Oceania Regional Congress program books*.

Sugisawa, H., Yanagisawa, S., & Kitajima, H.（n.d.）"Challenges and outcomes in managing long-term care for financially challenged older adults in Japan," under review.

Tani, Y., Fujiwara, T., Kondo, N., Noma, H., Sasaki, Y., & Kondo, K.（2016）"Childhood socioeconomic status and onset of depression among Japanese older adults: the JAGES Prospective Cohort Study," *American Journal of Geriatric Psychiatry*, 24 (9): 717-726.

Vauclair, C. M., Marques, S., Lima, M. L., Abrams, D., Swift, H., & Bratt, C.（2015）"Perceived age discrimination as a mediator of the association between income inequality and older people's self-rated health in the European region," *Journal of Gerontology B Psychological Science and Social Sciences*, 70 (6): 901-912.

Wu, Y. T., Prina, A. M., & Brayne, C.（2015）"The association between community environment and cognitive function: a systematic review," *Social Psychiatry and Psychiatric Epidemiology*, 50 (3): 351-362.

日本の高齢者の就業状況

渡辺修一郎

はじめに

　日本の総人口は 2008 年をピークに減少に転じ、2022 年 9 月 15 日現在推計では 1 億 2,471 万人となっている。人口減少の一方で 65 歳以上の高齢者数は増加を続け、現在では 3,627 万人と過去最多となり、総人口に占める割合も 29.1 ％と過去最高になっている。高齢者人口割合は今後も上昇を続け、2040 年には 35.3 ％になると見込まれている[1]。少子高齢化が著しく進む日本において、高齢者の就業は、労働力不足の解決策として、また、政策的には、高齢者を社会保障の受給者から納税者へ転換させることによる社会保障財政の持続性確保をはじめとした財政負担の軽減策として、さらに、高齢者の社会参加と生きがいを実現するための手段として論じられている。加えて、健康増進や介護予防にも寄与することが期待されている[2]。

　本稿では、日本の高齢者の就業状況とその背景、就業と健康との関連、

---

1)　総務省「統計トピックス No. 132　統計からみた我が国の高齢者——「敬老の日」にちなんで」2022 年。

2)　渡辺修一郎「高齢者の社会参加と健康」Aging & Health, 30 (3)：10-13, 2021（https://www.tyojyu.or.jp/net/topics/tokushu/koreisha-shuro-shakaisanka/korei-sha-shakaisanka-shuro.html）。

就業継続の要因に関する知見を紹介し、高齢者の就業のあり方を考えていきたい。

1.　日本の高齢者の就業状況

就業率

　日本の統計では、「月末1週間に収入を伴う仕事を1時間以上した者、又は月末1週間に仕事を休んでいた者」を就業者と定義している。65歳以上の高齢者の就業者（高齢就業者）数は2004年以降増加を続け、2021年には909万人と過去最多となり、就業者総数に占める割合も13.5%と過去最高になっている。就業率は25.1%（男性34.1%、女性18.2%）で、年齢階級別にみると、65〜69歳は男性60.4%、女性40.9%となっており、70歳以上でも、男性25.6%、女性12.6%と2割近くに上っている（図1）。他国（韓国34.9%、アメリカ18.0%、カナダ12.9%、イギリス10.3%、ドイツ7.4%）と比較すると、就業率は韓国に次いで高い水準にある[3]（図2）。

図1　高齢者の就業率の推移

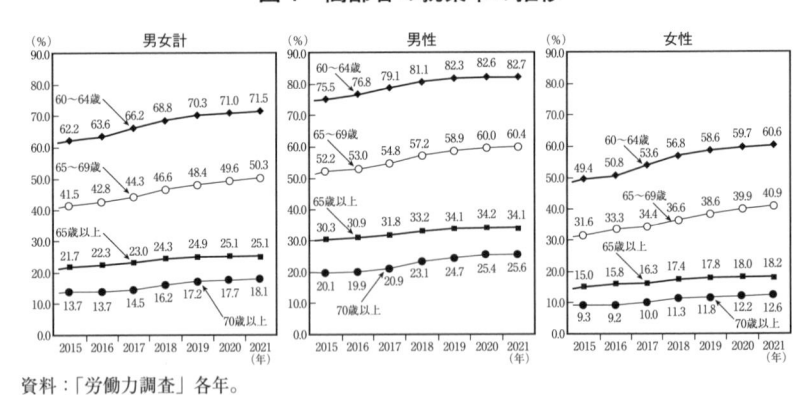

資料：「労働力調査」各年。

---

3)　総務省「統計トピックス No. 132　統計からみた我が国の高齢者――「敬老の日」にちなんで」2022年。

図2　主要国の高齢者の就業率の推移

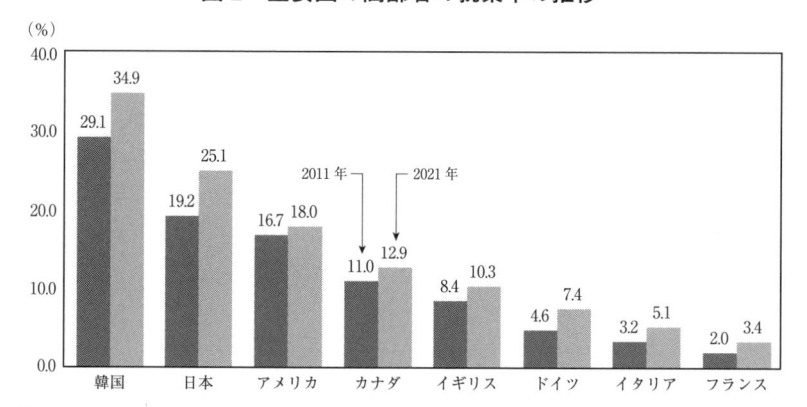

資料：日本の値は、「労働力調査」各年（基本集計）、他国は、OECD. State。

産業別にみた高齢就業者

　高齢就業者を主な産業別にみると、「卸売業、小売業」が130万人と最も多く、次いで「農業、林業」が104万人、「サービス業（他に分類されないもの）」が103万人、「医療、福祉」が101万人などとなっている。各産業の就業者に占める高齢就業者の割合をみると、「農業、林業」が53.3％と最も高く、次いで「不動産業、物品賃貸業」が26.8％、「サービス業（他に分類されないもの）」が22.8％、「生活関連サービス業、娯楽業」が19.4％などと産業による差がみられる[4]。

高齢就業者の雇用形態とその背景

　高齢就業者を従業上の地位別にみると、役員を除く雇用者が517万人で高齢就業者の57.6％、自営業主・家族従業者が270万人で同30.1％、会社などの役員が111万人で同12.4％となっている。高齢就業者のうち役員を除く雇用者（高齢雇用者）を雇用形態別にみると、非正規の職員・

---

4)　総務省「統計トピックス No. 132　統計からみた我が国の高齢者──「敬老の日」にちなんで」2022年。

従業員が75.9％を占めており、そのうちパート・アルバイトの割合が52.2％と最も高く、高齢就業者の多くが非正規で働いている[5]。

　高齢就業者が非正規雇用についた主な理由をみると、男女とも「自分の都合のよい時間に働きたいから」（男30.7％、女38.0％）が最も多く、男性では、「専門的な技能等をいかせるから」（18.5％）、「家計の補助・学費等を得たいから」（16.4％）、女性では、「家計の補助・学費等を得たいから」（21.7％）、「専門的な技能等をいかせるから」（8.7％）の順となっている[6]。

高齢者の労働能力

　独立行政法人労働政策研究・研修機構「高年齢者の雇用・就業の実態に関する調査結果」（2009）から高年齢者の就業の可能性をみると（図3）、「フルタイムで働くことが可能」とする男性は、55〜59歳で76.4％、60〜64歳で57.1％、65〜69歳で28.5％と減少する。しかし、「職場・勤務の条件によっては就業可能」とする男性は、55〜59歳で19.9％、60〜64歳で35.0％、65〜69歳では55.9％と増加する結果、何らかの形で就業可能とする男性は、55〜59歳では96.3％、60〜64歳では92.1％、65〜69歳では84.4％と大多数を占めている。

　一方、何らかの形で就業可能とする女性は、55〜59歳で85.3％、60〜64歳では71.0％、65〜69歳では55.9％と男性よりかなり低い。2015年の就業者の割合は、65〜69歳の男性で52.2％、女性で31.6％であることから、条件さえ整えば、さらに65〜69歳男性の約30％、女性の約25％程度は就業可能と考えられる[7]。実際に就業意欲はあるが就業できていない者は、65〜69歳で男女とも約1割であるが、高齢者の身体・心理機能

---

5)　総務省「統計トピックス No. 132　統計からみた我が国の高齢者──「敬老の日」にちなんで」2022年。

6)　総務省「統計トピックス No. 132　統計からみた我が国の高齢者──「敬老の日」にちなんで」2022年。

7)　藤原佳典・南潮編『就労支援で高齢者の社会的孤立を防ぐ──社会参加の促進とQOLの向上』ミネルヴァ書房、2016年。

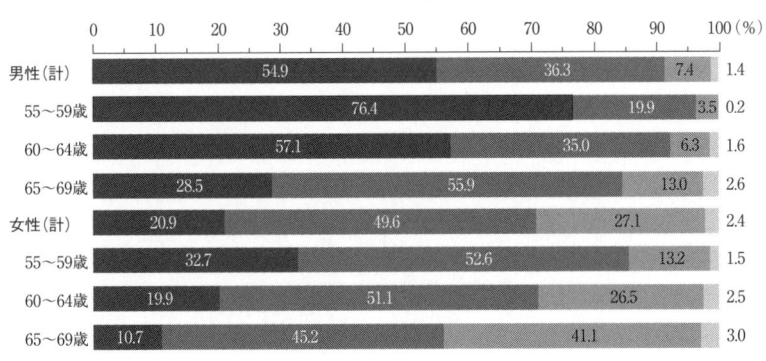

図3　身体的にみた就業の可能性

■フルタイムで働くことが可能　■職場・勤務の条件によっては就業可能　■働くことはできない　▨NA

資料：独立行政法人労働政策研究・研修機構「高年齢者の雇用・就業の実態に関する調査」2010 年。

の老化は 10〜20 年前と比較し 5〜10 年遅延していることが示されており[8]、高齢者の就業は今後も拡大していくものと考えられる。

2.　日本の高齢就業者の就業を支える法制度

　日本の高齢就業者の就業を支える基本的な法律として「高年齢者等の雇用の安定等に関する法律」（通称「高年齢者雇用安定法」）がある。これは1971 年に「中高年齢者等の雇用の促進に関する特別措置法」として制定されたものが、1986 年に改称されたものである。

　この法律は、「定年の引上げ、継続雇用制度の導入等による高年齢者の安定した雇用の確保の促進、高年齢者等の再就職の促進、定年退職者その他の高年齢退職者に対する就業の機会の確保等の措置を総合的に講じ、もって高年齢者等の職業の安定その他福祉の増進を図るとともに、経済及び社会の発展に寄与することを目的とする」（第 1 条）ものである。幾度かの改正を経て、2021 年 4 月 1 日の改正では、事業者は以下のいずれかの措置を講ずることが努力義務とされている。

---

8)　日本老年学会・老年医学会「高齢者に関する定義検討ワーキンググループ報告書」
　　2017 年。

① 70歳までの定年の引上げ
② 定年制の廃止
③ 70歳までの継続雇用制度（再雇用制度・勤務延長制度）の導入（特殊関係事業主に加えて、他の事業主によるものを含む）
④ 70歳まで継続的に業務委託契約を締結する制度の導入
⑤ 70歳まで継続的に以下の事業に従事できる制度の導入
　a. 事業主が自ら実施する社会貢献事業
　b. 事業主が委託、出資（資金提供）等する団体が行う社会貢献事業

　厚生労働省の2021年「高年齢者雇用状況調査報告」によると、報告のあった企業の99.7％が高年齢者雇用確保措置を実施済みであった。内訳は、定年制の廃止は4.0％、定年の引上げは24.1％、継続雇用制度の導入は71.9％であり、多くの企業は、継続雇用制度の導入を採用している[9]。
　この高年齢者雇用安定法では「シルバー人材センター」も定められている。シルバー人材センターは、臨時的かつ短期的または軽易な就業を通じて自分の能力を活用しそれによって臨時的な収入を得るとともに自らの生きがいの充実や社会参加を希望する高齢者の「健康作りと生きがい作り」を目的に設立された公益社団法人である。会員は原則60歳以上で、全国の会員数は2009年の約80万人をピークに減少傾向にあり、2021年度末には68万6,651人となっている。

3.　高齢者が働く理由からみた就業の意義

　2020年1月に実施された内閣府「高齢者の経済生活に関する調査結果」をみると（図4）、現在収入のある仕事をしている人の仕事をしている理由では、「収入がほしいから」（45.4％）が最も多く、次いで「働くのは体によいから、老化を防ぐから」（23.5％）、「仕事そのものが面白いから、

---

9)　厚生労働省「令和3年「高年齢者雇用状況等報告」の集計結果」2022年（https://www.mhlw.go.jp/stf/newpage_26246.html）。

図4　仕事をしている理由

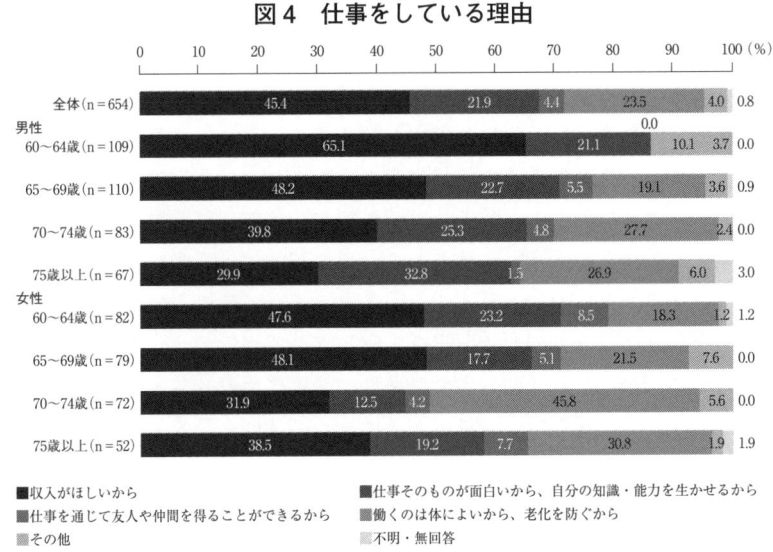

資料：内閣府「令和元年度　高齢者の経済生活に関する調査結果（全体版）」2020年。

自分の知識・能力を生かせるから」（21.9％）の順となっている。性・年齢別にみると、「収入がほしいから」とする割合は、男性の60〜64歳層で特に高いが、男女とも年齢が高くなるに従って就業理由は多様化する傾向がみられる[10]。

経済的充足

　働く理由としての経済的理由は、働かなければ自分の望む生活を維持するのが難しいこと、すなわち、貧困の回避の反映といえる。2016年の「国民生活基礎調査結果」から高齢者世帯の年収をみると、年収200万円以下が38.7％を占め、年収100万円未満も13.1％にのぼっており、経済的理由のため働かざるをえない者が相当数存在することがうかがえる。

　経済的充足は、年金の切下げや支給開始年齢の引上げが進む中で充実し

---

10)　内閣府「令和元年度　高齢者の経済生活に関する調査結果（全体版）」2020年（https://www8.cao.go.jp/kourei/ishiki/r01/zentai/index.html）。

た生活を営む基盤となるだけでなく、医療費や介護費の自己負担割合の増加が見込まれる中で疾病への罹患や介護が必要となる場合などに備え蓄えを維持するというセーフティネットとしての意義もある。年金をはじめとする社会保障費を抑制し経済的理由を強化することにより働き続けることを促す政策は、高齢者からの所得税収入を増やし、社会保障制度の維持に寄与するものと思われる。しかし、高年齢者雇用確保措置では継続雇用制度を導入する企業が大半を占めており、再雇用時には労働に見合わない不公正な給与の切下げが行われることが多い。また、健康上の理由や就業以外の社会貢献活動などのため引退を希望している高齢者が、生活水準の確保のために健康を害しながら劣悪な条件の労働に従事せざるをえない事態は避けなければならない。高齢者が多様なニーズに応じて柔軟に社会参加できるよう、年金をはじめとした所得保障制度と保健医療福祉制度を活用して引退する機会を保障することも重要である[11]。

健康の維持

　高齢者の就業は健康にさまざまの好影響をもたらすことが知られている。まず、就業者は失業者より総死亡のリスクが低い。就業内容も死亡率に影響しており、産業大分類別年齢調整死亡率をみると、教育・学習支援業、卸売・小売業、医療・福祉業、学術研究、専門・技術サービス業は低く、逆に、情報通信業や複合サービス事業では高い。さらに高齢期の就業には、趣味・稽古事やボランティア活動などの他の社会参加活動と同様に介護予防的意義があることも示されている[12][13]（図5）。

　高齢者の就業が生活機能の維持をもたらす要因としては、①身体機能および精神機能の発揮による廃用性機能低下の予防、②ソーシャル・サポートによるストレス緩衝・見守られ、③生活リズムの維持、④自尊心の維持、

11)　渡辺修一郎「高齢者が就業する意義」『労働の科学』73（1）、4-7頁、2018年。
12)　　渡辺修一郎「高齢者の社会参加と健康」Aging & Health, 30 (3)：10-13, 2021（https://www.tyojyu.or.jp/net/topics/tokushu/koreisha-shuro-shakaisanka/koreisha-shakaisanka-shuro.html）。
13)　渡辺修一郎「高齢者が就業する意義」『労働の科学』73（1）、4-7頁、2018年。

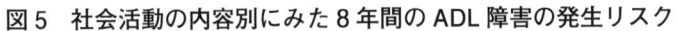

図5　社会活動の内容別にみた8年間のADL障害の発生リスク

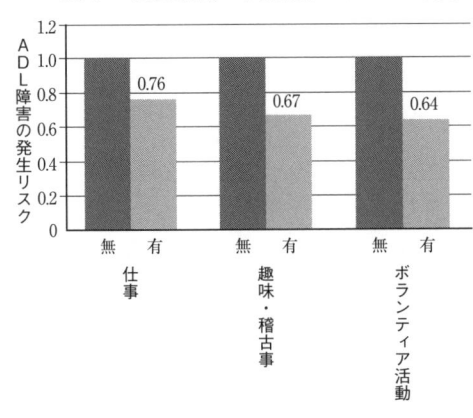

※性，年齢，調査地域および総合的
　移動能力を調整
※ADL：基本的日常生活動作（食事，
　着替え，トイレ，入浴等）

資料：新開省二「次期国民健康づくり運動に関する委員会提出資料」2012 年。

⑤労働衛生管理体制下での健康管理の徹底、⑥食生活の多様化、⑦収入の維持による食生活等の生活水準の維持、などが関与しているものと考えられる。就業が高齢者の健康にもたらす好影響は、社会保障の受給者から納税者への転換による社会保障財政の持続性確保にも寄与することが期待される[14]。

　一方、高齢者の就業が健康障害を引き起こすこともある。とくに労働災害は大きな問題であり、60 歳以上の休業4日以上の労働災害被災者数は、2021 年には3万 8,574 人（全体の 25.7％）と増加傾向にある[15]（図6）。また、総務省統計局「就業構造基本調査結果」（2012）から高年齢者が仕事をやめた理由をみると、65 歳以上では「病気・高齢のため」が最も多くなっている。一般定期健康診断の有所見者率は 65 歳以上では 95％を超えていることから、労働安全衛生管理対策においては、健康を維持増進させる就業のあり方を設計し、健康阻害要因の排除、是正、管理を行うとともに、疾病管理を徹底する必要がある。

---

14)　渡辺修一郎「高齢者が就業する意義」『労働の科学』73（1）、4-7 頁、2018 年。
15)　厚生労働省労働基準局安全衛生部安全課「令和3年　高年齢労働者の労働災害発生状況」2022 年（https://www.mhlw.go.jp/content/11302000/000943973.pdf）。

図6　休業4日以上の労働災害被災者数

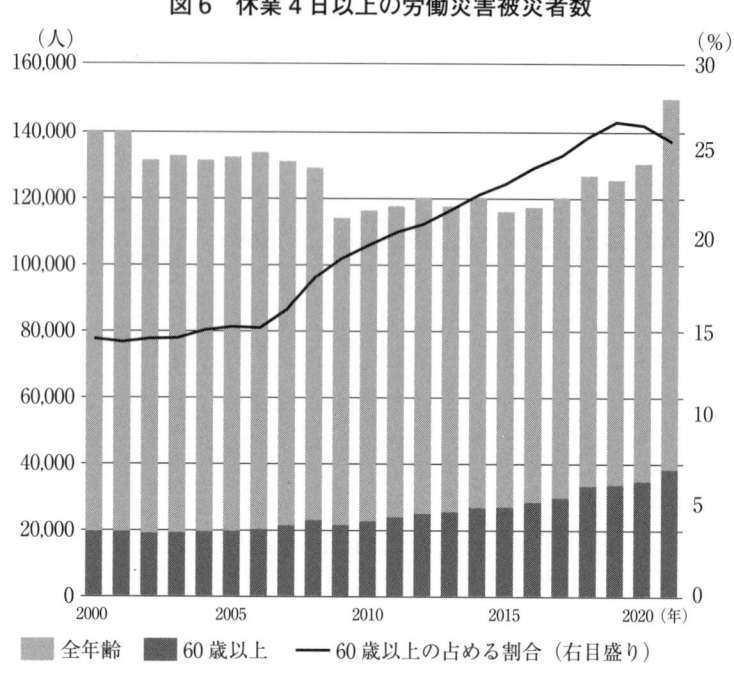

資料：厚生労働省「労働者死傷病報告」各年。

　労働災害の防止および健康の保持増進対策としては、高齢期の視機能や
運動機能、体温調節機能の低下などに対応した職場環境の改善に加え、ト
イレなどの衛生施設や休憩スペースの改善などの作業環境管理、高齢者の
心身特性に配慮した適正配置や睡眠−覚醒リズムの変化を考慮した労働時
間の再編成などの作業管理、労働能力の基盤となる運動機能や認知・判断
機能の評価、高齢者の特性をふまえた健康診断の充実、適切な職業能力評
価と就業のための適応訓練や、医学的及び労務管理的な措置などの健康管
理が重要となる[16]。

---

16)　渡辺修一郎「高齢者が就業する意義」『労働の科学』73（1）、4-7頁、2018年。

図 7 就業理由の階層性

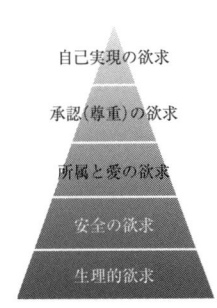

自己実現の欲求	「自分の能力を発揮して創造的活動がしたい」「生きがいがほしい」などが相当。生きがい就業を実現するには、下層の欲求を満たすことが重要。
承認(尊重)の欲求	「身分や地位の維持」「尊敬を得たい」「名声を得たい」などが相当。ネグレクトをはじめとする高齢者虐待や、エイジズムの防止が要求される。
所属と愛の欲求	「友だちがほしい」「他にすることがない」などが相当。居場所や役割の確保、職場の良好な人間関係が要求される。
安全の欲求	「健康のため」が相当。生活習慣病や老年症候群などの健康問題が脅威となる。高齢期にこの理由が多くなる。就業が健康に良いという前提と安全確保が必要。
生理的欲求	経済的理由が最多の背景。働かなければ生活を維持するのが難しいことの反映。所得保障(年金等)が充実していないと健康を害しても無理して働く状況となる。

資料：渡辺修一郎「高齢者が就業する意義」『労働の科学』73（1），4-7 頁，2018 年。

自己実現

　自己実現理論（欲求 5 段階説）(1970) を提唱したマズローは、自らの内にある可能性を実現して自分の使命を達成し、人格内の一致・統合をめざすことを自己実現とし、健康な人間は、成長欲求により自己実現に向かうように動機づけられているとした。この成長欲求は、生命維持のための生理的欲求や安全、所属、愛情などの欲求が満たされて初めて現れるとされる。「生きがいがほしいため」、「経験・知識・能力を活かすため」、「働いて社会に貢献したいため」などの働く理由は、この自己実現の欲求を満たすためのものと考えられ、高齢者が働く理由にもマズローの欲求階層に応じた階層性がある程度あるものと思われる[17]（図 7）。

4. 高齢者の就労継続に関連する要因

　都市部高齢就業者の就労継続に関連する要因を明らかにすることを目的とした筆者らの研究結果を紹介する。

　ベースライン調査は 2016 年に東京都 A 区および川崎市 B 区に居住す

---

17)　渡辺修一郎「高齢者が就業する意義」『労働の科学』73（1）、4-7 頁、2018 年。

図8　性・年齢別にみた就業状況（2016年時）

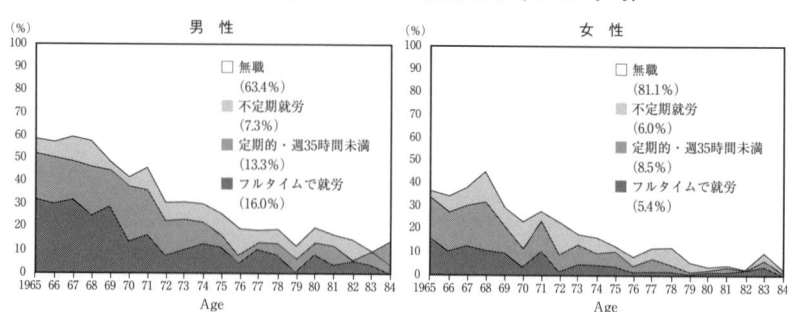

資料：Watanabe S. *et. al.*, "Factors related to work retension for elderly workers in the metro-
politan area in Japan over two years," 11th IAGG Asia/Oceania Regional Congress,
2019.

る65〜84歳の10万9,103人から無作為抽出した6,773人を対象とし、郵送法により、属性、既往歴、社会活動、就労状況、主観的経済状態、精神状態質問票WHO-5J、老研式活動能力指標などの調査を行った。2018年に同対象に対し同様の方法にて追跡調査を行い、2016年の調査に有効回答を得た3,116人のうち、2018年の調査に有効回答を得た1,561件を分析対象とした。

　性別・就労形態別に2年間の就労形態の変化を比較した後、2016年に何らかの形で就労していた833名について、多項ロジスティック回帰分析にて2年後の就労形態（基準カテゴリー：無職）に関連する要因を検討した。2016年調査時、男性の36.6％（1,351名中）、女性の19.97％（1,765名中）（専業主婦・主夫を除く）が何らかの職業に従事していた（図8）。パート従業の主婦・主夫を除くとサービス職に従事する者が16％と最も多かった。

　就労形態の2年間の推移をみると、フルタイム、定期的就労群の2年間の離職は75歳未満で10〜20％にとどまっていた。一方、不定期就労群は、75歳以上になると、2年間で約半数が離職していた。就労継続に関連する要因の多変量解析の結果、フルタイムでの就労継続には、年齢が比較的低いこと、男性、心疾患既往が無いこと、経済的ゆとりが無いこと、サービス職であることが有意に関連していた。週35時間未満での就労継

図9　2年間の就労継続に関連する要因
（多項ロジスティック解析、基準：非就労）

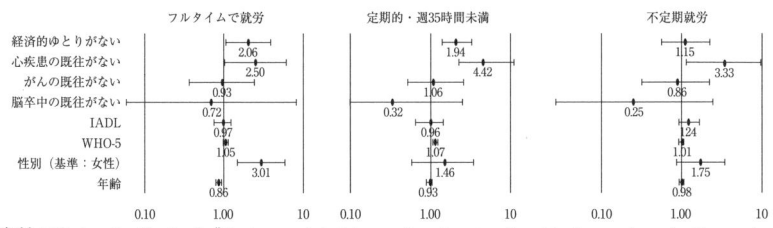

資料：Watanabe S. *et. al.*, "Factors related to work retension for elderly workers in the metropolitan area in Japan over two years," 11th IAGG Asia/Oceania Regional Congress, 2019.

続には、年齢が比較的低いこと、精神的状態が良いこと、心疾患既往が無いこと、経済的ゆとりが無いことが有意に関連していた。不定期就労での就労継続には、心疾患既往が無いこと、サービス職であることが有意に関連していた（図9）。

　高齢期の就労維持には、心疾患の予防と管理がとくに重要であること、経済的自立のため無理して働いている高齢者への健康管理がとくに重要な課題となること、サービス職は、高齢期の就労を維持しやすい職業であることなどが明らかとなった[18]。

おわりに

　高齢者の就業は、高齢者自身の豊かな経済生活、社会参加と生きがいを実現するための手段、健康の維持増進、社会にとっては、労働力不足の解決、社会保障の受給者から納税者への転換等、大きな意義がある。今日65～69歳男性の約6割、女性の約4割が就業しているが、条件さえ整えばさらに多くの高齢者が就業可能な状況である。高齢者の就業を拡大し、

18)　Shuichiro Watanabe, Yoshinori Fujiiwara, Kumiko Nonaka, Masataka Kuraoka, Erika Kobayashi, Yuta Nemoto, Ushio Minami, & Takashi Koike, "Factors related to work retention for elderly workers in the metropolitan area in Japan over two years," 11th International Association of Gerontology and Geriatrics Asia/Oceania Regional Congress, Taipei, 2019.10. 26.

支えていくための法制度、企業の取組みの整備の拡充、国民への啓発が求められている。

　今日、わが国のみならず世界各国で、年金の抑制、支給開始年齢の引き上げ、引退年齢を遅らせた場合の年金受給額の増加など年金制度による就労インセンティブの強化策が図られている。日本では、60歳以降に在職しながら老齢厚生年金を受ける場合、賃金と年金額に応じて年金の一部または全部が支給停止されるため、就労意欲をそぐという問題、配偶者の年間収入が一定額を超えると配偶者手当が支給されなくなり女性の就労意欲をそぐという制度上の問題が課題となっている。雇用政策と社会保障政策、所得税政策を密接連携する総合的な取組みが必要と考えられる。

　強いられた労働は高齢者の健康にとってマイナス面が大きくなる。高齢者の就業をすすめていくためには、職場での役割の確保やエイジズムの撤廃、ジェネラティビティ（次世代の価値を生み出す行為に積極的にかかわっていくこと）の支援などによる「自己実現」、「尊厳」を高める取組みや、「健康の維持向上」、「フレイル予防」など高齢者自身のプラス面を高める視点での取組みが重要といえる。

以时间银行促进老有所为：
来自中国的创新实践

時間銀行をてこに高齢者就業を促進
——中国の創造的な実践

陳　功　　劉　尚君

【日本語要約】まだ若々しく素質の高い高齢者が急速に増えている今の中国では、高齢者は人的資源として高いポテンシャルを持っている。新しい方法による高齢者の人的資源の開発と利用が重要な課題となっている。我々は高齢者の社会参加と関与の水準を高め、高齢者の社会貢献を促進し、高齢者という人的資源のもたらす利益を実現する急務に直面している。

　時間銀行は、高齢者の社会貢献を促進するための創造的なアプローチとして互助的介護、医療サービス、社会的支援、コミュニティの交流などの面で広く応用されている。押し寄せる高齢化の波の中で高齢者支援サービスを提供し、高齢者ケアの負担を軽減するための斬新なアイディアと言える。

　本稿では、政府による時間銀行の政策支援体制の発展、中国現地の時間銀行の特徴と革新的実践を整理した。また、ケーススタディに基づき、今後中国の時間銀行が持続可能な発展を実現するためには人口の高齢化対策の戦略への対応に積極的に注力し、法律と政策システムを整備させ、時間銀行を活用することによってボランティアサービス体制の構築を積極的に推進し、一丸となって高齢化に対応し、世界と地域の高齢化問題の解決と持続可能な発展を推し進めることを提案した。

1. 研究背景

中国人口老龄化趋势伴随年轻、高素质老年人口规模增长，老年人力资源潜力巨大。我国自 1999 年迈入老龄化社会，是世界上老年人口规模最庞大的国家，且我国老龄化呈现出规模大、程度深、速度快的特点 [1]。随着预期寿命和健康预期寿命不断延长，老龄人力资源开发潜力巨大。第七次全国人口普查数据显示，截至 2020 年我国 60 岁及以上人口中，60-69 岁人口占比 55.83%。低龄老年人口规模巨大，且大多拥有丰富工作经验、较高的技能水平以及较好的身体素质，属于活力老年人，是家庭和社会的重要资源。基于积极老龄化理念开发老年人力资源，不仅有助于丰富劳动力资源，释放老年人的人力资本红利，而且有助于老年人自身价值的实现，提升广大老年人的获得感、幸福感、安全感，培育和践行积极老龄观。

全球范围内就业平均年龄上升，但我国老年就业率、劳动参与率、社会参与率仍然较低。随着人口老龄化、高龄化以及老年劳动力涌入市场，全球就业平均年龄不断攀升。国际劳工组织（International Labour Organization, ILO）数据显示，世界劳动力平均年龄由 1990 年的 36 岁到 2030 年预计增至 41.2 岁，亚太地区的劳动力平均年龄增幅超世界平均水平，由 35.5 岁预计增至 42.1 岁。然而，在全球劳动力市场复苏疲弱、劳动力参与率逐年大幅下降、劳动力供给紧缩的背景下，老年人作为处于相对劣势的群体所面临的就业风险更高。我国老年人就业率持续走低，且存在显著的性别、城乡差异。调查数据显示，2010-2020 年老年人有酬社会参与比例逐年下降，年工作时间由 2011 年的 1384.98 小时下降至 2020 年的 1214.66 小时；相比于有酬社会参与，我国老年人的无酬社会参与率处于较高水平，仅 7% 的老年人不参与任何的无酬社会活动，但呈现出以家庭参与为主、无酬社会参与率总体下降等特点。如何提升老年就业率、劳动参与率、社会参与率，释放老年人力资本红利等问题亟待解决。

同时，我国老年社会参与存在不充分、质量低、不平等、风险高、无保障等挑战。研究显示，我国老年人有酬社会参与率处于较低水平且呈下降趋势。由于老年劳动者就业渠道单一、择业范围狭窄，难以做到人岗匹配，不

得不从事较为低端或技术含量低的工作，与宏观劳动力市场脱节[2, 3]。如何促进老年人进行充分且高质量的社会参与亟待解决。2022 年《中国劳动统计年鉴》显示仅不足 20% 的老年人通过劳动力市场引导或专业就业机构等途径获取再就业信息，老年人口就业呈现盲目无序、不规范、不确定等特征。且目前老年教育供需失衡以及与现代科学技术发展脱节，难以满足信息时代老年人生产性的再就业发展需求，无法服务于社会经济的发展。加之"老有所养"、老而无用论等传统观念使老年人在劳动力市场中竞争力较低[3]。而我国退休年龄相对过早，缺乏再就业支持政策和针对老年无酬社会参与的整体性和系统性法律政策，因此老年人社会参与面临不平等、高风险等问题而又难以得到相应的保障。

因此，亟需通过创新手段开发利用我国老年人力资源，提升老年人社会参与率和参与水平，促进"老有所为"、释放老年人力资本红利。

2. 时间银行是促进老有所为的创新手段

2.1 时间银行的概念

时间银行是一种帮助志愿者将志愿服务时间存入个人账户，在需要时取出换取他人服务的组织架构[4]。1973 年日本的旭子水岛组织成立的志愿义工网络被视为时间银行的雏形[4]。1980 年美国学者艾德加·卡恩正式提出"时间银行"的概念，将"时间美元"作为一种"社区货币"联结"时间"和"公益"，并系统总结了时间银行所提倡和践行的五种核心价值，包括资产、重新定义工作、互惠、社交网络和尊重[4]。截至 2011 年，时间银行已在全球三十多个国家和地区相继建立，共计逾 1000 家时间银行，其中美国有 500 家以上，英国超过 300 家，已初具规模且运行良好[3]。目前，国外时间银行的发展呈现出应用范围广阔、业务发展与制度化建设齐头并进、由社会组织主导、概念理论化和运营信息化的特点，为我国时间银行的发展提供了参考与经验[3, 5]。

2.2 时间银行在积极老龄化中的角色与功能

时间银行是一种志愿服务和养老模式的创新，广泛应用于互助养老、医

疗服务、社会救助、社区融合等，成为人口老龄化浪潮下提供助老服务和缓解老年照料压力的新思路，是积极老龄化的现实路径[5]。在第三次分配的大背景下，时间银行可推动公益事业发展，是助力打造共建共治共享的社会治理格局的重要平台和工具[6]。在老年照料需求不断扩大的趋势下，提倡老老互助是应对人口老龄化的重要新思路[5]。一方面，时间银行能够超越养老的空间限制，通过互助的方式提高老年人参与社区志愿服务的积极性，将传统意义上的养老服务对象转化为服务提供者；另一方面，时间银行是一种服务回馈、志愿激励的互惠机制，为居家老年人提供了更宽泛的服务获取渠道[7]。时间银行不仅可以满足个体的基本养老服务需求，还可以充分整合不同情境中的个体社会资源，是"老有所为"新形式的积极探索，可以强化老年人在老龄社会治理中的治理主体地位，提升社会治理效能[6]。

2.3 中国促进"老有所为"的政策支持体系演变

(1) 促进老有所为的宏观政策

　　2008 年中央精神文明建设指导委员会发布的《关于深入开展志愿服务活动的意见》肯定了老年人在志愿活动中的积极作用；此后，我国相继出台了老龄志愿服务与公益法律政策，形成了不同方面的法律政策支持。《中国老龄事业发展"十二五"规划（2011-2015 年）》提出要重视发挥老年人的积极作用，广泛开展老年人志愿服务活动，标志着老年社会参与大众化参与已经进入了新阶段。2019 年 11 月中共中央、国务院印发的《国家积极应对人口老龄化中长期规划》提出要强化应对人口老龄化的科技创新能力。2021年《中共中央国务院关于加强新时代老龄工作的意见》颁布，指出要鼓励发挥老年人在家庭教育、家风传承等方面的积极作用。《"十四五"国家老龄事业发展和养老服务体系规划》也明确提出，要加强老年人就业服务和促进老年人社会参与。这些政策强调将老有所为同老有所养结合起来，推进中国养老服务体系的进一步完善。

(2) 老年就业保障、社会参与保障制度

　　2015 年，中共中央《关于制定国民经济和社会发展第十三个五年规划的建议》出台渐进式延迟退休年龄政策；《关于 2016 年深化经济体制改革重点工作的意见》提出制定渐进式延迟退休年龄方案；《国务院关于印发国

家人口发展规划（2016-2030 年）的通知》中提出探索建立养老金长缴多得的激励约束机制。2017 年我国《"十三五"国家老龄事业发展和养老体系建设规划》提出，加强老年人力资源开发，建立老年人才信息库，支持老年人才自主创业，保障老年人在生产劳动过程中的合法收入、安全和健康权益等。2021 年《中共中央、国务院关于加强新时代老龄工作的意见》中明确提出探索适合老年人灵活就业的模式，深入开展"银龄行动"。相比于国际社会，我国需要更有力度的举措推动社会保障环境、老年群体就业环境、营商环境、老年就业意愿和能力等方面的改善。

（3）时间银行建设支持

时间银行在中国的蓬勃发展离不开有力的政策支持。在中央层面，2017 年国务院颁布《志愿者服务条例》明确提出志愿服务时间的记录和贮存。2019 年 3 月，民政部将"时间银行"纳入全国居家社区养老服务改革试点范围；同年 4 月，国务院办公厅出台的《关于推进养老服务发展的意见》中提出积极探索"时间银行"等；同年，《国家积极应对人口老龄化中长期规划》将"时间银行"承接机构到位率和储蓄率纳入 22 项"积极应对人口老龄化能力评价指标"。在地方层面，2019 年南京市政府印发《南京市养老服务时间银行实施方案（试行）》，明确在全市范围内构建"政府主导、通存通兑、权威统一"的时间银行运营机制；2021 年 3 月 1 日，修订后的《北京市志愿服务促进条例》正式实施，特别加强包括时间储蓄等的志愿者激励与保障措施。

3. 中国时间银行发展特点与经验探索

3.1 时间银行的本土化

我国人口老龄化、人口和家庭结构转变、养老功能弱化及志愿服务文化兴起等为时间银行在中国的本土化创造了机遇[3]。时间银行最早由中国老龄科研中心的工作者在马耳他参加学术交流会议后传入中国[8]。国内时间银行实践滥觞于上海并在近三十年里迅速发展，其发展历程可划分为三个阶段：萌芽期（1998-2007 年）、探索期（2008-2016 年）和快速发展期（2017年至今）[3]。诸多各具特色的时间银行实践衍生出内涵丰富的时间银行概念，

如"道德银行"、"爱心银行"、"公益银行"等，但这些概念的本质均包括了四个特质：志愿服务性、互助性、社区治理性和较高的组织制度性 [3,4]。

中国时间银行的本土化发展既借鉴了西方传统模式和经验，又深受中国社会制度、传统文化等的影响，形成了包括发展遵循党建引领、发展贴合时代文化、发展呈现政府主导和发展技术与日俱进的独具中国特色的发展特点 [3]。时间银行已成为推动社区治理的平台与工具，是实现共建共享的社会治理格局的可行路径 [6]。其功能主要体现为创建养老互助新模式、缓解养老负担的养老功能，引领志愿与互助新风尚、促进社会和谐的文化功能，提升大学人才德育培养和实践能力的教育功能以及整合社会力量、积累社会资本的社会治理功能 [3,4]。但我国时间银行当前发展仍存在功能定位模糊，理念发展较为迟滞、制度尚未健全，信用建设任重道远、运营管理薄弱，资源获取存在瓶颈、技术参与缺位，数字工具仍未普及等问题 [3,5,9]。如何构建中国特色时间银行理论和实践体系亟待进一步的探索与研究。

3.2 年轻老年人人力资源开发

年轻老年人人力资源指 60-69 岁的老年人口。我国年轻老年人具有规模庞大、健康预期寿命不断提高、受教育水平和社会经济参与意愿不断提高等特征，是国家人力资源战略中不可或缺的部分 [3,7,10]。但我国老年人力资源开发总体呈现利用率较低、行业覆盖面窄、技术性不强等特征 [2,10]。研究显示，社会参与是老年人力资源价值发挥的主要形式，目前我国老年人社会参与率较低。中国时间银行最成功和最广泛的探索应用是与社区结合的时间银行互助养老模式 [3]。时间银行中，年轻老年人成为老老互助模式的重要参与者，为老年人增权赋能，提高了老年人的社会地位，缓解了代际冲突，降低了养老负担和养老风险，实现了老有所为、老有所养，提升了年轻老年人的再就业率和社会参与率，有利于年轻老年人力资源的进一步开发及其资本红利的进一步释放 [2,3]。

3.3 数字化时代下的时间银行：利用技术手段拓展服务范围和效率

随着信息技术的发展和互联网普及，"数字化公益"是数字化时代公益发展的新趋势。时间银行将"时间"和"公益"挂钩 [11]，实现时间银行的

数字化、信息化以及科技赋能，促进时间银行智慧化管理，对提高公益资源配置效率，助力社会治理、民生建设及中国特色积极应对人口老龄化道路具有重大意义。北京大学人口研究所团队的研究显示，基于区块链和大数据技术，可建立跨平台、全国统一的时间银行需求数据库，构建一个公开、透明的志愿服务和公益资源配置平台，提升其运作效率[12]。时间银行的智慧化管理涵盖多环节，实现综合性技术融合。在服务需求识别环节，通过强化"区块链＋大数据"的应用实现数据整合，高效明确用户服务内容及延伸服务，并通过跨平台统一管理，解决信息孤岛和资源冗余问题；在供需匹配环节，将"区块链"技术融入志愿管理，可精简管理程序和公益资源整合，有利于供需平衡；在时间价值评定和时间积分管理环节，大数据技术的应用可减少争议，提高社会公平和公众认同。除此之外，以南京、上海、北京等地为代表的时间银行，创建了配套的网站平台、APP和微信小程序等网络平台，有利于实现时间银行的数字化、统一化、标准化管理[3]。数字信息技术的广泛应用不仅可提升时间银行的运行效率，而且可促进公众的社会参与，在一定程度上解决公益信任的问题。智慧科技赋能时间银行，提高供需匹配精准度，降低健康服务成本和运作效率，为老年人提供精准服务，助力积极老龄化。

4. 案例分析

4.1 上海市虹口区时间银行试点

上海市虹口区时间银行是以政府主导开发老年人力资源的典型案例之一，截至2021年，"时间银行"注册会员730名，累计发放843个时间币。虹口区年满60岁（女性可以放宽到50岁）到70岁，身体健康、能自理且有服务意愿的退休人士，都可通过"虹口区养老服务时间银行"微信小程序进行申请，申请通过后即成为会员。成为会员的低龄老年人根据小程序上发布的需求进行"接单多为高龄老年人提供相应服务。

（1）平台设计

"时间银行"共设两级平台，分别为区级层面的"总行"和街道层面的"分行"。"总行"负责制定服务项目、时长记录的规则及积分兑换标准等。

"分行"负责发动低龄老年人注册成为"时间银行"会员，帮助他们进行申请审批、信息录入、签订服务协议、服务质量评估及服务投诉处理等，以确保为高龄老年人开展机构居家、社区养老服务。此外，"分行"还需对享受服务的高龄老年人进行资格审查、信息录入，以及对服务内容进行确认，在此基础上，做好积分记录。

（2）运营机制

政府是运营支出的主要承担者，政府的经济效益在于应用长期积累下来的老年人需求数据，梳理出供给侧服务内容重点，节约财政支出。为保障试点工作的顺利开展，"时间银行"为服务提供者（低龄老年人）和服务对象（高龄老年人）购买人身意外保险。整体而言，"时间银行"项目由政府监管，包括老年人满意度的评价体系以及投诉等，生育和其他项目交由第三方，和日托机构、养老院对接资源，提供养老方案。每个社区都有志愿者，政府对其进行培训，考核后上岗。

（3）工作成效

当地时间银行的相关负责人对工作整体认可度较高，尽管这一工作因为初期制度的不完善和人员配备的不齐整给工作带来了一定困难，由此产生的首创性日常事务令各时间银行的负责人有些手忙脚乱，但这个重建现代社会信用体系的过程却令犬家生活十分充实，他们均认为这项工作是有意义的。在很多原先就投身于养老志愿服务队列的低龄老年人看来，通过"时间银行"小程序接单的方式是一份荣誉，一种新的动力，也是对他们付出的一种肯定。虹口区时间银行可以将较为简单的照料活动分配给低龄老年人来完成，与市场专业性较强的照护活动形成互补，并通过时间银行的平台将参与者的时间进行整合后再进行集中分配，时间银行可以在很大程度上改善不同个体在社会分工中的时间分配的分散和低效的问题，从而进一步优化人力资源的分配结构，弥补市场供给不足的问题。

4.2 高校时间银行实践：北京大学"全国时间银行调研"

通过对我国正在开展"时间银行"的部分机构或社区进行调研，围绕机构情况、运营状况、外部支持、记录通兑方式以及稳定性和可持续发展等方面，探究当前"时间银行"开展的现状、存在的问题、形成的特色与经验，

并提出时间银行可持续发展建议。2019-2023 年期间共开展了 4 轮调查。

(1) 方案设计

在全国范围内开展关于"时间银行"运营现状的调研，调研涉及 11 个省份中 12 个地市的机构或社区"时间银行"。期望基于对第一手资料的基本描述和分析，探究当前我国"时间银行"的开展现况、存在问题，并且试图挖掘各地市有力经验与发展特色。调研采用访谈法、实地调查等方法。调研主要围绕机构或社区的"时间银行"展开。访谈提纲参考了相关研究文献，最终确立了机构／项目基本信息、"时间银行"现状、"时间银行"运营方式与困难、"时间银行"运营支持与关系、"时间银行"记录与通兑方式、"时间银行"稳定性与可持续发展 6 大模块。围绕访谈提纲，调研员向机构／项目主要负责人、工作人员进行了访谈。所有访谈录音最终被转录为文本进行了后续的分析。

(2) 基本情况和主要发现

调研发现，"时间银行"的管理归属主要有以下五种类型：街道政府、社区居委会、社会组织、社区综合服务中心以及社区卫生服务中心。分析表明，"时间银行"人、财、物投入均存在不同程度匮乏，制约可持续发展；暂未搭建有效记录、存兑及信息共享平台；宣传度不够，社会对其存在认知偏差。基于实地调研结果和发现，提出可持续建议：形成政府主导、社会全面参与的联动机制；完善记录与存兑标准，逐步建立全国"通存通兑"机制；加强舆论宣传，营造"时间银行"志愿服务文化，增强"时间银行"社会影响力。

5. 未来展望：创新以时间银行助力积极应对人口老龄化的展望

5.1 健全法律政策体系支撑

进行时间银行早期探索的几个国家和地区，时间银行的发展均是由政府主导并自上而下进行推广管理。但在我国的时间银行本土化进程中缺乏宏观上的法律法规指引，均由各地方进行试点探索，机构与机构相互独立，具体的运营模式、管理制度均不一致，制约着时间银行的可持续发展。因此，有必要完善相关的法律法规，以健全的公共政策体系保障时间银行的顺利发展。

合法是主体行使权利与义务的基础，时间银行在实施过程中老要涉及三方主体，银行组织、服务提供者、服务接受者[13]。政府应该发挥主导作用对时间银行组织的合法性与职责、模式运行机制与管理体制、服务提供者与服务接受者的权利义务作出顶层设计[14]。基于政策文本的政府的行政主导，可以为时间银行的发展带来宝贵的资源，并且以政府的公信力作为时间银行模式的信任基石，提升公众对时间银行的认可度和参与度。

以目前的国情和时间银行发展水平来看，时间银行只能视为是对我国养老保障体系的补充，亟需政府积极引导并给予适当的支持。需要政府在发挥基本职能的基础上，加大对时间银行的扶持力度，优化政策环境；健全政府购买服务机制，激发时间银行承接政府购买服务的意愿和能力；积极培育和激发市场和社会的力量参与时间银行互助养老模式，促进多元主体共同提供志愿者服务[15]。

5.2 基于时间银行建立中国特色志愿服务体系

以时间银行等志愿服务方式作为应对老龄化社会挑战的途径在西方国家已经得到了初步的探索，在一些国家中也已经取得了一定的成功。但由于中国老年人口规模巨大，未备先老、未富先老等风险因素叠加，需要基于中国国情，充分借鉴国际以时间银行构建志愿服务体系的实践方案，立足中国现实需要，遵循中国式现代化的发展逻辑，凝结智慧推动建立中国特色志愿服务体系。

首先，中国特色志愿服务体系应当充分利用中国的文化优势和潜能。中国具有其独特的敬亲孝老的文化传统，中国志愿服务体系的建立应当充分考虑以家庭为单位，完善时间银行在家庭成员之间的存兑机制，充分利用家庭关系资源，通过中国传统文化中尊老、敬老的价值观念，促进家庭成员之间的相互支持，鼓励更多的年轻人参与到志愿服务中来，形成一个良性循环，促进家庭、社区的可持续发展。另外，时间银行推动建立中国特色志愿服务体系应该立足于代际视角。中国传统文化具有深厚的代际互敬互助的精神，时间银行等志愿服务不仅可以帮助老年人解决生活中的实际问题，还可以促进不同代际之间的交流和互动，增进彼此之间的理解和认同。

5.3 建立国际合作机制，分享时间银行在应对人口老龄化方面的成功经验和做法

从世界老龄化发展趋势来看，中国人口老龄化处于承上启下的位置，始于世界人口老龄化潮流自发达国家向发展中国家扩散的历史拐点。我国以时间银行积极应对人口老龄化的探索与实践，对人口基数相对较大、老龄化速度与经济发展不协调的发展中国家具有一定借鉴意义。同时，面对现代化、全球化背景下人口老龄化不可逆转的发展趋势，发达国家也仍处于老龄化、高龄化的人口结构与经济社会可持续发展的矛盾之中。为此，中国经验和智慧对于全球老龄问题治理也有参考价值，建立国际合作机制，分享与探索实践经验是拓展世界眼光，积极应对人口老龄化的题中之义，加强国际交流与合作，以时间银行积极推进志愿服务体系建设，共同应对人口老龄化，推动全球及地区老龄问题解决和人类社会发展[16]。

参考文献

[1] 席俊彦，张艳霞，林晓，等. 1990-2050 年中国人口老龄化对慢性非传染性疾病负担的影响 [J]. 中华预防医学杂志，2023, 57(5): 667-673.

[2] 郭奕冲，吴振东，闫晶宇，等. 从老龄化与人力资源开发视角看时间银行的发展 [C] //. 第三届北京大学老龄健康博士生论坛，中国北京，2018: 10.

[3] 北京大学中国红十字基金会. 中国时间银行发展研究报告 [R]. 北京：北京大学，2021.

[4] 陈功，黄国桂. 时间银行的本土化发展、实践与创新——兼论积极应对中国人口老龄化之新思路 [J]. 北京大学学报（哲学社会科学版），2017, 54(6): 111-120.

[5] 陈功，王笑寒. 我国"时间银行"互助养老模式运行中的问题及对策研究 [J]. 理论学刊，2020(6): 132-140.

[6] 陈功，索浩宇，张承蒙. 共建共治共享的社会治理格局创新——时间银行的可行路径分析 [J]. 人口与发展，2021, 27(1): 16-24.

[7] 陈功. "时间银行"助力构建老龄社会治理新格局 [J]. 国家治理，2021(39): 29-34.

[8] 陈功，杜鹏，陈谊. 关于养老"时间储蓄"的问题与思考 [J]. 人口与经济，2001(6): 67-73.

[9] 索浩宇，吴振东，陈功. "时间银行"：应对人口老龄化新模式的"忧"与"思" [C] //. 第四届北京大学老龄健康博士生论坛，中国北京，2019: 12.

[10] 王雪辉，宋靓珺，彭希哲. 退而不休：我国低龄老年人力资源特征及其开发利用的政策应对 [J]. 老龄科学研究，2019, 7(12): 35-47.

［11］吴振东，郭奕冲，吴梦甜，等. 论我国时间银行发展优势、原则与措施［C］//. 第三届北京大学老龄健康博士生论坛，中国北京，2018: 11.

［12］C. Z, W. Y, H. S, et al. Blockchain in the "Time Bank": Toward a Community-Oriented Public Interest Technology［J］. IEEE Transactions on Technology and Society, 2021, 2(2): 98-102.

［13］侯丽琴. "时间银行"模式下互助养老服务合同法律关系研究［D］. 天津商业大学, 2014.

［14］许聪, 吴飞. 时间银行 : 互助养老服务模式的可持续性选择. 南京工程学院学报（社会科学版）. 2018. 18(02):12-16.

［15］邢召鑫. 城市社区居家养老服务合作供给方式研究［D］. 贵州大学，2016.

［16］刘尚君，陈功. 中国式现代化背景下积极应对人口老龄化的理论与实践思考［J］. 人口与发展，2022, 28(06):7-11+6.

公的介護保険 20 年の実績と課題

中谷陽明

1. 介護保険制度の概要

　1997 年に制定され 2000 年から施行された公的介護保険制度は、わが国の社会保障制度の歴史の中でも大きな変革であった。そのねらいは、介護を社会全体で支え、利用者が必要なサービスを選択でき、家族から介護を解放し、介護のための移動や退職が強制されないことであった。

　公的介護保険制度は、社会保険方式による高齢者向けの介護サービスの提供の仕組みである（図1）。制度を運営する保険者は、市町村であり、複数の自治体が参加する広域連合の場合もある。被保険者は、65 歳以上の高齢者が第 1 号被保険者となり、40 歳以上 65 歳未満の医療保険加入者が第 2 号被保険者となる。保険の財源は、被保険者の保険料が 50 %、国、都道府県、市町村の公費が 50 %で賄われる。保険の給付は、要支援または要介護状態になった場合に（第 2 号被保険者はその原因が加齢に伴って生じる心身の変化に起因する特定の疾病に起因したものに限られる）、要支援者は予防給付サービス、要介護者は介護サービスが利用できる。サービスの利用にあたっては、介護支援専門員（ケアマネジャー）が、心身の状態の置かれている状況を踏まえ、適切なサービスが受けられるよう介護サービス計画書（ケアプラン）を作成することになっている。

図1　介護保険制度の仕組み

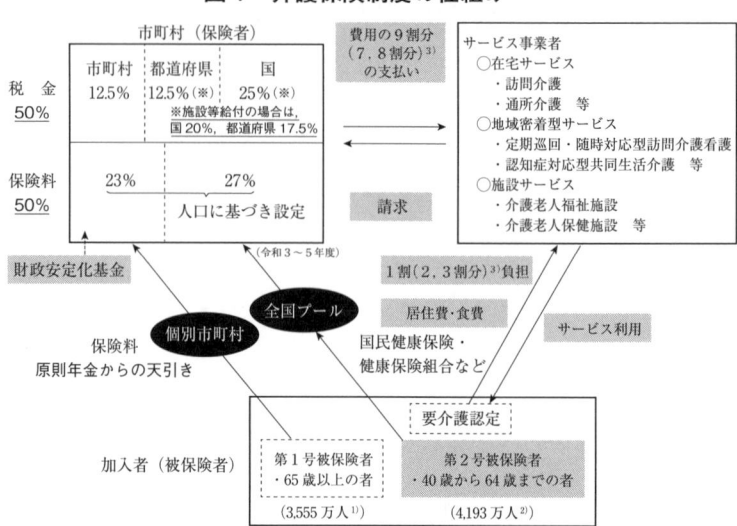

1)　第1号被保険者の数は，令和元年度「介護保険事業状況報告年報」によるものであり，元年度末現在の数である。
2)　第2号被保険者の数は，社会保険診療報酬支払基金が介護給付費金額を確定するための医療保険者からの報告によるものであり，令和元年度内の月平均値である。
3)　平成27年8月以降，一定以上所得者については，費用の8割分の支払いおよび2割負担である。平成30年以降，特に所得の高い層は費用の7割分の支払いおよび3割負担である。
出所：厚生労働統計協会（2023）をもとに筆者作成。

　被保険者がサービスを利用する際には、市町村の要介護認定を申請する必要がある。申請を受けた市町村は、認定調査を行い、介護認定審査会の判定を経て認定結果（要支援1・2、要介護1〜5）を通知する。認定結果を受け取った被保険者は、地域包括支援センターあるいは居宅介護支援事業所の介護支援専門員（ケアマネジャー）に相談、ケアプランを作成、指定サービス事業者に申込および契約、といった手順でサービスを利用することになっている。

2. 公的介護保険制度実施直後の効果

　公的介護保険制度実施直後の効果を検証するために、東京都下 A 市において介護保険制度開始直前の 1998 年と介護保険制度導入直後の 2002 年に収集したデータを用いて、介護保険制度導入前後の比較を行った（杉澤・中谷・杉原 2005）。比較するサービスは、介護保険制度が重要視している在宅高齢者向けのサービスの中で、主要な 3 つのサービス（ホームヘルプサービス、デイサービス、ショートステイサービス）の利用率を取り上げた。

　まずは、3 つのサービスの全体的なサービス利用率は、以下の通り。ホームヘルプサービスの全体の利用率は、1998 年調査が 19.8％で 2002 年調査が 34.5％と、10 ポイント以上利用率が増加している。デイサービスの全体の利用率は、1998 年調査が 20.9％で 2002 年調査が 31.7％と、ホームヘルプサービスと同様の利用率の増加がみられる。ショートステイサービスの全体の利用率は、1998 年調査が 22.7％で 2002 年調査が 26.3％と、これも利用率の増加がみられる。介護保険制度導入直後で、サービスを提供する事業者が充分に整備されていない状況にもかかわらず、3 つのサービスすべてで利用率が増加していることから、公的介護保険制度の導入は成功したといえよう。

　さらに詳しく利用率の増加をみるために、サービスが必要になる 3 つの要因（身体障害の程度、精神障害の程度、家族介護の支障）を用いて 8 つの分類のための類型を作成し、その類型別に介護保険制度導入前後の利用率の比較を行った。A～H の 8 つのカテゴリーは以下の通り。

　A：身体障害が「重度」（精神障害の有無、程度は問わない）かつ家族
　　　の支障が有り
　B：A 以外で、精神障害が「重度」かつ家族の支障が有り
　C：A、B 以外で、身体障害または精神障害が「中程度」かつ家族の支
　　　障が有り
　D：A、B、C 以外の障害全般が軽度の要介護高齢者かつ家族の支障が

図2　介護保険制度導入前後のホームヘルプサービスの利用率の比較

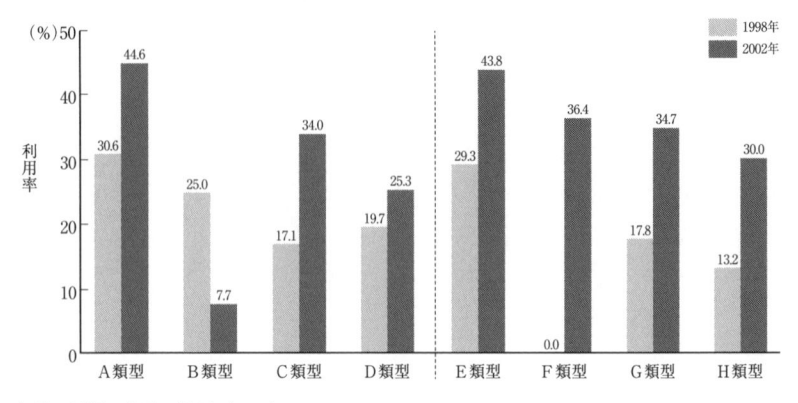

出所：杉澤・中谷・杉原（2005）。

　有り

E：身体障害が「重度」（精神障害の有無、程度は問わない）かつ家族の支障が無し

F：A以外で、精神障害が「重度」かつ家族の支障が無し

G：A、B以外で、身体障害または精神障害が「中程度」かつ家族の支障が無し

H：A、B、C以外の障害全般が軽度の要介護高齢者かつ家族の支障が無し

　ホームヘルプサービスの利用率の比較を図2に示す。なお、図2から図4において、図の中央にある点線より左側の類型（A～D）は、家族介護に支障のある類型で、点線の右側の類型（E～H）は家族介護に支障のない類型である。一般的には、点線の左側の類型の方が、右側の類型よりサービスが必要になると考えられ、サービスの利用率も高くなることが予想される。

　ホームヘルプサービスの利用率は、全体の利用率の増加を反映して、B類型［精神重度・家族支障有り］を除いた他の7つの類型では、介護保険制度実施後のサービス利用率が増加している。とくにF類型［精神重

図3　介護保険制度導入前後のデイサービスの利用率の比較

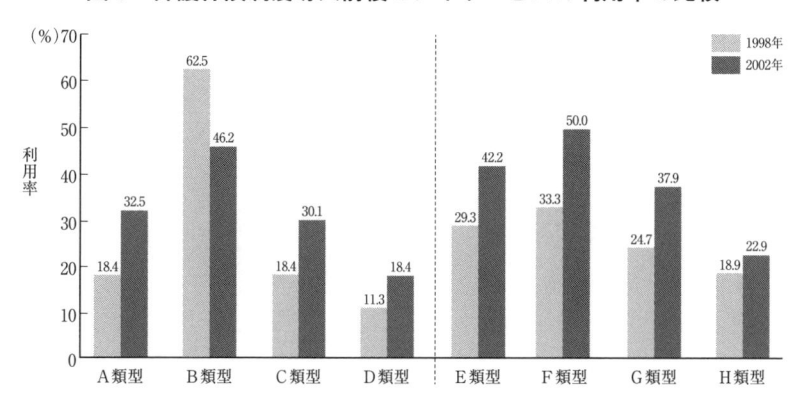

出所：杉澤・中谷・杉原（2005）。

度・家族支障無し］は、介護保険制度実施前は、ホームヘルプサービスの利用が全くなかったのに対して、実施後は 36.4％という利用率になっている。比較的身体能力が高い認知症高齢者、いわゆる「動ける認知症高齢者」の在宅介護のケースは、家族介護者の負担が高いと予想されるので、このようなケースでのサービス利用が増加したことは、介護保険制度の効果を評価できる。ただし、全般的に軽度の要介護高齢者を介護しているD 類型と H 類型の比較では、家族の支障がある類型の利用率より、家族の支障がない類型の方が利用率が高くなっているのは、介護保険制度のねらいとは、相反する結果となっている。近年になってたびたび指摘されている、軽度要介護者のサービス利用が増加して、介護保険制度の財政を圧迫しているのではないかという見方を裏付けるような兆候かもしれない。

　デイサービスの利用率は、ホームヘルプサービスと同様に、B 類型［精神重度・家族支障有り］を除いた他の 7 つの類型で利用率が増加しており、介護保険制度によってデイサービスの利用が促されたという効果があらわれている（図3）。ただし全般的には、ホームヘルプサービスの利用率を下回っている。これはおそらく、介護保険制度開始から 2 年ほどしか経過していないので、まだ地域でのデイサービスセンターの開設が、現在のようには進んでいなかったことが関連していると思われる。また B 類型

図4　介護保険制度導入前後のショートステイサービスの利用率の比較

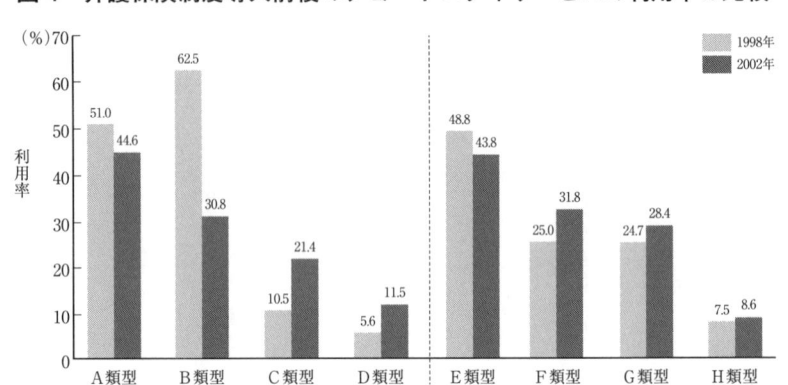

出所：杉澤・中谷・杉原（2005）。

［精神重度・家族支障有り］の利用率の低下については、介護保険制度開始以前に展開していた認知症高齢者専用型のデイサービスが、介護保険制度開始以後は、一般のデイサービスに統合して提供されるようになったことが影響しているのかもしれない。

　ショートステイサービスの利用率は、ニーズが高いと思われる身体障害や精神障害が重度の要介護高齢者の在宅介護のケース（A、B、E、F類型）では、利用率は同じ程度か減少しており、むしろ障害が中程度あるいは軽い要介護高齢者の在宅介護のケース（C、D、G、H類型）で、利用率が増加している（図4）。加えてB類型［精神重度・家族支障有り］で充足度が半減していることもあり、ショートステイサービスの利用についての介護保険制度の効果には、疑問を持たざるを得ない。

　以上のように、たしかに全体的にみれば、3種類の在宅サービスの利用率は増加しており、介護保険制度の実施により、要介護高齢者のニーズ充足度が向上したといってよいかもしれない。しかしながら、要介護高齢者の状況を8つの類型に分け、それぞれの類型における利用度を検証してみると、必ずしもすべての類型において一律に利用が増加しているわけではない。一部ではあるが、むしろニーズの充足度が低下した類型もみられた。

図5　要介護認定者数の推移

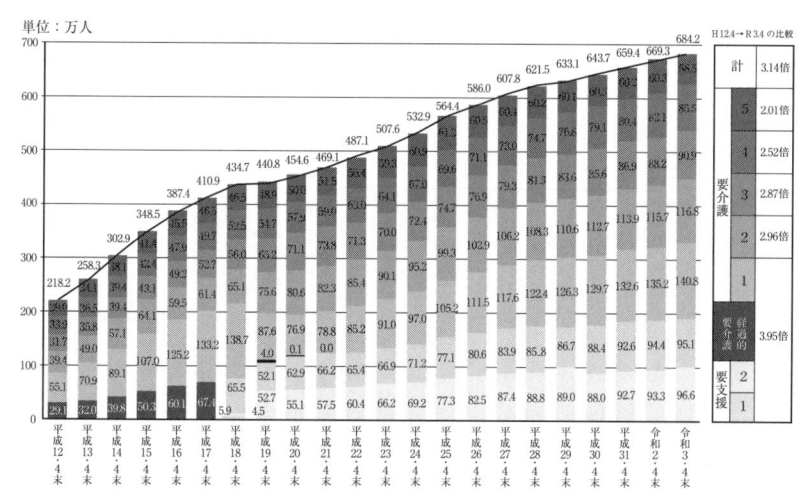

出所：厚生労働省社会保障審議会第 98 回介護保険部会参考資料。

3.　公的介護保険制度 20 年の実績

　第 1 号被保険者でもある 65 歳以上人口は、介護保険制度開始時の 2000 年の 2,187 万人（高齢化率 17.2 ％）から、2021 年には 3,640 万人（高齢化率 29.1 ％）と、1.7 倍に増加している。介護保険制度の 2000 年 4 月から 2021 年 3 月までの主な実績の推移は、以下の通りである。

　要介護認定を受け、要介護あるいは要支援に認定された者は、218 万人から 682 万と 3.1 倍に増加している。さらに、図 5 の要介護度別の認定者の推移をみると、最も介護度が重い要介護 4 や要介護 5 の増加の割合がそれぞれ 2.5 倍、2 倍程度であるのに対して、介護度が軽い要介護 2 は 3 倍、最も介護度が軽い要介護 1 と要支援を合計したものは、4 倍近くに増加している（厚生労働省社会保障審議会第 98 回介護保険部会 2022）。

　介護サービスの利用者の推移は、在宅介護サービス利用者は 97 万人から 2022 年度末には 407 万人と 4.2 倍に増加しているのに対して、施設介護サービス利用者は 52 万人から 96 万人と 1.8 倍の増加に留まっている。

図6　サービス別の費用額の推移

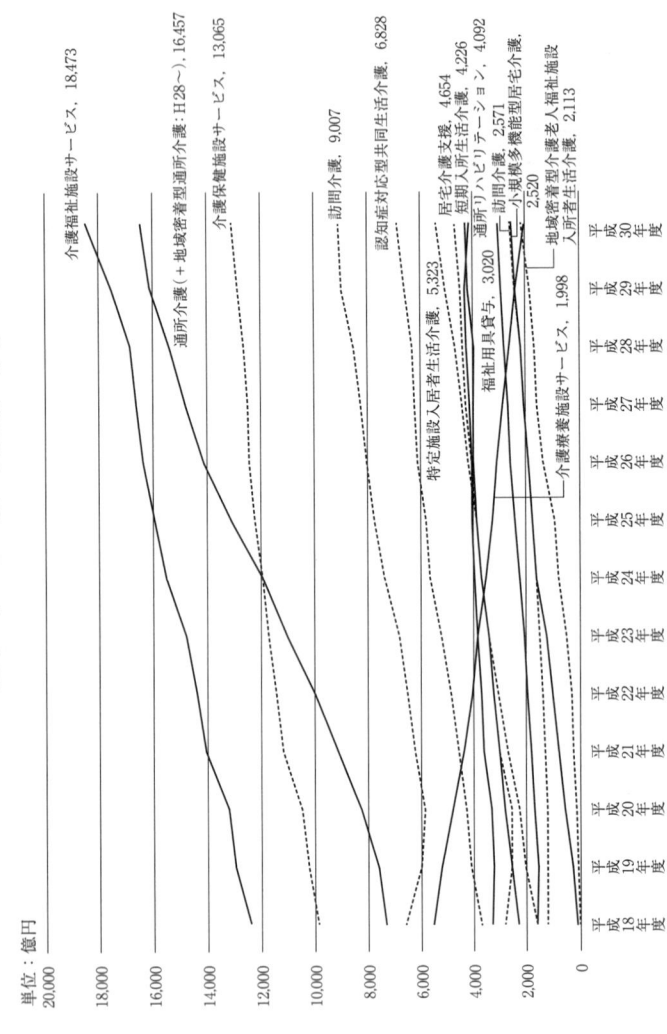

単位：億円

介護福祉施設サービス，18,473

通所介護（＋地域密着型通所介護：H28〜），16,457

介護保健施設サービス，13,065

訪問介護，9,007

認知症対応型共同生活介護，6,828

特定施設入居者生活介護，5,323

居宅介護支援，4,654

短期入所生活介護，4,226

通所リハビリテーション，4,092

訪問看護，3,020

福祉用具貸与，2,571

小規模多機能型居宅介護，2,520

介護療養施設サービス，1,998

地域密着型介護老人福祉施設入所者生活介護，2,113

出所：厚生労働省社会保障審議会第176回介護給付費分科会資料。

また、サービス提供に要した介護費用額も、介護保険制度開始当初は、施設サービスと在宅サービスの割合が 2 対 1 であったのが、制度開始 5 年を経過した時点で 1 対 1 となり、近年では、施設 1 対在宅 2 と逆転している。即ち、介護保険制度が重視してきた在宅の要介護高齢者へのサービスの充実は、着実に進展してきたといえよう（厚生労働省社会保障審議会第 176 回介護給付費分科会 2020）。

また、図 6 にみるように、サービス費用額は、施設サービスおよび在宅サービスともに、介護保険制度開始後は増加しているが、「介護療養施設（いわゆる老人病院）サービス」のみが減少している。施設サービスの費用額が在宅サービスの費用額に比べてその伸びが穏やかなのは、このことが影響しているのであろう。その反面、ホームヘルプサービス（訪問介護）やショートステイサービス（短期入所生活介護）の費用額は、年次とともに順調に増加し、中でもデイサービス（通所介護）の費用額は、急速に増加している。

4.　介護保険制度の課題

介護保険制度の課題の最も大きなものは、総費用額の増大であることに異論はないと思われるので、ここでは、この課題に絞って検討を行う。

介護保険制度の総費用額は、制度開始初年度は 3.2 兆円であったものが、10 年後には 2 倍超の 6.6 兆円となり、現在は 3 倍超の 10 兆円を超えている。こういった財政を支えるために、65 歳以上の者が支払う保険料も、制度開始当初は 3,000 円程度だったものが、2 倍の 6,000 円程度に増加している（厚生労働省社会保障審議会第 92 回介護保険部会 2022）。さらに、介護保険財政の 50％は公費で支えられているので、公費投入額も当然増加している。

2000 年の制度開始直後から、介護保険の財源確保を目的とした見直しや提案は、継続して行われてきた。たとえば、開始 5 年後の 2005 年に行われた改正は、現在の介護保険制度の仕組みに引き継がれている。しかしながら、このような見直しの効果は部分的にしか見られなかったことから、

2022年5月に、国の財政を担当している財務省から、介護保険制度改正のいくつかの提言が示された（財務省財政制度等審議会2022）。その中の一つで、財政的にだけでなく介護保険制度利用者にもインパクトが大きいものが、現在の要介護1および2の要介護認定を受けている要介護高齢者を、介護保険制度の枠組みから外すという案である。外すということは、直ちにサービス利用ができなくなるということではなく、すでに制度化されている、介護保険とは別立ての制度である「介護予防・日常生活支援総合事業（いわゆる総合事業）」に移行するという案である。

　要介護1・2を、本来の介護保険制度には該当しないとするということは、軽度の要介護者を制度から除外するということである。この軽度要介護者の問題は、おそらく介護保険制度の制度設計の段階から、かなり検討されていたと思われるが、とりあえずは、制度の対象を広く捕らえることを重視して、軽度要介護者を含む形で制度が開始された。しかしながら、早くも5年後の2005年の改正では、軽度要介護者をターゲットにした改正が行われている。一つは、軽度要介護者を対象としたサービスを「予防給付」という名称にしたことで、もう一つは、将来を見据えて軽度要介護者の受け皿となるような「地域支援事業」を新設したことである。実際に、財務省は、要介護1・2に提供するが提言している総合事業は、地域支援事業を発展させたものである。

　以上のように、介護サービスを提供する社会保険制度に、比較的軽度の支援を必要とする高齢者を含めたことから、財政的な課題を抱えたまま出発した介護保険制度は、現在大きな岐路に立っているといえよう。この間に国も、保険料を支払う年齢を40歳以上から20歳以上にする案などを検討したようであるが、実現には至っていない。軽度要介護者に対してサービスを提供すること自体は良いことであり、とくにサービスを利用している利用者にとっては、生活に不可欠なサービスとなっている場合も少なくないであろう。そうであるからこそ、今回の財務省からの提案である軽度要介護者を介護保険制度から除外する案は、簡単には実現するとは思えない。

参考文献

厚生労働省社会保障審議会第 176 回介護給付費分科会資料、2020 年（https://www.
　　mhlw.go.jp/content/12300000/000608284.pdf）。

厚生労働省社会保障審議会第 92 回介護保険部会参考資料、2022 年（https://www.
　　mhlw.go.jp/content/12300000/000917423.pdf）。

厚生労働省社会保障審議会第 98 回介護保険部会参考資料、2022 年（https://www.
　　mhlw.go.jp/content/12300000/000992873.pdf）。

厚生労働統計協会編『国民の福祉と介護の動向 2023/2024』厚生労働統計協会、2023
　　年。

杉澤秀博・中谷陽明・杉原陽子編著『介護保険制度の評価──高齢者・家族の視点か
　　ら』三和書籍、2005 年.

財務省財政制度等審議会『歴史の転換点における財政運営』2022 年（https://www.mof.
　　go.jp/about_mof/councils/fiscal_system_council/sub-of_fiscal_system/report/zai-
　　seia20220525/01.pdf）。

中国长期护理保险制度的探索和发展

中国の長期介護保険制度の模索と発展

周　雲　　央金拉姆

【日本語の要約】東アジアの日本と韓国が長期介護保険制度を確立したことに続き、中国も 2013 年から様々なルートを通じて中国独自の長期介護保険制度の確立を模索し、推進してきた。現在まで、中国においては国家レベルでの制度はまだ確立されていないものの、いくつかの関連政策が打ち出されている。これらの政策は、長期介護保険の加入対象と保障範囲、資金調達および給付金の支払いに関するいくつかのマクロな規定を定めている。国は一部の試験地域において、長期介護保険制度の確立と運営の試みを奨励している。全国的に見ると、長期介護保険の加入者数は増加しており、利用者数も着実に増えている。また、長期介護保険基金の収入は常に支出を上回っている。試験地域では、長期介護保険制度が高齢者の老後生活に一定の保障機能を果たしている。試験地域における制度構築過程での経験と教訓は、全国統一または独自の長期介護保険制度の創設に有益な根拠となるだろう。

由于人口结构的变化、寿命的延长、社会经济的发展，人口老龄化程度高的国家会面临更多针对老年人长期护理的问题。长期护理制度的建立成为这些国家发展的重点。长期护理（简称"长护"）制度包括制度的管理、可持续资金的提供、长护信息／监管／评估的提供、长护劳动力队伍的建设、照料服务的提供以及照料手段的创新／研究（WHO，2021）。长期护理保险制度是长期护理制度建设中的重要一环；在老龄化背景下，长期护理保险制度中的保险主要是指针对更有照护需求的老年人护理的保险。有关长期护理保险制度，远在欧洲的德国于1994年制定、1995年实施了《长期护理法案》，根据这一法案，所有医疗保险投保人都要参加护理保险；投保人和雇主分担保险费用。保险具有不考虑个人财务状况，面向全民覆盖家庭护理和机构护理服务的特点（戴卫东，2007；和红，2016；原新、刘绘如，2019）。近在东亚的日本则于2000年开始了日本的护理保险制度，投保人为40岁以上的日本人，参保为强制性和义务性的；保费由个人、地方和中央政府三方共同按照一定比例缴费；使用时个人需要支付一定的服务费用（尹豪，2000；周云，2000）。韩国紧随日本，于2008年确立了韩国长期护理保险制度。韩国的护理保险制度强制要求18周岁及以上全体公民参保，所有医疗保险参保人都是长期护理保险制度的参保者；缴费是在医疗保险费的基础上加收，比例自2008年在不断地上升调整，但还没有超过7%（高春兰、班娟，2013；周四娟、赖金蝉、原彰，2021）。相比东亚的日本和韩国，中国目前还未建有全国性长期护理保险制度，但一些省市自2012年开始尝试建立地区性的长期护理保险制度，为在中国全面形成国家护理保险制度提供经验。本文将根据现有文献和资料，重点讨论中国在护理保险制度建设方面的探索和发展，包括对制度层面建设背景、制度细节和特点、制度成效等方面的讨论。文章重点更多放置在长期护理保险制度，而非纯粹保险议题的讨论。

1. 中国地域性长期护理保险制度的建设背景

当老年人中需照料人群的增加和人们对照料现实有清醒认识，就会促使社会开发新的能够适当弥补需求与照料之间裂隙的社会产品。中国的长期护理保险制度则是在这样的背景下逐步探索和建立的。

1.1 概念说明

"长期护理"通过字面含义可知，首先涉及护理，是对个体进行所需要的照护；其次是时间上的确定，这种护理所需的时间往往是长期的。世界卫生组织曾利用不同场合说明"长期护理包括了一系列为已经或面临失去因精神或躯体疾病和残疾带来基本能力丧失的个人提供个人、社会、医疗的服务和支持，帮助个体能够保有和其权利和自尊相符的一定程度的功能能力"[1]。也提及这种照料会是相当长的一段时间的照料；照料会由亲朋或专业人员提供。长期的特征是由接受照料者的精神身体状况所决定，被照料者的需求也决定了照料提供时间的长短。但具体多长时间，世界卫生组织并没有给出明确的说明。

基于个体的长期护理需求，很多国家都建立了长期护理制度（Long-term care system）。"长期护理制度"被定义为"保证整合长期护理的国家制度；是对老年人和照护者合适、能负担得起、可利用的、并能维护他们的权利的制度"（WHO，2021）。为维持长期护理制度的运转，资金是一个绕不过去的议题。特殊的长期护理保险（Long-term care insurance）可看作为资金补充和稳定的一种方式。这类保险可分由政府主导的社会保险，也可以是以盈利为目的的商业保险。本文所讨论的是国家主导的社会长期护理保险。根据中国政府，"长期护理保险"主要是指"以社会互助共济方式筹集资金，为长期失能人员的基本生活照料和与基本生活密切相关的医疗护理提供资金或服务保障的社会保险制度"[2]。据此，中国政府在努力尝试和建立适合中国国情的长期护理保险制度。

1.2 制度建立的人口社会因素背景

在中国，长期护理保险制度的动议和建立极有必要。有学者认为中国长期护理保险制度产生的诱因是中国人民健康保险股份公司 2006 年出台的"全无忧长护险"、国外出现长期护理保险、中国老年人护理需求的增加、老年健康保险市场的遍地开花以及健康保险专业技术和管理技术的成熟（戴卫

1）　本项研究得到教育部人文社会科学重点研究基地重大项目"中国人口长期均衡发展关键问题研究"（22JJD840001）的支持。

2）　Long-term care（who.int）（2024-4-20）

图1　中国老年人口比例的变化（%），1970-2020

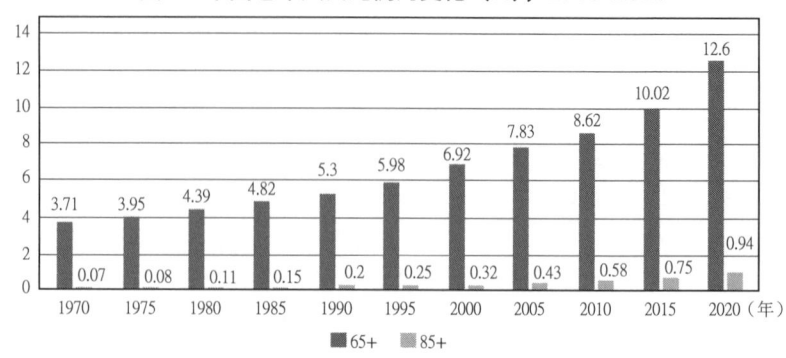

资料来源 :United Nations, Department of Economic and Social Affairs, Population Division (2022). World Population Prospects: The 2022 Revision, custom data acquired via website

东，2012）。但究其根本因素，则更多的是人口老龄化和老年人口照料需求的考虑。人口结构的变化、老年人口规模的扩大、需照护人口的增加、照护人手的不足都促使中国社会认识到并逐步承担起自己的责任。

中国人口的结构在过去50年间发生了天翻地覆的变化。首先是老年人口总量和占总人口中的比例在发生变化（图1）。2023年末，中国65岁及以上老年人口突破2.17亿，占总人口的15.4%。这一比例在过去的50年间发生了巨大变化。2000年65+老年人口直逼7%，基本成为联合国对老龄人口定义的国家。进入老年人口社会的20年以来，老年人口的比例增加了1.8倍之多。85岁及以上老年人的占比也随之提高。尽管目前85+以上老年人口不到总人口的1%，但其增长速度不容忽视。

这种变化不单是人口结构的变化，更是生育水平的下降和人口平均预期寿命提高的结果。中国总和生育率从1970年代的6个多子女降至当前的1.28个（图2）。这其中有中国1980年代计划生育政策的推行和个体生育意愿下降以及生育动力不足的因素。如今，中国已经从担心人口发展过快转向了担忧人口减少和发展不均衡。毕竟个体的生育是整个人口和社会发展的基石。生育水平不断下降至过低水平是国家和社会不愿意看到的现实，但平均预期寿命的提高则是国家努力的目标。目前，中国人口的平均预期寿命已经

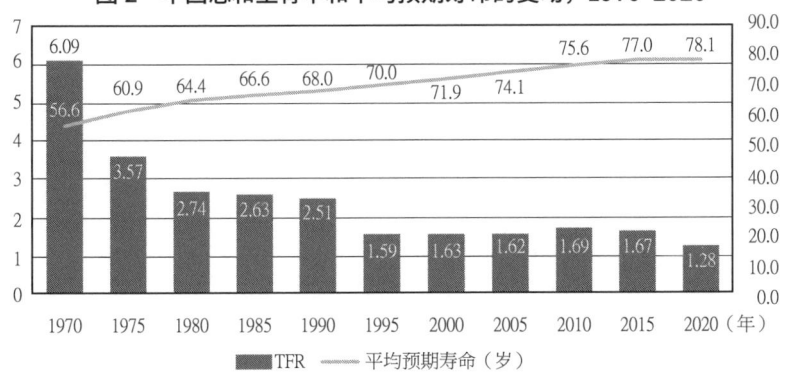

图 2　中国总和生育率和平均预期寿命的变动，1970-2020

资料来源：United Nations, Department of Economic and Social Affairs, Population Division (2022). World Population Prospects: The 2022 Revision, custom data acquired via website

增加到 78.1 岁（图 2）；与中国自身相比，这一数字的增加是国家严格控制死亡率、提高人民健康水平的结果。生与死这两个因素，是促使中国人口老龄化程度增加的直接影响因素。在预期寿命稳定且逐步增加的现实下，改变人口年龄结构的主力压在了生育水平的提高。然而，环顾世界，低生育水平国家（如日本和韩国）提高生育水平的各种努力并没有带来明显的生育水平的改变。

　　总和生育率的下降，在家庭层面意味着父母拥有子女数的减少。而子女数的减少反过来又影响到老年父母晚年家庭中照料人手的多少。尽管 2010-2020 年间中国老年人口的预期寿命、自评健康预期寿命和生活自理预期寿命都出现了增长趋势，不健康存活时间和带残存活时间都有所下降（张文娟、付敏，2022），但老年是一个疾病或残障高发阶段。尽管残障发生的时间会被推后或压缩，但大概率会发生在老年期，因此照料患病和残障老年人是许多家庭面临的议题。然而中国家庭户的结构开始不支持老年人居家养老的模式，更多老年人主动或被动独居。2010 年人口普查数据显示，老年家庭的空巢比例接近 40%，65+ 老年人口的家庭户户数占总户数的 22%；80+ 老年人（独老或老年夫妇）独立生活的比例高达 34%（胡湛、彭希哲，2014）。有研究发现 1991-2015 年间，1990 年代初老年人与子女同住的比例处于高

位（80%），之后开始迅速下降；分城乡不同住的比例在 30%-50% 之间（李婷、胡文波，2021）。人们同住并不一定因为要照顾家中老人。2007-2010 年江苏省的调查发现人们代际间居住模式仍以同住为主流（城乡均在 60% 以上），同住的原因更多是因抚幼需求而非养老需求（王磊，2013）。然而 1998 年时 80 岁以上高龄老人仍以与后代生活在一起为主流，有无儿子更决定了高龄老人是否与子女同住（郭志刚，2002）。在高龄老年人人群中，与子女同住可获得更多日常和健康照料。

　　以上中国人口社会因素的简单分析说明，当今的家庭依旧是老年人获得照料的场所、家人依旧是照料提供的主力。然而，面对人口结构的变化、老年人寿命更长的现实，许多家庭在照顾有需求老年人时面临人手、经济和精力不足的现实。如何减轻家人照料负担、补充社会资源已经是一个不可回避的问题。

2. 中国长期护理保险制度层面的建设过程

　　在中国，长期护理保险被称为是继养老保险、医疗保险、失业保险、工伤保险和生育保险"五险"之后的第"六险"。"五险"中除医疗保险由国家医疗保障局管理外，养老保险、失业保险、工伤保险、生育保险均由人力资源和社会保障部协调管理。处于起步阶段的中国长期护理保险制度最初更多是在人力资源和社会保障部的组织和协调下开展；而目前责任方确定在国家医疗保障局。中国对长期护理保险制度的探索是社会面对人口老龄化社会责任提升的具体体现。

　　中国长期护理保险制度的探索和地区性制度的建立是一个循序渐进的过程，国家在政策方面的推动以及工作目标的制定极大促进了这一制度的发展。首先，中国政府通过国家政策推动各试点地区试行这一社会保险。自 2013 年，政府通过不同渠道探索和倡导这一制度建立的可能。表 1 列出了 2013 年以来有关长期护理保险制度的相关政策的出台时间、政策名称、政策制定方以及政策提出的相关任务。由此说明，2013 年时中国还没有考虑建立由国家主导的长期护理保险制度。但在国家的第十三个五年规划（2016-2020）中开始考虑积极应对人口老龄化，包括"建设以居家为基础、社区为依托、

机构为补充的多层次养老服务体系，推动医疗卫生和养老服务相结合，探索建立长期护理保险制度"[3]。但制度的建立始于试点地区对这一新型护理保险制度的探索。试点地区逐步增加；制度负责单位也越来越明确。自 2018 年，国家对政策中提及的工作任务做了具体负责部门的说明。例如在 2018 年的政策文件中长期护理保险制度的探索与建立由国家医保局负责；2019 年的政策则明确指出相关责任单位依次排序是民政部、财政部、卫生健康委、市场监管总局、医保局、银保监会、中国残联，要求这些部门按职责分工进行负责。

表1　中国针对长期护理保险制度的国家相关政策

发布时间	政策名称	政策制定方	相关任务
2013.9	关于促进健康服务业发展的若干意见 [4]	国务院	积极开发长期护理商业保险以及与健康管理、养老等服务相关的商业健康保险产品
2015.10	中共中央关于制定国民经济和社会发展第十三个五年规划的建议 [5]	中共中央委员会	提出探索长期护理保险制度
2016.6	关于开展长期护理保险制度试点的指导意见 [6]	人力资源社会保障部办公厅	选择 14 个省市做试点，计划用 1-2 年时间，探索建立为长期失能人员的基本生活照料和医疗护理提供的社会保险制度（确定 15 个试点城市）
2018.8	国务院办公厅关于印发深化医药卫生体制改革 2018 年下半年重点工作任务的通知 [7]	国办发	探索建立有国家医保局负责的长期护理保险制度
2019.4	国务院办公厅关于推进养老服务发展的意见 [8]	国办发	加快实施长期护理保险制度试点，推动形成符合国情的长期护理保险制度框架
2020.9	《关于扩大长期护理保险制度试点的指导意见》[9]	国家医保局／财政部	增加长期护理保险试点省市至 49 个

资料来源：根据中国国家政府网站信息整理，具体来源见所标注的脚注。

出于慎重、借鉴和逐步建立制度的考虑，2016 年开始仅仅在试点地区

---

3)　人力资源社会保障部办公厅关于开展长期护理保险制度试点的指导意见 _ 部门政务 _ 中国政府网（www.gov.cn）（2024-4-20）

授权发布：中共中央关于制定国民经济和社会发展第十三个五年规划的建议 _ 滚动 _ 中国政府网（www.gov.cn）（2024-4-30）

五年规划是指自 1953 年开始的中国国民经济和社会发展五年规划。

展开制度建设的尝试。试点区域不断扩大，由 2016 年的 14 个省市，扩大至 2020 年的 49 个城市。有的市，仅有部分区域参加（如北京市的石景山区）；有的市是市全域参加。有的省，只有一个城市参加试点；而有的省则有多个城市参加，例如吉林省和山东省。山东省参与的城市个数最多，其中就包括了青岛市。

其次，长期护理保险制度的建立是政府的一项重要工作。近几年每年公布的政府工作报告针对当年的工作任务，都频繁出现长期护理保险制度的内容[10]。例如，"... 改革完善医养结合政策，扩大长期护理保险制度试点…"（2019）；"促进医养康养相结合，稳步推进长期护理保险制度试点"（2021）；"优化城乡养老服务供给，支持社会力量提供日间照料、助餐助洁、康复护理等服务，稳步推进长期护理保险制度试点，鼓励发展农村互助式养老服务，创新发展老年教育，推动老龄事业和产业高质量发展"（2022）；"推进医养结合，稳步推进长期护理保险制度试点"（2023）；在加强社会保障和服务下，要求"推进建立长期护理保险制度"（2024）。

由此可见，政府在不断推动长期护理保险制度的建立。然而至今为止，与其他国家相比，中国还没有国家层面、仅有地区性的长期护理保险制度。各地的制度都应对的是中国人口老龄化和老年人的照料需求。若仅看本文开篇提到的几个国家，我们发现，所有国家的长期护理保险制度都是在本国出现人口老化、老龄化程度相对高时出台。日本、德国和韩国开始长期护理保险制度时 65 岁以上老年人占比均达到 10% 以上，分别为 17.4%、15.5%

---

4)　国务院关于促进健康服务业发展的若干意见 __2013 年第 30 号国务院公报 _ 中国政府网（www.gov.cn）

5)　中共中央关于制定"十三五"规划的建议 _ 滚动 _ 新闻 _ 中国政府网（www.gov.cn）（2024-4-30）

6)　人力资源社会保障部办公厅关于开展长期护理保险制度试点的指导意见 _ 部门政务 _ 中国政府网（www.gov.cn）（2024-4-30）

7)　国务院办公厅关于印发深化医药卫生体制改革 2018 年下半年重点工作任务的通知 深化医药卫生体制改革 2018 年下半年重点工作任务 __2018 年第 25 号国务院公报 _ 中国政府网（www.gov.cn）（2024-4-30）

8)　国务院办公厅关于推进养老服务发展的意见 _ 国务院文件 _ 中国政府网（www.gov.cn）（2024-4-30）

9)　国家医保局 财政部关于扩大长期护理保险制度试点的指导意见 _ 国务院部门文件 _ 中国政府网（www.gov.cn）（2024-4-30）

10)　中国政府网站内搜索（www.gov.cn）（2024-5-5）

图 3 各国进入人口老龄化社会至建立长期护理保险制度时间线

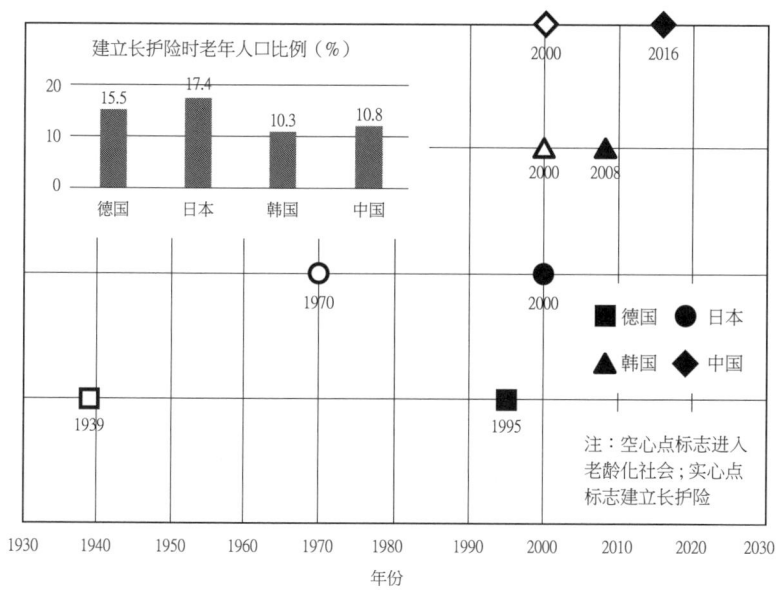

资料来源（图 3）：中国，http://data.stats.gov.cn/easyquery.htm?cn=C01；
1950 年代之后日本、韩国和德国，http://population.un.org/wpp/Download/Standard/Population/；
德国 1939 年，http://www.bib.bund.de/DE/Fakten/Fakt/B15-Altersgruppen-Bevoelkerung-1871-Vorausberechnung.html

和 10.3%，但其进入老龄化社会的时间却相差很多（图 3）。德国早在 1950 年代之前就已进入老龄化社会，1950 年时其老年人口已占总人口的 9.5%。德国联邦统计局（BiB）更早资料显示德国在 1939 年时其 65 岁以上老年人口已经占到 8%[11]，达到 7% 的比例年份应该更早。日本在 1970 年前后、韩国是在 2000 年进入人口老龄化社会。韩国是在进入老龄化社会后 8 年就开始了长期护理保险制度，而日本则等了 30 年才建立，德国更是等了 56 年之多才开始。这说明各国长期护理保险制度准备所用的时长，谨慎应对老龄化社会的程度以及借鉴其他国家经验教训的可能各有不同。越晚建立长期

---

11) 德国联邦人口研究所 https://www.bib.bund.de/DE/Fakten/Fakt/B15-Altersgruppen-Bevoelkerung-1871-Vorausberechnung.html（2024-6-6）

护理保险制度，越可能从其他国家借鉴更多有益信息，避免少走弯路。中国与韩国同年，在 2000 年进入的老龄化社会，但中国晚于韩国，仅限在部分地区尝试建立长期护理保险制度。

3. 中国长期护理保险制度的核心政策

根据政府现有政策，长期护理保险制度在参保对象和保障范围、资金筹资和待遇支付方面均有一些宏观规定（2016 年、2020 年）。各地可在此基础上按自身经济发展和制度安排做地区性的具体安排。基本宏观政策主要规范及引导各试点地区规定参保人员范围、吸纳资金渠道、支付服务范围以及支付程度方面，表 2 对此进行了简单归纳。表中的信息显示，1）国家政策是在平稳地推进这一制度在各地的开展，并未出现政策导向起伏的现象。2）针对参保人员，目前基本是从职工基本医疗保险参保人群做起，一些试点地区在逐步扩大参保人员的范围。在保险资金方面[12]，政府建议试点地区需要科学确定筹资水平，倡导互助共济、责任共担的多筹资渠道。建立责任均衡的独立筹资渠道，强调单位和个人按照 1:1 的比例，共同承担缴费。针对困难人群，可通过财政等渠道适当予以缴费资助，不让困难人群因支付困难而被排斥在保险制度之外。3）对支付人群，政策明确规定了所需照护状态是已持续 6 个月以上的参保人群，经过个人申请、对失能状况的评估，享受基本护理费用的部分资金支持。这部分资金来自利用参保人员及其单位所收缴费用建立、单独建账和单独合算的长期护理保险基金。支付水平因不同的护理等级、护理提供方式而有所差异（如机构护理、居家上门护理、社区日间护理），更多鼓励利用居家和社区护理服务。但国家要求基金支付水平总体要控制在 70% 左右。

中国政府针对长期护理保险制度有国家层面的考虑。在国家难以全面铺开这一保险制度的情况下，明确国家的核心政策，在保险制度的基本政策、管理服务和组织实施方面给予试点地区更多政策指导，也允许各试点地区有自己的创新发展。为长期护理保险制度在中国的发展提供更多的地方经验。

---

12) 国家医疗保障局 政策解读《关于扩大长期护理保险制度试点的指导意见》政策解读（nhsa.gov.cn）

表 2　中国长期护理保险制度核心政策细节归纳

时　间	参保对象	保障范围	资金筹集	待遇支付
2016	原则上主要覆盖职工基本医疗保险参保人员，可逐步扩大范围	长期处于失能状态（经医疗／康复机构规范诊疗、失能状态持续6个月以上）的参保人群的生活照料及相关的医疗护理费用	以单位和个人缴费为主，两má缴费原则上按同比例分担。	按护理等级、服务提供方式等做差别化待遇支出；基金支付水平总体上控制在70%左右
2020	同上	同上。但重点解决重度失能人员基本护理保障需求、优先保障符合条件的失能老年人、重度残疾人	同上	同上

资料来源：作者根据《人力资源社会保障部办公厅关于开展长期护理保险制度试点的指导意见》(2016)、《国家医保局 财政部关于扩大长期护理保险制度试点的指导意见》(2020) 归纳整理

鉴于文章篇幅，在此我们没有更多讨论长期护理保险制度的管理服务和组织实施方面的内容。

4. 中国长期护理保险制度的成效

评价一项政策甚至一个制度的成效可有多种进路。最近发表的一些研究例如，基于调查或文献的针对各试点地区长期护理保险制度的横向比较分析的研究（高春兰，2019；张盈华主编，2019；杨波，2022）。更多侧重保险角度，讨论中国构建长期护理保险制度的应然模式、法律关系、收支运作、纠纷化解以及监督管理问题的专著（武亦文等，2022）。有研究从制度运行体系化、减轻失能家庭负担、养老体系的完善程度、受益人群的变化、民众满意度、医疗资源的配置优化的角度评价长期护理保险制度的效果（彭荣，2022）；从降低老年人失能风险、减轻老年人本人及家庭经济负担、满足多样化护理需求以及减轻医保压力的角度做评价（邵文娟，2019）。也有研究通过对长期护理保险制度的保险财务状况的分析，评估这一制度的可持续性（和红，2022）。本文则主要从参保人员和资金积累的变化来做分析。参保人员的增加和资金积累的增长可说明或证明这一制度的推广力度、受欢迎程度以及制

表3　中国长期护理保险制度参保人数和缴费收入的变化

年　份	参保人数 （万人） （1）	利用人数 （万人） （2）	占比 （%） （3）	基金收入 （亿元） （4）	基金支出 （亿元） （5）	占比 （%） （6）
2017	4468.7	7.5	0.17	31.0	5.8	18.71
2018	7691.0	27.6	0.36	170.5	82.7	48.50
2019	9815.2	74.7	0.76	176.9	112.0	63.31
2020	10835.3	83.5	0.77	196.1	131.4	67.01
2021	14460.7	108.7	0.75	260.6	168.4	64.62
2022	16990.2	120.8	0.71	240.8	104.4	43.36

资料来源：2017-2019 资料来自 2021 中国长期护理保险行业政策及参保情况分析：试点城市不断增多 (baidu.com)。2020-2022 年资料来自国家医疗保障局 统计数据 2020 年全国医疗保障事业发展统计公报 (nhsa.gov.cn)；国家医疗保障局 统计数据 2021 年全国医疗保障事业发展统计公报 (nhsa.gov.cn); 2022 年全国医疗保障事业发展统计公报 _ 部门动态 _ 中国政府网 (www.gov.cn)。表中的占比资料由作者计算得出。

度支付服务的能力。2020 年中国扩大长期护理保险制度试点地区后的当年，国家医疗保障局开始公布参保人员和基金收入等相关信息；之前的资料则由北京智研科信咨询有限公司测算（表3）。从参保人数看，2017 年开始有 4400 多万人，之后每年均有所增加。但 2020 年的增加人数明显不及上一个年度。可能因新冠疫情冲击了许多正常工作有关。2022 年参保人数已经达到近 1.7 亿人口，这种增加更多可能是试点地区增加后，地方政策逐步落实的结果。

参保人数增加的同时，利用人数也在稳步增长，从 2017 年的 7.5 万利用者增加至 2022 年的 120 多万人，多出 16 倍之多。体现出长期护理保险制度对个体的友好。然而利用者的比例始终不到参保人数的 1%，最高时达到 0.77%，也是发生在新冠疫情期间。占比比例低是因为参保人口相对健康、利用条件较为苛刻、审理过程还不完善、还是其他原因还有待深入研究。

从长期护理保险基金的收入和支出来看，收入总金额始终高于支出。随着试点项目的扩大，基金收入与基金支出均逐年增加（表3）。在收入方面，相比 2017 年，2018 年的增长率极快；其他年份以 2021 年的增长率较上一年度增长的较快（33%）；2022 年的增长率为负值（-7.6%）。然而当考虑到参保人数时，人均缴纳保险费用的钱数在逐步增加，以 2018 年为最高（222 元），开始时的 2017 年最低（69 元）。当 2022 年的缴费增长率为负值时，

人均缴纳费用的金额也低于上一年度的水平。在支出方面，2017 年的支出水平占基金收入水平的 19%，之后几年远高于 2017 的支出水平，但 2022 年出现支出下滑的现象。若从利用长期护理保险人群规模考虑人均支出金额的水平，2017 年人均护理保险支出是 7700 元，2018 年接近 3 万元。2022 年，尽管利用人群的规模并未减少多少，但因基金支出减少（同年基金收入略降），使得人均利用金额降至 8000 多元，远低于前几年的人群水平。

然而应当认识到，自中国长期护理保险制度在项目区建立以来，参保人数、基金收入、基金支出的数量均在增加。这促使人均利用长期护理保险基金的人数的增长以及人均获取保险金额的增加。由此可以确定中国长期护理保险制度在逐步发展，部分人群直接受惠与这一制度。

5. 中国山东省青岛市长期护理保险制度的个案

青岛市是中国东部沿海重要的国际性港口城市。1994 年被列为中国 15 个副省级城市之一[13]；2022 年 GDP 总量位列全国第 13 位[14]。20 世纪 80 年代，青岛市人口发展进入低出生、低死亡、低自然增长阶段，人口年龄结构从 70 年代的成年型转变为 80 年代末的老年型。1987 年，青岛全市 65 岁以上人口超过总人口的 7%，标志着青岛市真正进入人口老龄化社会（高克力主编，2017）。2010 年六普时 65 岁以上老年人口占比 10.26%，2020 年七普时达到 14.2%。这一老龄人口水平虽然低于山东省的平均水平，却高于全国水平 0.7 个百分点[15]。2012 年青岛市在中国率先探索并实践长期护理保险制度，但以"医疗护理保险制度"命名。此前，青岛市实际上已开始对长期护理保障制度的探索。例如，2002 年实施城镇职工基本养老保险不久就建立了"家庭病床制度"；2005 年利用医疗保险进社区的试点工作将部分医保业务下放到社区；2006 年依靠医保管理和服务平台，推行老年医

13）"历史沿革" http://www.qingdao.gov.cn/yfqd/qdgk/lsyg/202009/t20200903_64.shtml（2024-5-17）

14）"青岛 | 2022 年青岛市 GDP14920.75 亿元" http://www.shandong.gov.cn/art/2023/2/2/art_116200_574230.html（2024-5-17）

15）"老龄化趋势加快 挑战与机遇并存" http://qdtj.qingdao.gov.cn/tongjisj/tjj_tjfx/tjfx/rkshkj/202202/t20220222_4407896.shtml（2024-5-17）

疗护理服务；2007 年将城镇居民纳入老年医疗护理保障范围；2011 年在二级医院试行医疗专护政策（张雅娟、林君丽、王婷，2018）。青岛市长期护理保险制度的探索和发展，有人口老龄化照料需求的基础；医疗资源平衡利用的考虑；更有青岛职工医疗保费水平高于全国（9% 的统筹账户加 2% 的个人账户）、医保管理部门集中且明确（人保局管理），以及医保基金有较大结余的原因（房连泉，2019）。以下针对青岛市长期护理保险制度（以下简称"长护险"）的发展脉络、覆盖人群、保险加入途径、服务类型、报销比例以及实施成效等方面进行具体讨论。

5.1 长期护理保险制度的政策

　　青岛市长护险试点时间长、政策适时制定与完善。经过十余年的探索，地方政策根据实际情况不断出台，完善并加强了该制度的实践（见表 4）。2012 年 7 月山东省青岛市人民政府办公厅颁布《关于建立长期医疗护理保险制度的意见（试行）》。此后，青岛市陆续出台多项文件就长期护理保险的等级评估、保障范围、缴费比例、护理服务机构的管理与考核等内容进行了补充与完善，并在全国率先建立了《长期护理保险管理与服务》的地方标准体系[16]，为促进长护险规范管理和服务提升发挥了关键的示范性作用。

　　2012-2023 年间，青岛市政府相关机构出台了多项与长期护理保险相关的政策（表 4）。其中 2 项在被纳入国家试点城市之前就已制定。在早期，制度名称和服务内容侧重医疗护理；后期则过渡到长期护理，在名称上与国家倡导以及其他试点地区保持一致。2021 年 4 月 1 日生效的《青岛市长期护理保险办法》（以下简称"办法"）是现行的、具有指导意义的长期护理保险制度。这一"办法"根据《国家医保局 财政部关于扩大长期护理保险制度试点的指导意见》（医保发〔2020〕37 号）和山东省长期护理保险有关规定而制定[17]。整体而言，自 2016 年被选定为国家首批长期护理保险制度试

---

16)　"关于颁布实施《长期护理保险管理与服务总则》的通知" http://m.qingdao.gov.cn/n172/n24624151/n31284614/n31284615/n31284622/191231155454571274.html（2024-5-17）

17)　"（现行有效）青岛市人民政府关于印发青岛市长期护理保险办法的通知" http://www.qingdao.gov.cn/zwgk/xxgk/ybj/gkml/gwfg/202103/t20210330_3034215.shtml（2024-5-15）

表4 青岛市长期护理保险制度核心政策策

实施时间	政策名称	文件号	政策要点
2012	关于建立长期医疗护理保险制度的意见（试行)[18]	青政办字〔2012〕91号	建立以社会化护理服务为主的社会保障制度，对参保人因为年老、疾病、伤残等导致人身某些功能全部或部分丧失，生活无法自理，需要入住医疗护理机构或居家接受长期医护照料的相关费用给予相应的补偿实行长期医疗护理保险制度
2015	青岛市社会医疗保险办法[19]	青岛市人民政府令第235号	建立与经济社会发展水平及参保人基本医疗需求相适应、资金来源多渠道、待遇水平多层次、城乡一体、可持续的社会医疗保险制度。由此将农村居民纳入青岛市社会医疗保险服务体系中
2017	关于将重度失智老人纳入长期护理保险保障范围并实行"失智专区"管理的试点意见[20]	青人社发〔2016〕27号	从医疗护理范围扩大到失能／失智人员的生活照料
2018	青岛市长期护理保险暂行办法[21]	青政发〔2018〕12号	建立"全人全责"护理服务模式，将日常生活照料、功能维护（康复训练）、安宁疗护、临终关怀、精神慰藉等纳入保障范围
2020	关于做好青岛市长期护理保险经办服务管理工作的通知[22]	青医保规〔2020〕3号	参保人可享受专护、院护、家护、长期照护、日间照护、短期照护待遇或享受巡护待遇。期间，待遇不得与其他社会医疗保险待遇重叠使用
2021	青岛市长期护理保险办法[23]	青政发〔2021〕6号	建立整合式护理服务模式，内容主要包括健康管理、慢性病维持性治疗、医疗护理、生活照料、功能维护（康复训练）、安宁疗护、临终关怀、精神慰藉等基本照护服务
2023	青岛市社会医疗保险办法[24]	青岛市人民政府令第296号	建立门诊慢特病保障制度；建立门诊统筹保障制度，实行定点签约、限额管理

资料来源：根据青岛政务网政府公开信息整理。具体来源见所标注的脚注。

18) "转发市人力资源社会保障局等部门关于建立长期医疗护理保险制度的意见（试行）的通知"http://www.qingdao.gov.cn/zwgk/zdgk/fgwj/zcwj/zfgb/n2012_16/202010/t20201025_1752118.shtml（2024-5-23）
19) "青岛市社会医疗保险办法"http://www.qingdao.gov.cn/zwgk/zdgk/fgwj/zcwj/szfgw/2014/zfl_128/202010/t20201019_498761.shtml（2024-5-23）
20) "重度失智老人纳入长期护理保险 护理费最高报销90%"https://mp.weixin.qq.com/s?__biz=MzAwNzA1MjU0NA==&mid=2649246918&idx=1&sn=91d25e1ad37a71ae450c7e1ed7e2c86d&chksm=8318e0a9b46f69bf0835e82d036084f4f37a8280595761c72c499c33283baed670b58d6c0650&scene=27（2024-5-23）
青岛长期护理保险"失智专区"机构已达11家 最高报销90% - 青岛新闻网（qingdaonews.com）（2024-6-9）

点城市以来[25)]，青岛市的长期护理工作取得了显著成果，其长护险制度也逐步完善成熟，并已形成基本政策框架，成为全国长期护理保险制度的"青岛样板"[26)]。

5.2 长期护理保险制度覆盖人群

　　青岛市长护险覆盖人群范围逐年扩大，呈现出由城镇到乡村、由失能到失智、由重度人员照护到轻中度人员预防的发展趋势。2012 年，依据《关于开展长期护理保险制度试点的指导意见》，青岛市首先在全市城镇职工和城乡居民中试行长护险制度。2015 年又进一步将农村居民纳入医疗护理保险制度中，从而使得农村广大居民也适用于长护险的保障范围[27)]。2017 年青岛市率先在全国试点将重度失智老人纳入长护险的保障范围，实现了对失智人员医疗护理和生活照料需求的制度保障[28)]。2018 年则建立起"全人全责"长护制度，为失能失智人员享受整合式"医养康护防"的照护服务提供了保障[29)]，并将基本生活照料纳入到职工护理保障范围[30)]。"全人全责"制度的核心思想是将人视为一个整体，在全面考虑人之需求的基础上，由一家具有相应资格的护理机构全面负责，为失能失智人员提供其所需的整合式的

21）"青岛市人民政府关于印发青岛市长期护理保险暂行办法的通知" http://m.qingdao. gov.cn/n172/n68422/n31280679/n31280695/2007031619101411143.html（2024-5-23）

22）"青岛市医疗保障局 青岛市财政局关于做好青岛市长期护理保险经办服务管理工作的通知" http://www.qingdao.gov.cn/zwgk/xxgk/ybj/gkml/gwfg/202102/t20210209_2966608. shtml（2024-5-23）

23）2021"（现行有效）青岛市人民政府关于印发青岛市长期护理保险办法的通知" http:// www.qingdao.gov.cn/zwgk/xxgk/ybj/gkml/gwfg/202103/t20210330_3034215.shtml （2024-5-23）

24）"青岛市社会医疗保险办法" http://www.qingdao.gov.cn/zwgk/xxgk/bgt/gkml/ gwfg/202301/t20230129_6823352.shtml（2024-5-23）

25）人力资源社会保障部办公厅关于开展长期护理保险制度试点的指导意见 _ 部门政务 _ 中国政府网（www.gov.cn）（2024-4-21）

26）"创新打造长期护理保险制度'青岛样板'" http://www.nhsa.gov.cn/art/2023/12/26/ art_181_11813.html（2024-4-21）

27）"青岛市社会医疗保险办法" http://m.qingdao.gov.cn/n172/n68422/n68424/n30259215/ n30259223/140924165041654114.html（2024-4-21）

28）"积极应对人口老龄化 青岛实施长期护理保险制度" http://health.people.cn/ n1/2017/0829/c14739-29501753.html（2024-4-21）

图 4 青岛市长期护理保险制度覆盖及重点关注人群的变化

2012 年 在城镇职工/ 居民中试行	2015 年 纳入 农村居民	2017 年 纳入 重度失智老人	2018 年 实行 "全人全责"	2019 年 纳入风险失能 失智人群 （预防性）

照护服务。其中的整合体现在服务的整合和提供服务机构的整合，也包括政策、管理、信息咨讯等各方资源的整合和协调[31]。此外，2019 年青岛市出台《关于开展长期护理保险延缓失能失智工作的意见（试行）》[32]，开始在全国率先探索实施长护险延缓失能失智的保障机制，将轻中度失能失智人员及高危人群身体功能维护等训练和指导纳入保障范围，促进了长护险保障对象由消极保障向积极预防的转变。总体而言，青岛市目前已形成城乡一体化的长期护理保险制度，保障范围包括城镇职工、城乡居民和失能失智人员[33]。图 4 直观说明了参保人群及重点关注人群的变化。

5.3 长期护理保险加入途径、服务类型及报销比例

根据 2021 年 3 月青岛市医疗保障局发布的"（现行有效）青岛市人民政府关于印发青岛市长期护理保险办法的通知"[34]，长护险的参保人员无需专

29）"中央电视台报道我市长期护理保险实施成效" http://ybj.qingdao.gov.cn/ybyw_117/ybdt_117/202203/t20220309_4574754.shtml（2024-4-21）

30）"青岛市'全人全责'长期护理保险制度政策解读" http://m.qingdao.gov.cn/n172/n24624151/n24672455/n24673704/n31280493/180320111900201650.html（2024-4-30）

31）"刘卫国：探索建立新时代青岛'全人全责医养康护'长期护理模式" http://health.people.com.cn/n1/2017/1126/c14739-29668202.html（2024-4-30）

32）"关于开展长期护理保险延缓失能失智工作的意见（试行）（青医保发〔2019〕7 号）" http://m.qingdao.gov.cn/n172/n24624151/n31284614/n31284615/n31284622/190820135114751636.html（2024-4-30）

33）"长久守护 真爱常驻 ——青岛市长期护理保险制度发展实践" http://ybj.qingdao.gov.cn/ybyw_117/ybdt_117/202203/t20220309_4574778.shtml（2024-4-30）

34）（现行有效）青岛市人民政府关于印发青岛市长期护理保险办法的通知_青岛政务网（qingdao.gov.cn）http://www.qingdao.gov.cn/zwgk/xxgk/ybj/gkml/gwfg/202103/t20210330_3034215.shtml（2024-5-7）

门办理参保登记手续，只要是职工社会医疗保险和居民社会医疗保险的参保人就会自动加入长护险，长护险的资金以个人、单位缴费为主，国家财政适当补贴。整体上要求长护险资金遵从"以收定支、收支平衡、略有结余"的原则。

个体利用护理保险制度时需要个人提出申请，定点护理和评估机构进行评估并上报，社保机构核准，最终符合规定的人员可利用长护险的服务。根据青岛市的长期护理保险规定[35]，服务的利用可做如下简单概要。与老年人相关的成年参保人员若出现失能状况（达到失能评估 0-5 六个级别中的三、四、五级时），可享受在医疗专护区的"专护"、医养院护区的"院护"、护理服务机构照护人员上门的"家护"、护理服务机构照护人员巡诊的"巡护"服务。若出现失智状况（在轻、中、重度三个级别中达到重度），则可利用"长期照护"、"日间照护"和"短期照护"的服务。报销比例因参保人的身份有差别。符合服务利用的参保职工，可报销 90% 符合规定的基本生活照料费用以及与基本生活密切相关的医疗护理费用；符合服务利用的参保居民，因归档类别报销比例不同（一档报销 80%，二挡报销 75%）。城乡居民得以报销的长护服务费用的比例低于城镇职工的比例，因二者长护险缴费金额有差别[36]。

5.4 青岛市长期护理保险制度的成效

自长护险制度于 2016 年在中国各地试行以来，国内针对试点城市的研究以青岛市居多，这些研究大多通过对青岛市试点阶段长护险制度构建过程、运行情况、数据变化等内容的介绍、梳理与分析，就青岛市现存的问题和困

---

35) 青岛市人民政府关于印发青岛市长期护理保险暂行办法的通知（2018）_青岛政务网（qingdao.gov.cn）http://www.qingdao.gov.cn/zwgk/zdgk/fgwj/gfxwj/szfwj/202010/t20201019_502913.shtml（2024-5-7）
（现行有效）青岛市人民政府关于印发青岛市长期护理保险办法的通知_（2021）青岛政务网（qingdao.gov.cn）（2024-5-7）

36) 简单而言，目前（2021 年）城镇职工和退休人员根据各自基本医疗保险缴费基数，统一按照 0.2% 的比例从基本医疗保险个人账户中的资金中按月划转。城乡居民，每人每年不低于 10 元的标准，从居民社会医疗保险个人缴费资金中按年度转划。（现行有效）青岛市人民政府关于印发青岛市长期护理保险办法的通知_（2021）青岛政务网（qingdao.gov.cn）（2024-6-8）。缴费比例和金额会随年份有所浮动。

表5　青岛市基本医疗保险参保人数、护理保险资金支出以及受益人群的变化

青岛市基本医疗保险参保人数（万人）				青岛市护理保险资金支付（亿元）	受益人群（万人）
年　份	城镇职工	城乡居民	合　计	总量较上一年增加的人数（万人）		
2015	324.37	496.76	821.13			
2016	331.70	494.24	825.94	4.81	—	—
2017	347.42	498.05	845.47	19.53	—	—
2018	366.63	498.95	865.58	20.11	—	—
2019	388.66	495.40	884.06	18.48	—	—
2020	401.59	489.44	891.03	6.97	—	—
2021	422.52	489.36	911.88	20.85	6.5	4.0
2022	429.22	484.92	914.14	2.26	8.0	5.1
2023	446.29	486.64	932.93	18.79	7.4	7.0

资料来源：基本医疗保险参保人数，2015-2020 年基本医疗保险参保人数 (qingdao.gov.cn)；2021 年 1-12 月份医疗保险主要指标 (qingdao.gov.cn)；2022 年青岛市国民经济和社会发展统计公报 _ 青岛政务网 (qingdao.gov.cn)；2023 年青岛市国民经济和社会发展统计公报 (qingdao.gov.cn)。
护理保险资金支付和受益人群的资料分别来自青岛市医保局公布的信息（一图读懂：青岛市医疗保障局 2021 年工作报告 (qingdao.gov.cn)；青岛市医疗保障局 2022 年工作总结 (qingdao.gov.cn)；市医保局 2023 年工作总结 (qingdao.gov.cn)）。

境提出相应的优化完善之策，并在此基础上进一步探讨中国社会长期护理保险制度构建的方法与路径（例如，潘屹，2017；张文博，2017；杨菊华、王苏苏、杜声红，2018；于新亮、刘慧敏、杨文生，2019；米红、纪敏、刘卫国主编，2019；郑伟等，2020）。

　　如同本文第四部分的思路，我们认为，护理保险制度的成效可体现在参保人群、保险资金、利用人群等方面。在覆盖人群方面，由于青岛市长期护理保险制度纳入的是参加城镇和农村基本医疗保险的人群（城镇职工＋城乡居民），因此基本医疗保险参保人群可看做是长护险参与人员的基数。根据政府部门的统计，青岛市基本医疗保险参保人数在不断增加。表5列举了2015-2023 年间青岛市参加基本医疗保险城乡人数的变化；2015 年是青岛市长护险开始纳入农村居民的年份。首先从总量上看，参保人群 2015 年之后均保持在 800 万之上，2021 年更是超过 900 万。2023 年 932 万的参保人数占到当年常住人口[37]的近 90%。其次从参保人数变化幅度看，每年参保人数都在增加，幅度不一。曾有三个年份（2016、2020、2022）参保人数

增加不足 10 万人；这三个年份也是参保人数较上一年增长比例最低的年份，分别是 0.59%、0.79% 和 0.25%。2022 年更是仅有 2 万人多一点；但 5 个年份增加的人数都接近 20 万人。这五个年份相较上一年，参保人数的增长率均超过 2%。

本节无意讨论参保人员的特征，特别是居住地属性或人口年龄结构带来的参保人数增加的问题，尽管这是衡量参保人数有效增加的一些角度。但每年参保人数总量的增加有益于长期护理保险资金的积累。

大量职工和居民加入基本医疗保险充实了长期护理保险资金，也为需要得到照料人群利用长护险带来了可能。从官方资料来看，青岛市并没有从开始长期护理保险制度之初就收集特别是公开护理保险资金的进项情况，仅在最近几年公布过保险资金支付和受益人群规模情况（表5）。近三年来，长护险支出资金高达 6.5-8 亿元人民币，受益人群也从 2021 年的 4 万人增加到 2023 年的 7 万人。若计算支出资金与受益人群的比例，每年人均获得的资金支付在 10,510 元至 16,250 元人民币之间。在青岛市全体居民 2023 年可支配收入 56,961 元面前[38]，这笔长护险支付额度对许多人来说是一种强有力的经济支持。

6. 结语

中国长期护理保险制度的建立有其严峻的生育 / 死亡水平带来的人口结构的变化和老年人健康需求的现实考虑，有社会发展至一定阶段、经济实力达到一定水平、有能力调整政策优先顺序的原因，也有国际经验可循的因素。与其他已建立长期护理保险制度的国家不同，中国目前仅在所选试点地区创立长期护理保险制度。未来，中国会否推行全国各地适用的长护制度还有待观察。但从一个国家社会经济发展平衡程度、人口规模的角度看，中国目前试行区域性长护制度是一种稳妥的尝试。中国社会经济发展还存在不小的区

37）　2023 年年末，青岛市全市常住人口为 1037.15 万人。2023 年青岛市国民经济和社会发展统计公报（qingdao.gov.cn）（2024-5-15）

38）　2023 年青岛市国民经济和社会发展统计公报（qingdao.gov.cn）http://qdtj.qingdao.gov.cn/tongjisj/tjsj_tjgb/202404/t20240417_7967996.shtml（2024-5-30）

域差异；中国目前虽是世界人口第二多国家，但人口总量是 14.25 亿。任何一个制度、一项政策影响的人群庞大。然而中国 10 前年，自 2013 年开始考虑长期护理保险问题。从政策制定的角度看，国家每间隔 1-2 年就会出台一项新的与长期护理保险相关的政策。政策制定方虽有所不同，但政策的宗旨都在强调长期护理保险的重要性和发展方向，推进和鼓励不同试点地区的制度探索。试点地区在不断增加，到目前为止已有 49 个城市加入到试点名单。

国家层面的政策对长期护理保险制度的建立具有建议性、引领性和指导性的作用。而各地的长期护理保险制度会在国家指导大框架下有所调整或创新。本文也以山东省青岛市长期护理保险制度为例，展示了一个地区长护险发展的特点。青岛市作为一个较为发达的港口城市，在国家倡导长护险制度之前就已开始创立护理保险制度的创立，其制度发展的经验和教训也为在全国可能铺开长护险提供了实际参考。青岛市长护险发展除人口老龄化因素外，更因其有相对雄厚的医疗保险资金基础。目前，凡加入青岛市社会医疗保险的人员都直接被长护险所覆盖，无需专门办理参保登记手续，保费由社会医疗保险缴费中自动划转至长期护理保险基金中。长护险的人群从广泛的城镇职工／居民，逐步细化至重点关注重度失智老人，对有照料需求人员做"全人全责"的照护服务。现又将关注人群前移至由失能失智风险人群，做好预防性工作，减少重度失智失能人口的出现或增加。目前在全国范围内青岛市在长护险方面至少有三项率先的举动：率先建立长期护理保险制度、率先纳入重度失智老人为护理对象、率先建立前瞻性预防性举措。所谓预防性举措，就是从源头减少重度失能失智人群的规模，将失智失能状态控制在轻度或中度水平，让个体能更长保有自理生活能力。

就中国目前地区性长期护理保险制度的发展，有三方面的内容值得强调。首先值得强调的是，国家重视老年人的照料需求，不断推动长护险制度的发展。中国已有建立长期护理保险制度的强烈意愿，回应不断增加的、特别是来自老年／高龄人群的照料需求，尽可能减轻家人照料的体力、精力和经济上的负担。在制度建立的过程中采取试点尝试、步步为营、观察／总结效果的策略。来自各试点地区的经验为国家未来选择一种／多种并行国家政策提供依据。目前国家层面的政策多为指导性和原则性的；各试点地区的长护险

政策则更具地方特色，可行性、可操作性更强。制度整体在逐步建立和完善；青岛市的个案就是一个说明。

其次可强调的是，长护险制度的具体成效显著。表现在参保／受益人群、资金收入／支出均在上升变化。全国汇总的长护险参保人数 2022 年已达近1.7 亿人，相比中国总人口虽然还是一个小数，但远高于 2017 年的 4400 万参保人数。2022 年保险利用／受益人数也比 2017 年高出 16 倍。但受益人群在参保人群中的占比始终较低，最高时也仅有 0.78%。人群受益的基础要有资金的支持。长期护理保险每年人均缴费水平始终处于波动状态，相对不稳定；最低时每人每年缴纳 69 元人民币（2017 年），最高时也仅仅为222 元人民币（2018 年）。这一水平将随各地长护险制度不断完善而更加稳定，年缴费金额也会更加符合当地经济发展以及个体所能承受的水平。但整体上长期护理保险基金的收入始终高于支出水平。2017-2022 年间平均护理保险资金支出占收入的比例为 51%，低于国家有关长期护理保险基金支出水平控制在 70% 左右的指导范围。

个案青岛市长期护理保险的效果评价与全国评价略有不同。其参保人员不是由个体主动参加到一项新的保险，而是长护险嵌入在社会基本医疗保险中。基本医疗保险的参加者即为长护险的投保者。由此，青岛市长护险参保人群基数大，与全国资料相比利用者的占比更加小。然而其受益人群所获长护险支付的金额高于全国水平。这或许是青岛市参加长护险的人群规模大、缴费整体多、达到利用长护险的个体相对少以及各项长护险支出较为丰厚的结果。

最后需强调的是，针对目前中国地域性长期护理保险制度的效果，人们评价的层面、角度多样且有相对丰富的研究成果。放在有宏观政策层面制定、运营和效果的研究外，也应更多从个人利用的角度考察整个制度的效果。这就需要更多的调查研究。目前从个人体验（例如申请、办理过程、实际服务获取等）角度的深入研究较少。长期护理保险制度的最终落脚点是个体，个体研究的视角还需重视。

世界各国的长期护理保险制度均是在人口结构发生巨大变化、老年人照护需求增加、照护的经济和人力负担加重的情况下出现和逐步完善的。一些国家（如德国）经历人口老龄化的过程更加平缓，有更长时间考虑和建立长

期护理保险制度。一些国家（如日本）则是在人口老龄化程度加深后采取果断措施建立这一制度。也有一些国家（如韩国）则更具前瞻性，在人口老龄化程度相对不高时积极建立这一制度。日本更多学习德国的制度，韩国则是更多借鉴日本和德国的经验。前面越多国家拥有长期护理保险制度，后面发展这一制度的国家就更有灵活选择制度架构和制度细节的依据。中国，正是在前面一些国家已积累长期护理保险制度经验和教训的大背景下，结合自身人口发展特点和社会经济发展水平，在 2016 年开始尝试中国长期护理保险制度。这种尝试目前仅限于试点地区。试点地区长期护理保险制度的建立和发展有国家政策的指导和支持，也有自己地区的创新和发展。依据国际长期护理保险制度国别发展的经验和教训，依靠中国国内试点地区制度的不断探索，中国老年人将会有更多照护的选择，晚年生活也将更加美好。

参考文献

WHO. (2021). Framework for countries to achieve an integrated continuum of long-term care. Geneva: World Health Organization.

戴卫东. (2007). 解析德国、日本长期护理保险制度的差异. 东北亚论坛，1：39-44.

戴卫东. (2012).《中国长期护理保险制度建构研究》. 北京：人民出版社

房连泉. (2019). "青岛：长期护理保险制度的'吃螃蟹者'". 出自张盈华主编.《中国长期护理保险：试点推进与实践探索》(23-42 页). 北京：社会科学文献出版社.

高春兰. (2019). 老年长期护理保险制度：中日韩的比较研究. 北京市. 社会科学文献出版社.

高春兰，班娟. (2013). 日本和韩国老年长期护理保险制度比较研究. 人口与经济，3：104-110.

高克力主编. (2017). 青岛市志：1978-2005. 社会卷. 北京市. 方志出版社.

郭志刚. (2002). 中国高龄老人的居住方式及其影响因素. 人口研究，1：37-42.

和红. (2016). 德国社会长期护理保险制度改革及其启示：基于福利治理视角. 德国研究，3（31）：58-72.

和红. (2022). 社会长期护理保险：可持续性与可及性. 武汉市. 武汉大学出版社.

胡湛，彭希哲. (2014). 中国当代家庭户变动的趋势分析——基于人口普查数据的考察. 社会学研究，3:145-166.

李婷，胡文波. (2021). 中国家庭的代际同住及其驱动机制变迁. 人口与经济，6：54-67.

米红，纪敏，刘卫国主编. (2019). 青岛市长期护理保险研究. 北京市. 中国劳动社会保障出版社.

潘屹. (2017). 长期照护保障体系框架研究——以青岛市长期医疗护理保险为起点. 山

东社会科学，11:72-79.

彭荣.（2022）.我国长期护理保险制度试点成效评估与推进机制研究.北京市.经济科学出版社.

邵文娟.（2019）.我国长期护理保险从试点到普及的跨越.大连市.东北财经大学出版社.

王磊.（2013）.人口老龄化社会中的代际居住模式——来自2007年和2010年江苏调查的发现.人口研究，4：103-112.

武亦文等.（2022）.长期护理保险制度建构的中国进路.北京.中国社会科学出版社.

杨波.（2022）.中国长期护理保险制度试点模式比较研究.西安市.西北大学出版社.

杨菊华，王苏苏，杜声红.（2018）.中国长期护理保险制度的地区比较与思路.中国卫生政策研究，4:1-7.

尹豪.（2000）.新型社会保障制度——日本的护理保险制度.人口学刊，2：24-28.

于新亮，刘慧敏，杨文生.（2019）.长期护理保险对医疗费用的影响——基于青岛模式的合成控制研究.保险研究，2:114-127.

原新，刘绘如.（2019）.日本和德国长期护理保险制度比较及其借鉴.日本问题研究，3：64-72.

张文博.（2017）.照料社会化：长期照护保险制度实践研究——基于对青岛市长期医疗护理保险的考察.北京工业大学学报（社会科学版），6：24-33.

张文娟，付敏.（2022）.2010-2020年中国老年人口的健康状况及其变化趋势.中国人口科学，5：17-31.

张盈华主编.（2019）.中国长期护理保险：试点推进与实践探索.北京市.社会科学文献出版社.

张雅娟，林君丽、王婷.（2018）.青岛市长期护理保险制度探索与实践.中国医疗保险，1：36-39.

郑伟，刘子宁，吕有吉，姚奕.（2020）.长期护理保险制度的评估框架及应用：基于三个案例的分析.保险研究，10:65-78.

周四娟，赖金蝉，原彰.（2021）.韩国长期护理保险的发展经验与启示.卫生经济研究，10：56-59.

周云.（2000）.日本护理保险制度述评.人口学刊，46-51.

第四部

日中の経済と
自動車産業

経済交流から見た
日中両国関係の展望

雷　海涛

はじめに

　経済のグローバル化は 1990 年代初頭の冷戦終結から活発化しており、その中、日本はかねてから、東アジアを中心とするグローバルバリューチェーンの構築においては重要な役割を果たしてきた。一方、中国は 1978 年から改革開放の政策を実施し、経済発展を中心とする国家戦略をとり、大きく成長してきた。

　本稿は、このようなグローバル経済が進展している中、日中両国の経済交流の中心地である貿易とビジネスの実情を分析し、日本企業の中国進出について考察を試みる。また、投資環境の変化や複雑化した国際情勢の中、中国事業の展望について触れてみたい。

1.　グローバル経済下の日中関係

　1990 年代、日本は海外への高付加価値の部材やサービスの輸出を主として展開したが、近年海外から部材を輸入し、国内のハイテク技術を以て高付加価値化するビジネスモデルを構築している。

　図 1 はグローバルバリューチェーンにおける日本の役割を示したもの

図1　グローバルバリューチェーンにおける日本の関与

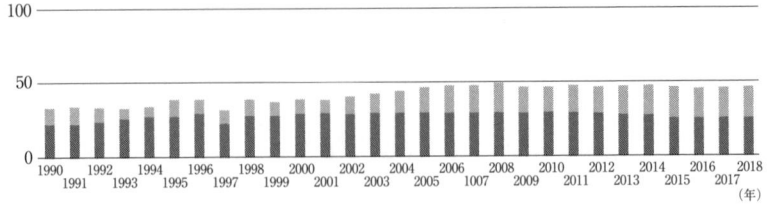

出所：経済産業省「2020 年版通算白書」。

である。グラフの上段部分は自国（即ち、日本国内）製造における海外製品やサービスの輸入の割合であるが、2000 年代から大きな伸びがあることが明らかになった。一方、下段部分の海外製造における自国（日本国内）の製品やサービスの輸入、即ち日本からの輸出の割合はほぼ横ばい、もしくは減少傾向にあることが分かった[1]。

　これらの事実は、元々「輸出立国」だった日本が経済のグローバル化や国内事情（バブル経済崩壊後の長期低迷、円高など）により、製造業などの海外移転と国内事業の高付加価値化という構造的変化を生じたことを物語っている。

　一方、図2に示したように、日本の対外直接投資はこの二十数年の間、リーマンショックやコロナ禍の影響により一時的に減少があったものの、ほぼ一貫して増加してきた。この事実も前記の製造業などの海外移転や、海外における M&A の動向と合致している。

　そこで、その海外移転の中心はどの国や地域かというと、中国が最も大きなウエイトを占めている。まず、貿易の状況から見ていこう。

　International Trade Centre の調査による主要国の輸入対象国中の中国比率、即ち中国からの輸入が自国輸入総額に占める割合をみると、中国は日

---

1)　経済産業省「2020 年版通産白書」。

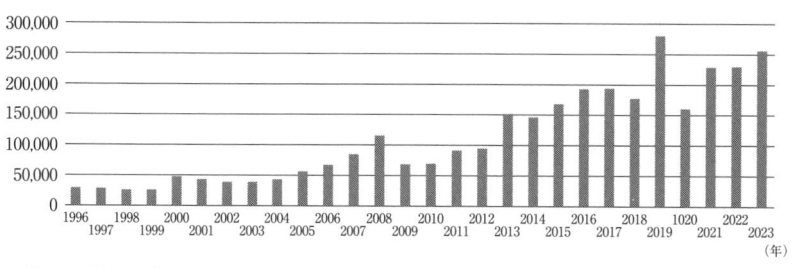

図2　日本の対外直接投資の推移（単位：億円）

出所：財務省 HP「国際収支状況」公表値に基づいて整理。

本にとって最大の輸入相手国になっていることが明らかになった。特に
ピーク時（2015〜16 年）はその割合が 25％超、即ち 4 分の 1 と、極めて
高い比率だった。2017 年以降はその比率が若干下がったものの、20％超
の水準で推移している。

　特に家電や電子部品などの分野では、日本は輸入依存度が年々増えてお
り、これはグローバルバリューチェーン、つまりグローバル経済の必然的
な結果だと言える。ここで言う依存度は、前述の通り海外から部材を輸入
し、国内で高付加価値完成品を仕上げ、それをまた国内や海外に輸出する
際の、輸出財の価額に輸入財が占める割合である。グローバルバリュー
チェーンの実現は一方的なものではなく、双方向または多方向の取り組み
で、互いに依存し合う Win-Win 関係である。

2.　日中経済交流の中心

　日本貿易振興機構（ジェトロ）のレポートによると、日本の財務省貿易
統計と中国の海関（税関）統計を基に、2021 年の日中貿易を双方輸入
ベースでみたところ、貿易総額は前年比 15.1％増の 3,914 億 4,049 万ド
ルだった。2018 年以来 3 年ぶりに前年比で増加し、2011 年（3,784 億
2,490 万ドル）以来 10 年ぶりに過去最高を更新した。

　輸出（中国の対日輸入、以下同じ）は前年比 17.1％増の 2,061 億 5,312

図3　日本企業の海外生産比率と中国の割合

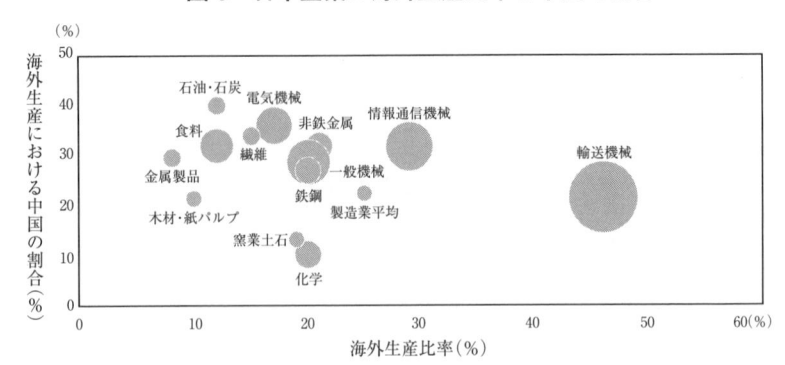

出所：経済産業省「2020年版通算白書」より筆者作成。

万ドル、輸入は12.9％増の1,852億8,736万ドルとなった。その結果、日本の中国に対する貿易収支は208億6,576万ドルの黒字と、5年連続の黒字となった。黒字幅は前年から7割超拡大し、過去最高の2010年（228億37万ドル）に次ぐ水準となった。

　日本と中国の両国は1972年、戦後27年が経過した時に国交回復を実現した。その時点の両国貿易総額は年間僅か10億ドルほどだった。半世紀後の今日までは経済交流が年々活発化しており、前出の通り貿易総額が1972年に比べ約400倍に達した。

　そのうち、日中貿易や経済交流の中心はどの分野かというと、図3に示したように、日本企業は輸送機械（自動車）と情報通信の海外生産においては、中国での生産比率が最も大きく、これらの分野は完全にグローバルバリューチェーンの中に取り込まれていることが分かった。

　2018年以降、一時期ぎくしゃくしていた日中関係が正常化に向かいつつある中、日本の自動車メーカー各社は中国を最重要市場に位置づけ、生産能力を倍増させる強気の計画を発表した。その背景には、日系自動車メーカーによる積極的な新車投入や中国仕様車の開発などがある。これにより消費者ニーズにきめ細かく対応する市場戦略を打ち出し、着実に製品競争力を高めていく狙いがある。

また、日本自動車部品工業会の会員企業426社をみると、傘下の533の生産法人、174の販売・統括・その他法人が中国で活動を展開している（同会の2020年12月の調査）。こうした法人の販売先を見ると、現地の日本自動車メーカー向けが全体の69.2％となり、グローバル市場で最も高い比率であることが明らかになった[2]。

他方、米中の対立などにより日本企業の（中国からの）大量撤退という噂が流れており、日本国内でも戸惑う関係者が少なくない。噂の元となっているのは、経済産業省が「サプライチェーン対策のための国内投資促進事業費補助金」（補助金総額2,200億円）という政策を打ち出し、2020年5月に第1次公募を行ったところ、同年7月下旬の締め切りまでに、1,670件の応募（申請額1.76兆円）があったということからの推察である。実際には、この政策は新型コロナへの緊急対応のため、健康やサプライチェーンの正常化を目的とするものだった。また、申請企業は1,700社弱だが、これは中国に進出している3万3千社の日本企業の約5％程度にすぎない。

また、ジェトロによる「日本企業の海外における事業拡大の意向調査」から分かるように、多くの日本企業は中国での投資を拡大する意思を示しており、その割合は東南アジアや米国より大きくなっている。確かに、中国から撤退する日本企業は少なからず存在しているが、その原因は米中対立だけではなく、事業の不振または戦略的転換を図り低付加価値の事業拠点を整理する、といった事情にもとづく経営判断によるものだと思われる。

3. 日本企業の中国事業
——歴史と現在

前述の通り、1972年の日中国交回復以来、両国の貿易は一貫して増加してきた。同時に、日本企業の中国進出がいくつかの段階に分けて本格化してきた（図4）。第一段階は国交回復直後の1970年代で、日本からの輸

---

2) 中国最新汽車事情「シェア拡大を図る日本車の現在と将来」最も売れた日本のクルマとは？（https://www.caranddriver.co.jp/business_technology/3756/）。

図4　日本企業の中国進出の変遷

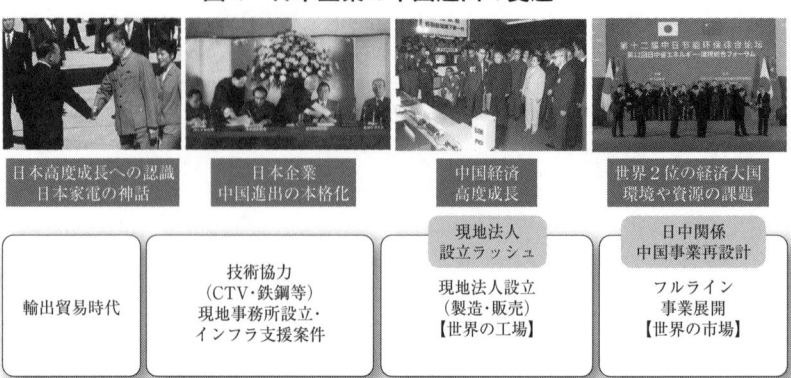

出貿易が主だった。1980年代に入ると、中国の改革開放政策に伴い、日本企業による技術協力が行われた。そのうち、代表的な事例はカラーテレビと鉄鋼などの案件だった。その時期の象徴的な出来事は、1978年の鄧小平訪日だった。当時の中国の最高実力者の訪問先が新日鐵（現日本製鐵）、日産と松下（現パナソニック）の3社で、前記の技術協力を直接に懇請した。当時の中国は社会インフラが貧弱であるほか、国民の生活も貧しいものだった。

1990年代には、戦後に長く続いた東西の冷戦が終結し、世界規模の経済活動や人の往来が一段と活発化した。1992年、鄧小平は「南巡講話」を行い、中国のさらなる開放を内外に約束した。その時期から、日本企業を含む外資系企業が中国の現地法人を相次いで設立し、中国進出を一段と本格化した。

また、この時期は、情報通信技術が日進月歩の如く進化を遂げた。1993年にインターネットのアクセスやブラウザーが発足、95年にはマイクロソフトのWindows95発売により、パソコンが爆発的に普及した。ヤ

フーをはじめとして、その後グーグル、アマゾン、フェイスブックといった IT 企業が産声を上げた。

さらに 2000 年以降は、中国の WTO 加盟（2001 年）に伴い、対外開放の分野や規模が一段と広がった。日本企業は従来の生産や販売だけでなく、研究開発や商品企画といった上流部分を含めて、フルラインの中国進出を進めた。その中で、特に顕著な動きを見せているのが家電および電機業界で、松下（後にパナソニックに改名）が 80 社超、東芝が 60 社超の現地法人を設立し、中国事業に注力している。

一方、この 40 年間の日中関係はすべてが順調に推移したわけではなく、山あり谷ありの状況が続いている。歴史問題や政治における意見、見解の不一致から、貿易交流、さらには中国事業における様々な課題まで、多岐にわたり問題が存在している。直近の世論調査（言論 NPO による毎年の日中共同世論調査など）によれば、日本人の中国に対する意識は、80 ％以上の人が良い印象を持っていない、という状況で推移している。逆に、中国人の対日印象は 2012 年の尖閣列島国有化問題が起きた時点の最低水準（90 ％以上が「良くない」という印象だった）から年々好転し、直近の 2019 年には「良い」と答える人が 50 ％近くにまでなった。この両国間の「格差」は一朝一夕に変えられるものではなく、今後長期にわたり民間交流や相互理解を以て改善されていかなければならないであろう。

経済関係においては前記の通り、日中両国の相互依存が段々と高まってきた。図 5 は日本の貿易総額（輸出入の合計）およびそれに占める主要国・地域の割合を示したものだが、中国の割合が 20 ％以上で断トツとなっている。また、規模だけでなく中身についても、自動車、電機機械、家電、パソコン、携帯電話、アパレル、食料品など、広範囲にわたり相互依存の関係が強化されてきた[3]。

もう少し詳細な状況を見てみよう。図 6 は日本貿易振興機構（JETRO）が 2014 年に行った調査で、海外進出日本企業の原材料・部品の調達状況をまとめたものである。国・地域別にみると、中国の現地調達率が

---

3) 日本貿易振興機構（JETRO）2021 年 6 月の公表。

図5　日本の貿易総額（輸出入）およびそれに占める主要国・地域の割合

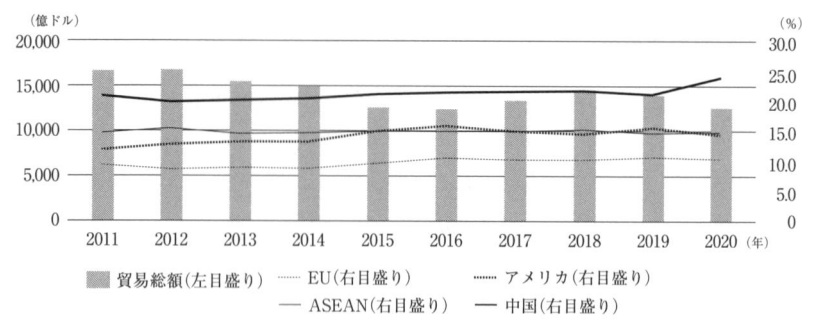

出所：2021年6月、日本貿易振興機構（JETRO）公表資料。

図6　日本企業の原材料・部品の調達状況

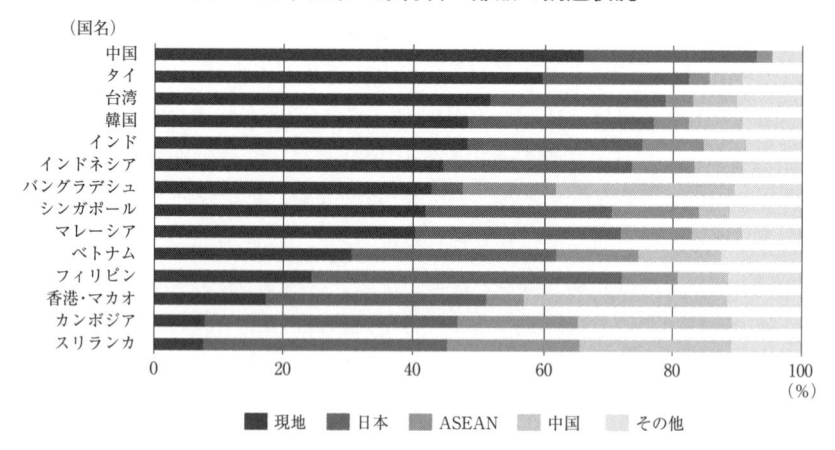

出所：日本貿易振興機構（JETRO）調査データ（2014年）より筆者作成。

66.2％と最も高く、2009年から5年連続で拡大してきた。これは「世界の工場」になった中国のサプライチェーンが形成したもので、日本の各企業にとっては合理的な選択肢であり、必然の結果だと言える。

さらに、具体的な日本企業の動向では、2020年度の各社公表データによれば、中国事業について業績の上方修正となった企業として、村田製作所（スマホ向け電子部品）、ファナック（製造設備）、コマツと住友重機工業（ともに建機）、オムロン（半導体製造装置）、SMC（医療機器向け製造設備）などがある。

また、最近のメディア報道によると、トヨタ自動車が中国広州汽車にハイブリッド車（HV車）の基幹システムを供給するといった動きや、カジュアル服装業界最大手のユニクロの中国の店舗数が日本を上回ったなど、事業拡大やハイレベルの連携が注目されている。

4. 今後の展望

近年、米中関係の悪化やウクライナ戦争など、国際情勢が目まぐるしく変化している。そういった中で、グローバルビジネスや各社の海外事業はどのような展望の下に活動を進めていけばよいか、判断が非常に困難であろうと思われる。ここに取り上げる各社の調査からは、その一端が窺われる。

図7は日本国際協力銀行による日本製造業の海外活動方針調査結果（2020年、回答530社）であるが、海外事業については強化・拡大方針が59.3％、現状維持が37.9％、合わせて97.2％となっており、ほぼ全社が海外事業から撤退して「国内回帰」することを考えていないことが明らかになった。

また、図8は日中投資促進機構が2021年に実施した第15回定期アンケート調査の結果（回答109社）で、中国事業については、拡大意思が48％、現状維持が51％であり、合わせて99％の日本企業は中国撤退を考えていない。さらに、約半分の回答者は中国企業と新しい分野（情報通信、エネルギーなど）での協業を望んでいる。

図7　日本の製造業の海外活動方針調査結果

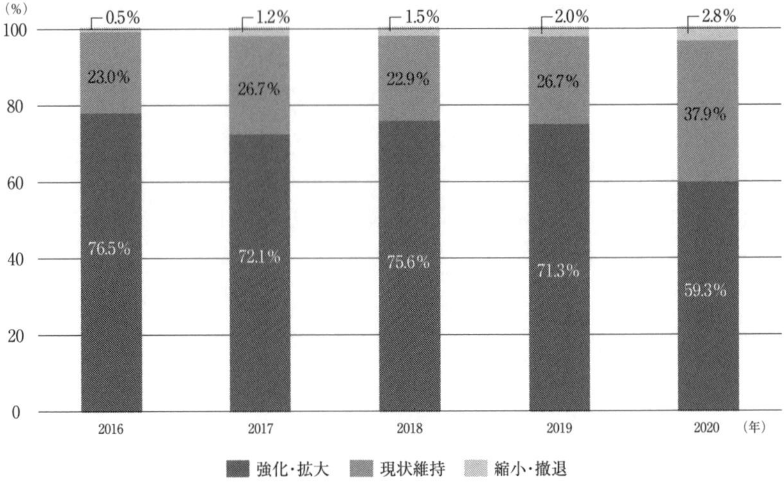

出所：日本国際協力銀行 2020 年調査（回答 530 社）。

　周知の通り、中国の経済成長は改革開放以来、一時期 2 桁の成長率を遂げ、国内総生産（GDP）は 2010 年に日本を上回り、アメリカに次ぐ世界第二の経済大国になった。また、今世紀に入り、中国市場が急速にデジタル化、モバイルインターネット化に転換し、ファーウェイ、アリババ、テンセントのような中国発グローバル企業が次々誕生し、世界を驚かせた。対して、日本企業の優位性（技術、販売、さらにコスト競争力）が以前に比べて下がり、従来通りの考えや戦略では通用しなくなった。

　そこで、まず日本本社の経営層の発想転換が必要であろう。他社の強みと自社の強みを的確に認識し、事業のリデザイン（再設計）をしていかなければならない。一つのアイデアであるが、日本企業の持つ部品・素材の技術と、中国企業の製品製造やアプリケーション（応用展開）を合わせて補完関係を作れないか、という試みが考えられている。1990 年代以降、こういった国際水平分業は半導体や IT 製品の分野で数多く行われていたが、日本企業はバブル崩壊後に守りの態勢に入り、そのモデルチェンジに

図8 日中投資促進機構第15回定期アンケート調査結果（2021年6月、回答109社）

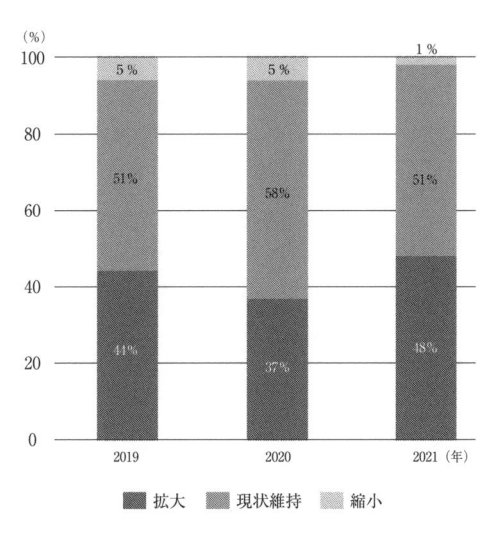

ついていけなかった。いまこそ、一度再チャレンジし、再び取り残されないよう、真剣に考える必要があろうと思われる。

さらに、高齢化社会への対応や環境、省エネなど、多くの分野では日中間の協力関係が構築可能で、そのポテンシャルが非常に大きい。互いに引っ越しができない隣国同士であるから、双方が互恵を得られるようなWin-Win関係を作る以外、道がないと確信する。

おわりに

本稿は2021年12月、第19回北京大学・桜美林大学学術シンポジウム（佐藤東洋士理事長追悼記念）に発表した内容を、一部改修してまとめたものである。

上記時点から、世界情勢や日中関係は激しく変化しており、内容の一部が既に陳腐化したことは否めない。当時の発表内容をできるだけ充実に維

持しつつ、一部を最新のデータに入れ替える試みを行った。やや読みづらいものになってしまったことをご容赦いただきたい。

参考文献

経済産業省「2020 年版通産白書」。

中国最新汽車事情「シェア拡大を図る日本車の現在と将来」最も売れた日本のクルマとは？（https://www.caranddriver.co.jp/business_technology/3756/）。

財務省 HP「国際収支状況」の公表値。

日本貿易振興機構（JETRO）2014 年のアンケート調査。

日本貿易振興機構（JETRO）2021 年 6 月の公表。

日本国際協力銀行 2020 年調査（回答 530 社）。

日中投資促進機構第 15 回定期アンケート調査（2021 年 6 月、回答計 109 社）。

ポスト・コロナ時代における
日・中経済協力

金山　権

はじめに

　中国の経済は 2022 年にわずか 3％しか成長せず、1976 年以降 2 番目に低い数字となった。これは中国経済に対するゼロ・コビット政策の負の影響を浮き彫りにしている。しかし、翌 2023 年の国内総生産（GDP）は126 兆元（約 2,594 兆円）を超え、GDP 成長率は 5.2％となった[1]。これは、中国経済が年初に定めた約 5％という成長率目標を達成したことを意味するが、2022 年を 2.2 ポイント上回る数値であった。5.2％という中国経済の成長率は約 3％という世界経済の成長率予測を上回り、世界の主要なエコノミーの中で上位にある。

　日本企業の中国での経営は転換期にある。これまで、日本企業は中国の「世界の工場」と呼ばれる巨大な市場、豊富な労働力、低コストの労働力などの利点を活かし、国内外の生産拠点を中国に移転・統合してきた。これにより、強力な総合的なサプライチェーンが構築された。

　新型コロナウイルスのパンデミックにより、世界の経済活動が大きく影響を受けたが、中国の早期の経済再建は、日本を含む多くの国々にとって、

---

1)　中国国家統計局 2024 年 1 月 17 日公表。

中国との経済的な関係を強化する動機となった。

　日本と中国とは隣国として長い交流の歴史を有しており、特に経済面では中国の改革・開放以来両国間の交流が飛躍的に発展して、両国の経済関係は、相互補完的な側面が強い。日本は高い技術力を持つ一方、中国は大規模な生産力と広大な市場を持っている。中国で製造された製品は日本市場にも供給され、日本の企業は中国での生産活動やビジネス展開を行うなど、両国間の経済交流は多岐にわたっている。

　本稿では、こうした状況を踏まえ日本の企業は巨大化する中国とどう向き合うべきか、つまりポスト・コロナ時代における日・中経済協力を探ることにする。

1.　中国進出日系企業の経営行動

　中国（香港・マカオ両特別行政区を除く）に進出している日本企業は、2022 年 6 月時点で 1 万 2,706 社であり[2]、2010 年の調査開始以来、中国への進出企業は 1 万社を超えており、引き続き日本企業の対中進出意欲の高まりがみられた。

　しかし、2020 年の調査時点から 940 社減少したほか、過去の調査で最も進出社数が多かった 2012 年（1 万 4,394 社）からは 1,700 社近く減少するなど、中国に進出する日本企業数は減少傾向が強まっている（図 1）。一方、新たに拠点などを開設した「新規」は 1,352 社である。

　日本企業は過去 40 年にわたり、豊富な労働力と安価な人件費をはじめとした、「世界の工場」としての魅力から、国内外の生産拠点を中国に移設・集約し、強固で複雑なサプライチェーンを構築してきた。加えて、近年は 14 億人超の人口規模が生み出すマーケットとしての魅力度も高まった。

　2023 年度の海外進出日系企業実態調査によれば、中国進出している日本企業の営業利益見込みは、黒字と回答した企業が 63.4% に達し、また、

---

2)　帝国データバンク、2022 年 7 月 22 日。

図 1　中国進出日系企業数

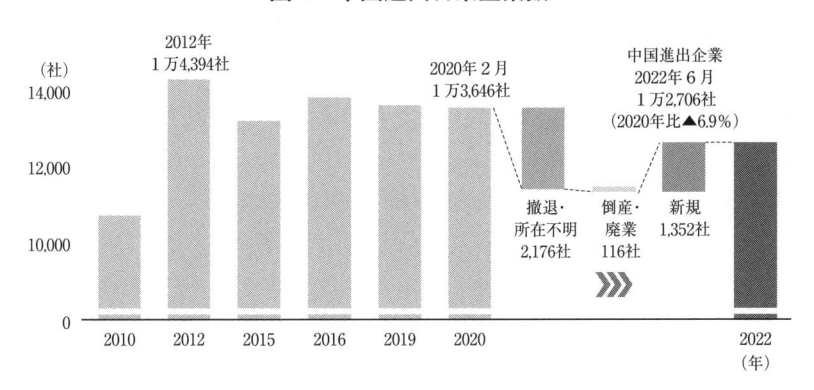

出所：TDB、日本企業向中国拡大発展趨勢調査（2022 年）。

2022 年の営業利益見込みが黒字と回答した企業は 64.9% であり、前年度からは 4.6 ポイント低下した[3]。

　この結果は、新型コロナウイルス感染拡大の影響を受けつつも、多くの日系企業が黒字を維持していることを示している。

　2024 年以降の中国市場について、「一番重要な市場」および「三つの重要な市場の一つ」と答えた企業が 51% となり、半数を超える日本企業が今後も中国市場を重要な市場と位置付けていることが分かる[4]。

　中国日本商会が 2024 年 1 月 15 日に実施した調査では、基調としては多くの項目で前期より「小幅な改善をしている」という認識が示された。中でも、売上については「減少」および「やや減少」が 47%（前期比 8 ポイント減）で「増加」および「やや増加」の 27%（前期比 2 ポイント増）を上回り、「変化なし」は 26%（前期比 5 ポイント増）だった。また、事業環境に対する満足度は「非常に満足」および「満足」が 54% と、前回より 3 ポイント増えた。さらに国内企業と「同等に扱われている」という回答も 71% と、前回より 2% 増えている。「改革開放 45 年を経て、

---

3)　日本貿易振興機構（JETRO）「2023 年度海外進出日系企業実態調査」中国編、2024 年 2 月。
4)　2024 年 1 月 20 日、CGTN Japanese/AFPBB News。

在中国日本企業の事業活動は成熟度を増し、したたかさを兼ね備えている」[5] という見方を示した。こういう傾向は、14億人市場も捨てがたいことを示している。

中国経済の景気減速、米中対立などの影響下で、「中国事業を他国の事業と切り離す」ことを模索している企業も増えているが、岸田文雄首相の言葉を借りれば、「デリスキング」（リスク減少）である。

なお、ポスト・コロナ時代における中国進出日本企業の経営上の課題としては以下の諸点があげられる。

日系企業の経営上の課題の第1位は、「従業員の賃金上昇」で67.6％だった（日系企業が最も頭を悩ます中国人従業員の賃金については、毎年年末にそれぞれの地域が、翌年の最低賃金を発表している）。

第2位は「為替変動」で64.1％、第3位は「調達コストの上昇」で64.0％、第4位は「競合相手の台頭（コスト・価格面で競合）」で59.2％、第5位は「新規顧客の開拓が進まない」で47.0％、であった[6]。

このデータを総合的に見ると、日系企業が直面している主な経営上の課題としては以下の諸点が考えられる。

①従業員の賃金上昇——これは最も顕著な課題であり、従業員の賃金が上昇することで企業のコストが増大し、利益率を圧迫する可能性がある。特に中国での最低賃金の上昇は日系企業にとって重要な影響を与える要因である。

②為替変動——国際取引を行う企業にとっては常に懸念される問題であり、為替の変動は利益や価格競争力に影響を与える可能性がある。特に日本の企業が海外展開している場合、為替の変動は業績に大きな影響を与える可能性がある。

③調達コストの上昇——調達コストの上昇は、原材料や部品の価格上昇などの要因によって引き起こされる可能性がある。これは企業の生産コス

---

5) cri Online、2024年1月15日。

6) 『現代ビジネス』2023年7月4日。なお、筆者は2001年から現在に至るまで、4回の文部科学省科学研究費と受諾研究などのプロジェクトで中国進出日系企業における経営行動の調査研究を行ってきたが、日系企業における経営上の課題はまさにその通りである。

トや製品価格に直接影響を与えるため、業績に影響を及ぼす重要な課題である。

④競合相手の台頭——競合相手の台頭は市場での競争が激化していることを示唆している。競合他社のコストや価格競争力が向上することで、日系企業は市場シェアを維持するために新たな戦略を模索する必要がある。

⑤新規顧客の開拓が困難——新規顧客の開拓が進まないという課題は、市場の成長や拡大に関する企業の能力に影響を与える可能性がある。顧客獲得が停滞することは、企業の収益成長に影響を与える可能性がある。

これらの課題は、日系企業が直面する多様な挑戦を反映しており、適切な戦略や対策を講じることが重要である。これらの課題に対処するためにリスク管理や効果的な戦略立案を行う必要がある。

上記の課題は、少しずつ絡み合っており、企業が存続し、成長するためには総合的なアプローチが必要である。特に、サステナビリティ、人的資本の再建、ガバナンス、新たな市場機会の創出に焦点を当てることが重要であると考えられる。日系企業はリスク管理や市場調査の強化、地域に適した戦略の展開、パートナーシップの構築など、様々な取り組みの実行が必要である。

以上の結果は、残された課題はあるものの全体として中国進出日系企業における経営行動は良好であることを示している。

2. 日本進出中国系企業の経営行動

中国は、2000 年代に入ってから本格的に「走出去」（海外進出）戦略を掲げ、中国企業の海外進出を呼びかけ、国際競争力の高いグローバル企業を育てようとした。当初「走出去」戦略は明らかに、国有企業を中心とするエネルギー分野が中心だった[7] が、2010 年以降情報通信分野の大手プラットフォーマーやテック企業などに移り変わっている。

EC 最大手のアリババや SNS 最大手のテンセントは、海外市場への参

---

7) 金山権「中国の対外直接投資の動向」『経営行動研究学会会報』No. 80、2013 年 9 月。

入や現地プレーヤーへの投資を通じ、海外での勢力拡大を図っている。スマホやスマート家電を手掛けるシャオミはインドのスマホ市場のトップブランドにまで成長している。ショート動画配信の TikTok（中国国内版：抖音）は、2020 年に世界で最もダウンロードされたアプリで、ティックトックを運営するバイトダンスは中国国内の急成長の勢いをもって 2017 年から海外に進出し始め、今や世界最大級のユニコーン企業となっている。世界でのダウンロード数が累計で 20 億を突破し、中国発のアプリが世界を席巻した好例となっている。テック企業の海外進出は、中国企業のブランド力の向上と、中国発のビジネスモデル創出につながると中国国内で期待されている。

　日本進出中国企業は 2000 年代後半頃から、業績悪化した日本企業の買収という形で増えた。2009 年には中国の家電専門店大手がラオックスを買収、本間ゴルフやレナウンなども相次いで中国企業の傘下に入った。近年は研究開発拠点を設置する動きも広がり、自動車大手の長城汽車は 2016 年に拠点を設け、電気自動車（EV）や自動運転の研究を始めた。中興通訊（ZTE）もあらゆるモノがネットにつながる「IoT」の拠点を東京都内に開設し、すでに研究拠点を持つ華為はさらに生産まで乗り出した。

　コロナ危機下で世界の景気回復が遅れるなか、中国は 2020 年前半に既に GDP がコロナ危機前の水準に回復した。こうした状況下、24 年 3 月上旬に開催された全国人民代表大会（全人代）における李強首相の政府活動報告では、習近平「新時代の中国の特色ある社会主義」思想を導きとし、GDP の伸び率は約 5％程度とし、経済成長率目標は 5％前後にすると宣言した。

　積極的に海外進出に乗り出している中国企業はなぜ日本市場をターゲットとして積極的に日本進出を図っているのか。中国企業の日本進出の要因としては主に以下の 3 点があげられる。

(1)　日本のマーケット、日本企業が魅力的である

　2019 年までに日本に進出した外資系企業の数は 3,287 社ある中、アジアからは全体の 27.4％を占める 900 社が進出している。そのうち、中国

は337社と、2位の香港（163社）、3位の台湾（152社）と比較しても、実に2倍以上の実績があることがわかった。業界別社数で見ると、第1位は卸売業（111社）、第2位はサービス業（54社）、第3位は情報通信業（52社）となっている。この他にも、製造業や小売業など多種多様な業界が日本市場へ進出をしている[8]。

中国は日本のマーケット、日本企業に非常に魅力を感じ、事業の拡大をはかっている。グローバル志向を高めている中、日本企業の魅力を再認識している。中国に次ぐ世界第3位の経済大国としての日本は先進諸国の中でその市場が大きく、海外企業にも一貫して開放されている。

成熟したマーケット、厳しい消費者の目、厳格な法規制などは、かえってグローバル指向を推進している中国にとって、日本で成功できればほかの先進国でも成功できる可能性が随分高いことの証として認識されている。日本市場は競争力を向上させている中国企業にとって大きなチャンスの場となっている。

(2) 向上しつつある両国間の経済交流

米中関係が険悪化の一途を辿る情勢下にあって、中国政府は日中関係の改善を重視し力を注いできた。2018年5月にトヨタ自動車北海道工場を訪れた李克強首相（当時）は、「両国のイノベーション提携や対話の強化が共通認識となり、日中協力も第三国市場開拓も積極的に進めていきたい」と述べるなど、訪日を機に日中両国間の経済交流強化に向けた機運は高まっている。

(3) 日中貿易の拡大・人材／技術／アイデアの獲得・充実したインフラ整備・質の高い研究開発環境などの面での高い魅力

インフラ整備や研究開発環境の充実など、日中の経済交流などは中国企業にとって魅力的な側面を持っているのはいうまでもない。

総じて、中国企業は日本における市場の開拓に積極的な意欲を示してい

---

8) 経済産業省「平成31年 外資系企業動向調査」。

ることがわかる。

　中国企業の日本でのビジネスは、製品提供型とサービス提供型の２つに大別できるが、近年デジタル技術で先行する中国企業が日本企業と提携し、ノウハウやソリューションの提供が増えつつある。例えば、上記にあげた事例以外にも、物流ロボットやスマート工場を中心に事業を展開する2015年に創業したGeek＋は、2017年に日本に進出し、同社の自動搬送ロボットや物流ソリューションサービスが大和ハウス工業やトヨタの工場、アスクルの物流センターなどで使われている。2018年に日本に進出した、3Dカメラ関連サービスを提供する3DNestの技術は、大塚家具のバーチャルショールームに導入され知名度を上げた。住宅メーカーの大倉は自社のスマートハウスに中国のIoTプラットフォーマーであるトゥーヤー（塗鴉科技、2021年4月に米国上場）のサービスを取り入れているなど、両国間の経営行動は積極的に行われている。

　中国政府は中国企業の日本への投資を支援し、日本経済の好転を期待すると同時に、日本が制度やビジネス慣習の面で海外への市場開放をさらに進め、中国企業の対日投資にプラスになることも願っていると表明している。

　日本に進出した中国企業が日本市場で経営活動を行う事例が増えている。これは、中国企業が日本市場の成長や技術の獲得などを目指す一環として行われているが、中国企業の日本への進出や経営行動の特徴は以下のようにまとめられる。

　①投資の多様化——中国企業は、日本市場への進出において、さまざまな業種や産業に投資している。特に、技術や製造、サービスなどの分野での投資が目立っている。

　②技術の獲得とアクセス——日本企業は世界的に高い技術力を持っており、中国企業はその技術やノウハウを獲得するために日本企業への投資や買収を行う。これにより、中国企業は自社の技術力や競争力を向上させることができる。

　③日本市場への適応——中国企業は、日本市場の独特なビジネス文化や消費者の好みに適応しようと努力している。製品やサービスの品質向上や

カスタマイズ、販売チャネルの最適化などを通じて、日本市場での競争力を高めようとしている。

④人材確保と育成——日本市場に進出する中国企業は、日本人の採用や育成に力を入れている。地元の人材との協業や、日本の労働法やビジネス慣習についての理解を深めるための教育プログラムを実施することで、企業の持続的な成長を目指している。

⑤コンプライアンスの強化——日本市場での活動においては、法令順守や倫理観の強化が重要視されている。中国企業は、コンプライアンスの意識向上や法令遵守体制の整備に取り組んでいる。

これらの特徴は、中国企業が日本市場で事業展開する際の一般的なアプローチや取り組みを示しているが、個々の企業や業界によって現状では異なる場合もある。

3. デジタル分野における日中間の協力

デジタル技術は新型コロナウイルスの感染拡大防止において重要な役割を果たしている。デジタル技術の潜在力と将来性は、社会発展に新たなチャンスと経済増加の原動力を与えている。無人宅配、オンラインショッピング、オンライン教育、協同作業、スマート製造、スマート医療ロボットなどの新しいサービスが迅速に発展し、重要な役割を果たし、デジタル経済のメリットを表現している。日中両国はデジタル経済の発展、特にITに基づいた人工知能（AI）の発展を極めて重視している。そのため、今後日中両国間の協力の可能性が高い分野といえる。

RCEP[9]は、事実上の日中間の初のFTA締結ということで、デジタル協

---

9) 東アジア地域包括的経済連携（Regional Comprehensive Economic Partnership）。2012年11月に交渉を開始し、2020年11月15日に署名された地域的な包括的経済連携協定で、東南アジア諸国連合（ASEAN）を中心にした国家群（インドネシア、シンガポール、タイ、フィリピン、マレーシア、ブルネイ、ベトナム、ミャンマー、ラオス、カンボジアに日本、中国、韓国、インド、オーストラリア、ニュージーランドを加えた16ヵ国）が参加する広域的な自由貿易協定のことであり、別名メガFTAとも呼ばれている。

力に大きな影響を及ぼすに違いないと筆者は分析している。また RCEP により、WTO に十分な規定のない電子商取引ルールにつき合意された。その内容は、締約国間の電子的送信に対する関税不賦課（モラトリアム）、データローカライゼーション（外国事業者に対する自国内でのコンピュータ関連設備の設置・利用要求）の禁止、データフリーフロー義務（電子的手段による情報の越境移転の自由確保）、個人情報保護法の整備、などが柱である。

　日中ともに IoT・ICT 機器の主要な生産国であるという共通性があるが、その点においては補完性もある。例えば IoT では、日本はヘルスケア、スマート工場において競争力が高く、中国はスマート・シティ、コネクテッドカーで高い競争力をもつ。ICT 製品では、日本は半導体やゲームが強く、中国は固定系および移動系ネットワーク機器が強い。このように、日中間においては、協力を拡大していく潜在力が非常に高いことがわかる。いかにしてその潜在力を発揮していくのか。当然ながら企業や消費者の信頼を獲得していくこと、信頼性のある自由なデータ流通を促進していくことが重要である。

　中国政府は 2021 年 9 月 16 日夜、日本をはじめとする 11 ヵ国が参加する TPP（環太平洋パートナーシップ協定。経済規模 11 兆ドルで世界全体の 13.1% を占めている）への加入を正式に申請したと発表したが、TPP は日中のデジタル協力を深化させる可能性をもっている。というのも、RCEP においては「ソースコードの移転とアクセス要求の禁止」が今後の検討課題として残されていることなど、TPP に比べると RCEP の電子商取引ルールは低水準だからである。今後、中国の TPP 加入に向けて改革開放が一段と進展すれば、公平・透明・開放的な競争環境の形成等を通じ、電子商取引のみならず、日中経済協力全般の活性化に寄与すると考えられる。

　例えば、製造業分野だけでも 4 千社の日本企業が中国に進出し、ネットワークを築いている。日本企業が海外から得られる利益という点において、中国は最も大きな存在である。米国に進出した日本企業は、総額で 1.7 兆円の利益を得ているが、中国に進出した日本企業における中国への

直接投資残高は 13 兆 9,147 億円で、直接投資収益は 2 兆 1,027 億円（2020 年）となっている。その資本利潤率は 15.1% と非常に高い。中国での常時従業員数は 144 万人であり、うち製造業が 120 万人と圧倒的なウェイトを占めている。従業員 1 人当たりの直接投資収益は 146 万円となる[10]。

　また、日本の対外直接投資において全体の 30% を占める米国から得られる利益は全体の約 15% であるが、中国への投資は全体の約 7% しかないにもかかわらず、得られる利益は全体の約 22% にのぼっている。ソフトバンクの例をみても、2000 年に中国のアリババに 20 億円を投資（全体の 33%）したが、アリババが 2014 年に米国で上場してから 8 兆円の利益を回収している。

　このように、日中の政府間は比較的関係が低迷しているが、経済においては活発な関係を築いているのである。現在中国は、産業構造を転換しようとしている。日本がプラザ合意以降内需を拡大させたように、中国も内需の拡大に努めている。現在の中国の内需は GDP の 4 割程度しか満たしていないが、これを 6 割程度に拡大しようとしているところである。過去、日本の企業にとって中国はコスト削減のための場であったが、今はパートナーとして、特にデジタル化時代が到来している今後は、新しい関係を築いていくことができると思われる。中国には多くのユニコーン企業があり、その潜在力は計り知れない。日中で共にデジタル化時代にあった人材を育成し、イノベーションを起こしていくべきである[11]。

　中国の掲げる「デジタル・シルクロード」については、近い将来、デジタル分野での国際競争が激しくなることが予想される中で、日本と中国の間でもできれば情報共有や意見交換をして、日中両国がデジタル分野においてできる協力などについてウィン＝ウィンの関係を築くことを目指して話し合いの機会を持ったほうが建設的であると考えられる。このように従

10)　日中対話「ポスト・コロナ時代の日中協力のあり方」メモ、2020 年 12 月 4 日、日本国際フォーラム事務局。
11)　一般財団法人日中経済協会「日中関係、グローバル・パートナーとしての新展開——国際秩序形成とイノベーションの推進に向けて」2017 年 11 月。

来のような日本企業の中国進出一辺倒ではなく、現在では中国企業とりわけデジタル分野のテック企業が日本に進出し、日本企業は中国発のデジタルイノベーションの多くを活用するようになっていて、日中企業が相互進出の様相を帯びてきており、日中企業連携の新たな可能性が広がっている。

　勿論、デジタル経済の発展の加速にともない、デジタルデバイドの拡大が懸念されている。今後、デジタル技術を普及させ、デジタル経済の持続可能な発展を推進するために、多国間の協調メカニズムの構築、新たな政策と国際規則の策定が実施されなければならない。今後、日本と中国は協力を強化しつつデジタル規則の制定を共同で実施すべきである。

おわりに

　日本にとって中国は最大の貿易相手国であり，日系企業の海外拠点数で中国は第1位であるなど日中経済関係は一層緊密になっており、ポスト・コロナ時代においては日中間の経済・実務協力を一層進めていかなければならない（表1参照）。そのなかでも、引き続き法制度の運用改善、さらなる市場開放、日中間のさらなる経済協力の強化等を通じ、ビジネス環境の改善に力強く取り組むことを中国政府は働きかけてきている。

　経済産業省は、中国に対して、知的財産権保護の強化、市場歪曲的な産業補助金等の是正、強制技術移転の禁止、中国輸出管理法やデータ関連法制等の運用の明瞭化といった公平・公正なビジネス環境の整備、さらには中国市場のさらなる対外開放を、様々なレベルで要請している。また、日本と中国の共通の社会課題であるエネルギー・環境や高齢者介護・ヘルスケア等を始めとして、様々な分野での協力を進めており、こうした要請と協力とを両輪として政策を展開している[12]。

　本稿では、主として3つの領域に分けてポスト・コロナ時代における日・中経済協力を探ってきた。「中国とグローバル課題において協力関係を構築することによって国際社会へ貢献できる」し、「両国の経済的な連

---

12)　経済産業省『2021 年通商白書』（PDF 版）。

表 1　近年における日中両国間の経済関係

日中貿易総額 　日本にとって 　中国にとって	3,179 億 9,890.19 万ドル（2023 年），前年比 394 億 2,552.89 万ドル減（華経産業研究院 2024 年 8 月 31 日公表） 中国は最大の貿易相手国（2019 年） 日本は米国に次ぐ 2 番目の貿易相手国（2019 年）
日本の対中直接投資総額 　中国にとって	1 兆 2,000 億元（2022 年）（過去最高を更新） 日本は国として第 4 位の投資国（1 位シンガポール、2 位韓国、3 位英国、5 位ドイツ、6 位米国）
中国進出日系企業の拠点数	3 万 1,324 拠点（2022 年 10 月時点）
日本進出中国系企業数	1 万 3,000 社（2024 年 4 月時点）（東京経済オンライン）
中国の GDP 規模	世界第 2 位（世界全体の約 16％。米国は約 25％、日本 は約 6％）

出所：日本外務省「最近の中国経済と日中経済関係」令和 2 年 4 月、JETRO などにより筆者作成。

携の強化は、アジアが世界経済を牽引するリーダーとしての役割を果たす
ことができる」[13]。日本と中国が、経済的な協力関係を健全な形で一層発展
させることが有意義であることは言うまでもない。

参考文献
JETRO「アジア・オセアニア進出日系企業実態調査」2020 年。
経済産業省『2021 年通商白書』（PDF 版）。
金山権「中国進出日系企業の経営行動──今後の方向と課題」日本経営学会編『新たな
　経営原理の探求』*Chikura*、2011 年 3 月。
金山権「中国の対外特設投資の動向」『経営行動研究学会会報』No. 80、2013 年 9 月。
金山権「グローバル化における日系中小企業の海外進出と経営行動」『ビジネス科学研
　究』*Journal of Business & Management Sciences (JBMS)*, 2019 年度。
中国日本商会アンケート「中国は「一番重要な市場」と「三つの重要な市場の一つ」」
　2024 年 1 月 20 日（https://www.afpbb.com/articles/-/3500475）。
Hayakawa, K. (2023) "Japan's Dependence on China in Supply Chains: Diversion of Im-
　ports from China to ASEAN Countries," Discussion Paper No. 897, IDE-JETRO.
Rauch, J. E. (1999) "Networks versus Markets in International Trade," *Journal of Interna-
　tional Economics,* 48 (1), 7-35.
Voeten, E., A. Strezhnev, and M. Bailey (2009) "United Nations General Assembly Voting
　Data," *Harvard Dataverse,* V29.

---

13)　一般財団法人日中経済協会「日中関係、グローバル・パートナーとしての新展開
　　──国際秩序形成とイノベーションの推進に向けて」2017 年 11 月。

日本車は生き残れるか？
——電気自動車をめぐる世界と日本の動向

片山博文

はじめに

筆者は2017年12月9日、第17回北京大学・桜美林大学学術シンポジウムにおいて、電気自動車（Electric Vehicle: EV）をめぐる現状について報告を行った。当時は、欧米、そして中国において、EVの大きな波が広がりつつある時期であったが、その後、EVをめぐる状況は、イーロン・マスク率いる米国の電気自動車メーカー・テスラと、中国のEVメーカー、とくに比亜迪汽車工業有限公司（BYD）が大きく躍進を遂げる一方で、内燃機関やハイブリッド車にこだわるトヨタをはじめとする日本の自動車産業は、世界のEV化の流れに乗ることができず、EV化への立ち遅れがつとに指摘されてきた。しかし最近では、世界のEV化の流れがいったん鈍化するとともに、急激なEVシフトに対して慎重な姿勢をとってきたトヨタの戦略が再び見直されつつある。

このように、EVをめぐる状況は、2017年シンポジウムからの数年間においても、大きな変化を経てきたと言える。そこで本稿では、まず前半で2017年時点でのEVをめぐる現状についてシンポジウムの報告内容を簡潔にまとめ、後半では、その後の展開について、テスラとBYDの動向を中心に述べ、EVの近未来を展望したい。

1.　自動車産業「百年に一度」の大変革期

　現在、自動車産業は、「百年に一度」の大変革期を迎えていると言われている。すなわち、(1) EV が普及を始め、動力源の主役がエンジンから電池に変わるという電動化時代が幕開けし、(2) IT 技術の目覚ましい進歩により、自動車の自動制御による安全性が向上し、完全自動運転の実現も展望できるようになり、そして (3) カーシェアリングの普及により、所有を前提としない車の利用形態が拡大し、「自家用車」が「配車サービス（Transport as a Service: TaaS）」に置き換わる、といった、それまでの業界のあり方を大きく覆す動きが生じてきたのである。

　こうした動きを受けて、自動車産業の未来を表現する言葉として、2016 年頃から叫ばれるようになったのが「CASE」というキーワードである。これは、C（コネクテッド：Connected）、A（自動化：Auto-monous）、S（シェアリング：Sharing）、E（電動化：Electric）の頭文字をとったものである。こうした 4 つの波が自動車産業では同時的に、しかも相互に関連して生じているというのが、CASE のもつ意味である。

　自動車の新潮流である CASE は、自動車産業に大規模な構造変化をもたらすものである。それまでの自動車産業は内燃機関によるガソリン車の進化によって特徴づけられるが、それは基本装備に高性能化や排気対策、燃費対策が次々と取られていくといういわば車の複雑化の歴史であり、とくにエンジンの開発と生産には各自動車メーカーの長年の技術ノウハウが蓄積され、自動車産業への新規参入を難しくする最大の要因となっていた。先進国の自動車メーカーは、こうした自動車の心臓部とも言えるエンジン技術を中核にもち、系列の部品メーカーを垂直統合した体制で自動車の開発・生産を行ってきた。

　これに対して、EV は技術的にシンプルな構成をもっている。駆動部の部品点数はエンジンより約 1 桁少なくなり、主要部品の多くで汎用品を使えるようになる。エンジンの設計製造では、文章で表せないノウハウや経験が必要であり、排気対策や燃費対策も必要であるが、モーターにはそのような技術的参入障壁がなく、性能が理論的に設計できるため、設計製

造の現場で暗黙知や経験がほとんどいらなくなる。したがって、EV の主要部品がパソコンの液晶やキーボードと同じようになり、コストダウンに成功したメガサプライヤーがグローバル市場のシェアを獲得することが可能である。また、従来型の自動車産業のような系列部品メーカーを垂直統合した体制ではなく、汎用品を最適調達する水平分業体制を構築することができる（廣田 2021: 26）。

　このことは、自動車の生産や販売に、新規企業の参入や他業種からの参入が活発に起こり、自動車の勢力地図を大きく塗り替える可能性があることを意味する。実際、新興メーカーや異業種からの自動車産業への参入が相次いでいる。欧米の新興メーカーにはテスラのほか、カルマ、ローズタウン、リビアン、ルーシッド、ボリンジャー、フィスカー、ニコラ、カヌー、ファラデー・フューチャー（以上は米国）、アライバル（英）、ソノ（独）などの企業があり、中国の新興メーカーでは比亜迪（BYD）のほか、上海蔚来（NIO）、小鵬（Xpeng）、理想（Li Auto）、威馬（WM Motor）、愛馳（Aiways Automobile）、合衆（Hozon Auto）、零跑（Leapmotor）、天際（Enovate Motors）、華人運通（Human Horizons）、奇点（Singulato）、拝騰（Byton）などがある。そのほか、IT 大手としてはアップル、百度、滴滴出行、アリババ集団、ソニーなどが、異業種からは出光興産、ヤマダ電機、佐川急便などが次々と参入に名乗りを上げた[1]。例えばヤマダ電機は現在、新興住宅と EV のセット販売を拡大している。太陽光発電設備などを備えた「スマートハウス」のモデル住宅と日産自動車の軽自動車 EV「サクラ」などの実車を店舗に展示し、将来は BYD や他の日本車メーカーの商品など取扱品の拡大も検討している[2]。自動者が家電量販店で売られる時代がすでに到来しているのである。

2.　世界に拡大する EV シフトと日本メーカーの対応

　そうしたなかで、各国政府の EV シフトに向けた政策的な動きも 2010

---

1)　2021 年 3 月 12 日付日本経済新聞。
2)　2024 年 2 月 17 日付日本経済新聞。

年代後半から拡大してきた。その先鞭をつけたのが、米国カリフォルニア州のエコカーをめぐる政策である。カリフォルニア州は、2018年から「次期 ZEV 規制」を施行することとした。ZEV とはゼロエミッション車（Zero Emission Vehicle）のことで、燃料電池車、電気自動車、プラグインハイブリッド車を指し、日本が重視する低排ガス車、ハイブリッド車はこのカテゴリーには含まれていない。この規制は、新車販売の一定割合（2018年には4.5%、2020年には22%）を ZEV にすることを自動車メーカーに義務付けるものである。そして、クレジットが未達成の場合には、不足分を他社から購入するか、罰金を支払わなければならない。逆にクレジットを超過達成したメーカーは、超過分を他のメーカーに売ることができるというものである。

　これに対して、日本メーカーの当初の対応は鈍いものであった。トヨタは2014年、燃料電池車「ミライ」を市場投入したものの、EV への関心は極めて低く、日産は2010年から電気自動車「リーフ」を販売していたが、ホンダはいまだにハイブリッド車を中心に位置づけていた[3]。

　こうしたなか、自動車業界に衝撃を与えたのが、世界最大の自動車市場である中国が2019年から実施した、エコカーをめぐる新しい規制「NEV規制」である。これは、中国政府が内燃機関車から新エネルギー自動車（New Energy Vehicle）への転換を行うために導入した規制で、各社の年間生産台数に応じて NEV の生産を義務づけるものである。NEV には、バッテリーの電気だけで駆動する電気自動車（BEV）、プラグインハイブリッド自動車（PHEV）、水素燃料電池で駆動する燃料電池自動車（FCV）が含まれる。一方、ハイブリッド車は NEV に含まれない。そして、規制をクリアできない場合、NEV の生産量が多いメーカーからクレジットを購入するものとされた。これまで中国政府は、多額の補助金をほぼ自国メーカーのみに用い、市場を独占させてきた。そのため厳しい NEV 規制

3）　そのほかの企業は、スバル：プラグインハイブリッド車の開発を急ぐが、当初はクレジット購入で対応、マツダ：環境ディーゼル車「スカイアクティブ」の投入、三菱自動車：電気自動車「iミーブ」・プラグインハイブリッド「アウトランダー」の投入、スズキ：軽自動車・コンパクトカーで新興国へさらにシフト、などの対応であった。

表1　各国の EV シフト政策

国	年・月	目標・発言
米国	2012 年	カリフォルニア州、2018 年からゼロエミッション（ZEV）規制でハイブリッド車を除外
中国	2016 年 9 月	工信部が 2019 年から新エネルギー車（NEV）規制を導入すると発表、全販売量のうち一定比率の新エネルギー車の販売を求める
フランス	2017 年 7 月	2040 年までに温室効果ガスを排出する自動車の販売を終了
イギリス	2017 年 7 月	2040 年までにガソリン・ディーゼル社の販売を禁止
ドイツ	2017 年 7 月	政府報道官、「ディーゼル車およびガソリン車の禁止はドイツ政府のアジェンダには存在しない」と発言
ドイツ	2017 年 9 月	メルケル首相、「現在主力のディーゼル車の改良と EV への投資を同時に進める二正面作戦が重要」と発言
中国	2017 年 9 月	中国政府、将来的にガソリン車の販売を禁止する意向を表明
インド	2017 年	2030 年までにすべての販売車両を EV 化する

出所：資源エネルギー庁 HP より筆者作成。

をクリアするためには、市場をリードする中国の EV メーカーからクレジットを購入しなければならないケースも出てくる[4]。

　そのほか、2010 年代には、各国で表 1 のような EV シフトをめざす政策が展開された。2017 年の段階では、欧州のほか中国やインドなどの新興国でも、急激な EV シフトが始まっていたことが見て取れる。

　とくに、中国政府の EV に対する積極的な取り組みは印象的である。その背景としては、以下の点が指摘できる[5]。

　第一に、モータリゼーションの発展による石油輸入の急増である。中国は 1960 年代半ばに石油の自給自足を実現し、石油の純輸出国になったが、その後、純輸出量が急速に減少し、1993 年にはついに純輸入国に転落した。純輸入量は 2003 年に 1 億トンとなり、2020 年には 5 億トンに達した。中国の石油消費急増の主因は自動車普及の急速な進行である。自動車保有台数は、1980 年の 178 万台から 2022 年には 3 億 1,903 万台へと増大し、同時期の自動車普及率（人口に占める自動車保有台数の比率）も 0.2% か

---

4)　2017 年 9 月 23 日付日本経済新聞。
5)　以下の記述は、主に李（2024）の「はじめに」、第 1・2 章による。

ら 22.6% へと上昇した[6]。そのため、中国は 1997 年には一次エネルギーの純輸入国に転落し、エネルギーの安全保障問題が急速に顕在化したのである。

　第二に、EV のキャッチアップの容易さである。先に述べたように、内燃機関車と比べて EV における欧米との技術格差は相対的に小さい。そのため中国は、NEV を内燃機関車の延長線上ではなく脱炭素社会に欠かせないものと位置づけ、中国にとって国際資本と競争でき、しかも勝算が残されている自動車産業の唯一の分野であると認識している（李 2024: 25）。そのほか、中国において経済発展とともに大きな問題となってきた排ガスによる大気汚染の軽減・根絶や、地球温暖化問題といった環境問題への対応も、もちろん自動車電動化政策の背景として挙げられよう。

　なお、EV 化の帰趨と大きな関連をもつ燃料電池について触れておくと、この時点では、車載用リチウムイオン電池の世界シェアの 6 割強を中国メーカーが握るという、中国の独走状態にあった。2016 年の出荷量では、上位 5 社を寧徳時代新能源科技（CATL）、BYD など中国メーカーが独占していた。日米欧市場は日韓勢が優位を占めているが、日本ではパナソニックが孤軍奮闘の状態にあり、また次世代燃料電池（全固体電池、リチウム空気電池）の開発競争も激化していた。

　このように欧米・新興国において EV シフトが進行するなか、トヨタが EV 化に対してとってきた立場は、いわゆる「全方位体制」と呼ばれるものである。すなわち、ガソリン車、ハイブリッド車、プラグインハイブリッド車、燃料電池車、EV のワイドチョイスを用意し、市場がどう振れても対応できるようにしておくというものである。

　その背景には、社内で根強い EV 懐疑論があったとされる。2016 年の世界 EV 販売台数は 47 万台で全体の 1% 以下にすぎないこと、EV は航続距離や充電期間の問題から普及が難しいと考えられていたこと、また、国内取引先が 3 万社、グループ全体での雇用が 140 万人という垂直分業体制と雇用を維持する観点から、EV シフトへの急速な対応やパワートレ

---

6)　2019 年の国別の普及率では、米国が 87%、日本が 62% に対して、中国が 18%、インドが 4% であった（李 2024: 12）。

インの変更には慎重にならざるを得ないという事情もあった。

　しかし、こうした EV に対する慎重論は、世界で生じている EV シフトに日本が乗り遅れること、そして日本の競争力の低下につながることへの懸念をもたらすものであった。

3.　2020 年代前半における EV 化の現状

　以上、2010 年代後半における EV 化の状況について述べてきた。ではこれが現状ではどのようになっているのかを確認しよう。

　まず、CASE の各要素の 2022 年時点における現状について、木村ら（2022: 52-55）は以下のようにまとめている。

　C（コネクテッド）では、日本、米国、欧州を中心とした先進国での自動車のコネクテッド比率は 70％ を上回っており、多様なサービスが市場に提供されるようになってきた。S（シェアリング）では、米国ではウーバーテクノロジーズを代表に普及しており、2016 年からタクシー業界を破壊しつつある。米国以外の各地でもライドシェアは生活に浸透し、なくてはならないサービスへとなりつつある。E（電動化）では、自動車の電動化は世界的な脱炭素の潮流に乗って大きく加速・拡大している。バッテリーコストやレアアースの安定調達、充電インフラの整備などまだ課題はあるが、もはやグローバル市場での戦いで EV は避けては通れないとしている。一方、A（自動化）については、数年前の想定以上に実用化には時間がかかっている。2017 年当時はグーグルの自動運転車開発部門が分社化し、アルファベット傘下の Waymo が自動運転の公道でのテストを始めるなどしていたが、その後実用化には至っていない。

　次に、日本、米国、EU、中国の EV 普及状況を見てみよう[7]。

　2023 年における EV 新車販売台数（普通乗用車と軽自動車の合計）と新車販売におけるその割合をまとめたものが表 2 である。どの国においても、EV の販売数と新車販売におけるシェアは伸びているが、表から明

7）　以下の記述は、桃田（2024）による。

表2　EV新車販売台数と新車販売における割合（2023年）

国	新車販売台数	新車販売における割合
日本	9.1万台	2.28%
米国	119万台	7.6%
ＥＵ	154万台	14.6%
中国	669万台	22.2%

出所：桃田（2024）より筆者作成。

らかなように、とくにEUと中国でEV販売が大きなシェアを占めていることが分かる。2020年以降、EU全体でEVの販売シェアが増大してきたが、これをけん引してきたのが各国で実施されているEV購入支援策である。また中国では、前述のNEV規制が大きな役割を果たしてきた。NEV規制における義務化割合目標は、2025年20%、2030年40%と段階的に増やす方針を取っていたが、進捗状況が予想より良いことから、2027年45%に前倒しすると公表されている。米国での普及を後押ししているのは、バイデン政権のインフレ抑制法下での最大7,500ドルの税額控除や、前述のカリフォルニア州でのZEV規制であるが、米国では州ごとにEVの規制や補助が異なるため、カリフォルニア州では2023年の普及率が21%に達する一方で、中西部では数%台の州も目立つなど、州によって普及率に大きな差がある。一方、日本でもEVの新車販売台数とシェアは増加しているものの、表3にあるように2023年の燃料別新車販売台数ではハイブリッド車がいまだ主流であり、EVのシェアは相対的に低い値にとどまっている。

　次に、各国の政策や方針についてまとめたものが表4である。

　日本では、経済産業省が2020年12月に策定した「2050年カーボンニュートラルに伴うグリーン成長戦略」において、2035年までに乗用車の新車販売における電動車の比率を100%にするという方針が定められているが、ここで言う「電動車」には、EVやプラグインハイブリッド車だけでなく、ハイブリッド車や燃料電池車も含まれている。一方、欧州では欧州委員会によって「欧州グリーンディール」に関する法案が発表され

表3 日本における燃料別の新車販売台数（普通乗用車）
とその割合（2023 年）

車　種	販売台数	割　合
ガソリン車	94 万 8,445 台	35.77%
ハイブリッド車	146 万　133 台	55.07%
プラグインハイブリッド車	5 万 2,143 台	1.97%
ＥＶ	4 万 3,991 台	1.66%
ディーゼル車	14 万 6,164 台	5.51%
燃料電池車	422 台	0.02%
その他	99 台	0.00%
合　計	265 万 1,397 台	100.00%

出所：桃田（2024）。

表4 各国の EV 普及の方針

国	方　針
日本	2035 年までに乗用車の新車販売で電動車 100% を実現する
米国	2030 年までに国内で販売する新車の 50% 以上を電動化する
ＥＵ	自動車分野の CO_2 排出量を 2035 年までに 2021 年比で 100% 削減
中国	2035 年までに NEV の割合を 50% 以上、そのうち EV を 95% 以上にする

出所：桃田（2024）より筆者作成。

たが、この中で自動車分野については表にあるように非常に厳しい目標が
設定されており、事実上、2035 年にはプラグインハイブリッド車・ハイ
ブリッド車を含めて、すべてのガソリン車・ディーゼル車が禁止されるこ
ととなっている。ただしこの新たな CO_2 排出基準については、ドイツか
ら 2035 年以降も合成燃料を使う内燃機関の利用を例外的に認めるよう提
案が出され、EU 理事会の支持を得て認められた。また中国は、前述のよ
うに NEV 規制を加速させていく方針である。
　以上見てきたように、2024 年の現時点においても、日本の自動車メー
カー・政府の EV 化への対応は EU や中国に比べて積極的とは言えない現
状にある。

4.　テスラ・BYD の躍進とその要因

　この間、世界の EV 市場をけん引してきたのは、米テスラと中国 BYD である。この 2 社は世界販売台数で年間 100 万台の大台を突破し、EV メーカーとしてトップの実績を積み上げ続けている。

　2023 年 1～9 月期の EV 販売台数で見ると、テスラが 132 万台、BYD が 104 万台となっている。車種別の EV 世界販売台数では、テスラ「モデル Y」が 84 万台で首位、「モデル 3」が 37.6 万台、BYD「泰プラス」が 37 万台、「宋プラス」が 32 万台と続いている[8]。さらに BYD は、2023 年 10～12 月期には EV 販売台数で初めてテスラを抜いた。中国は、新エネルギー車の生産・輸出台数拡大によって、2023 年の自動車輸出台数は 491 万台となり、自動車輸出台数で同年 442 万台の日本を抜いて、初めて世界首位に立った[9]。

　中国市場においても、表 5 に示されているように、中国の振興 EV メーカーが多くのシェアを占めており、日系の中国合弁各社は乗用車販売でも苦戦を強いられている。

　中国では、BYD 以外にも EV プレーヤーが多数存在し、その背中を追っている。広州汽車、長安汽車、北京汽車、吉利汽車などの国有大手自動車メーカーは、電動化とコネクテッドを軸とする EV の新ブランドを立ち上げて育成を進めている。中でも広州汽車の「広汽 Aion」は、主力モデルの「Aion Y」「Aion S」の好調を受け、中国 NEV 市場の 3 位に躍進した。一方で、2014 年以降 IT・電子など異業種からの新興メーカー約 50 社が EV 開発に参入したが、ここ数年は新興勢の苦戦が目立っている。23 年には、不動産大手・恒大集団傘下の恒大新能源汽車や威馬汽車、奇点汽車など新興勢 8 社が経営難に陥った[10]。

　そもそも EV は生産コストがかさみ利益が出にくいとされる。その主因は、キーパーツである電池のコストの高さである。平均的な EV 1 台の部

---

8)　『週刊東洋経済』2024 年 1/6-13 年始合併特大号、38-39 頁。
9)　2024 年 2 月 1 日付日本経済新聞。
10)　『週刊東洋経済』2024 年 1/6-13 年始合併特大号、51-52 頁。

表5　中国の新エネルギー車販売上位 10 社

順　位	メーカー	台数（万台）	シェア（%）
1	BYD	240.5	35.3
2	テスラ中国	52.7	7.8
3	広汽 Aion	43.9	6.5
4	吉利汽車	40.9	6.0
5	上汽 GM 五菱	39.0	5.7
6	長安汽車	34.2	5.0
7	理想汽車	32.5	4.8
8	長城汽車	20.8	3.1
9	NIO	14.2	2.1
10	零跑汽車	12.5	1.8
	その他	149.1	21.9

注：2023 年 1〜11 月期。
出所：『週刊東洋経済』2024 年 1/6-13 年始合併特大号、51 頁。

品コストに占める電池の比率は約 3 割に及ぶ。

　電池のコストが高い理由の一つは、リチウムなど希少金属を材料とすることである。この高コストの問題点を克服するために、テスラや BYD は車体部品をアルミ鋳造で一体成型する「ギガキャスト」と呼ばれる手法を導入している。大型の部品を一度に成型する仕組みにより高い生産性を実現する。テスラは例えば従来 150 個以上使っていた部品をわずか 2 個に集約し、自動化を含めたラインで生産することで合理化を追求している。さらにテスラは車種数を絞り込んで開発コストを抑制し、販売はディーラーを通さず直販に特化、広告宣伝もイーロン・マスクの SNS での発信に頼るなどして採算性を高めている。また、BYD は通常の三元系（ニッケル・コバルト・マンガン）電池よりも割安な LFP（リン酸鉄リチウムイオン）電池と呼ばれるリチウムイオン電池を内製し、コストを下げるとともに、三元系を使う他社の EV と遜色ない航続距離を確保している[11]。

---

11)　『週刊東洋経済』2024 年 1/6-13 年始合併特大号、44-45 頁。

　またEV化は、車の性能をオンラインを通じてアップデートする「ソフトウェア定義車両（Software Defined Vehicle: SDV）」をはじめとして、「クルマのスマホ化」を推し進めるが、この点においても日本勢は後れを取っている。

　テスラはいち早く無線通信で車に搭載するソフトウェアを更新し、走行性能などを向上させる「OTA（Over the Air）」の採用を始めた。OTAでは車載システム、インフォテインメント、自動運転機能などソフトウェアで制御される機能が更新可能である。イーロン・マスクは「ソフト更新で最終的に完全自動運転が可能になる」と宣言している。またテスラは、以前からEVの充電待ち時間や自動運転中の時間を有効に活用できるようにコンテンツおよびエンターテインメントを楽しむための機能の充実にもこだわってきた（木村ら 2022: 125-126）。中国では、動画や音楽、SNSやゲームが楽しめ、安全・自動運転機能まで、オンラインで更新される利便性が消費者に認められている[12]。

5.　EV「失速」と今後の展望

　しかし、今年2024年に入ってから、世界的なEVシフトの動きが「失速」したかのような動きが次々と見られるようになってきている。

　欧州においては、ドイツが2023年12月、EV購入時の補助金制度を当初予定の24年末から1年前倒しで終了し、またフランスはBEV補助金制度の適用対象モデルを製造・輸送過程の二酸化炭素排出量をベースに算定する「環境スコア」が閾値を超えるモデルに限定することが発表されるなど、補助金制度の打ち切りや条件の厳格化が行われている（桃田 2024）。またフランスでは2023年12月、EV購入の支援制度を改定し、欧州外から輸入するEVを補助金の対象外とするなど、主に中国を念頭においた保護主義的な政策も見られる。米国でも、インフレ抑制法に盛り込まれているEVなどの税額控除優遇策の対象となるためには、車両の最終組み立て

12）『週刊エコノミスト』2023年 10/10-17 合併号、16頁。

表6　欧米メーカーでは EV へのネガティブな動きが相次ぐ

ゼネラル・モーターズ	米ミシガン州オリオンタウンシップ工場での電動ピックアップトラック 2 車種の生産を 1 年延期
フォード・モーター	2026 年開設予定のミシガン州電池工場の生産能力縮小を発表。2026 年末までに EV 年間 200 万台生産の目標を断念
テスラ	イーロン・マスク CEO がメキシコ新工場の建設を先送りする可能性を示唆
フォルクスワーゲン	東欧で検討している 4 ヵ所目の電池セル工場の建設地について決定を延期
メルセデス・ベンツ	2030 年までに欧州で販売する新車をすべて EV にするという計画について CEO が「見通せない。戦術的な柔軟性も持ち合わせる」と発言
ステランティス	EV 生産コストの上昇を理由に、米イリノイ州組み立て工場の操業を数ヵ月間停止

出所：『週刊東洋経済』2024 年 1/6-13 年始合併特大号、41 頁。

を北米で行うことを大前提に、バッテリーの材料・部品の調達先・製造を北米ならびにアメリカと自由貿易協定を結んでいる国にすることなどが条件となり、その結果、2024 年 1 月以降、インフレ抑制法に基づいて購入者が受けられる税額控除の対象となる車種は 19 モデルに限られることとなった。税額控除の対象が限定的になったことで、EV 販売の伸び悩みが懸念されている（桃田 2024）。

　米国では、全米自動車労働組合（UAW）が、ゼネラル・モーターズやフォード・モーター、ステランティスの「ビッグ 3」を相手に、EV シフトによる雇用減少や激しい物価上昇に反発して大規模ストライキを敢行し、最終的に 25% の大幅賃上げで合意する成果を勝ち取った[13]。

　こうした政府や社会の動きを受けて、表6 にあるように、EV 戦略を見直す自動車メーカーも出始めている。人手不足による人件費高騰などの要因もあるが、大きなかく乱要因になっているのが、中国の低価格車である。中国市場では現地勢が価格競争で米欧勢を引き離しつつある。中国の新エネルギー車の主流の価格帯は 15 万〜20 万元（約 320 万〜430 万円）で、この価格帯が全体の 3 割を占めるが、一方、テスラで最も安いモデル 3

---

13)　2023 年 11 月 30 日付日本経済新聞。

の価格は 24 万元（約 515 万円）程度である。その結果、テスラの 24 年 1〜3 月の中国出荷台数は 22 万 876 台と前年同期比で 3.7％ 減り、テスラは 4 月 15 日、人員の 10％ 削減を発表した。さらに、中国スマホメーカーの小米（シャオミ）はテスラ車を下回る価格で EV に参入すると表明し、わずか 3 年で新車開発にこぎつけた。中国の低価格 EV が入ってきている欧州では懸念が高まっており、欧州委員会は中国政府の補助金が競争を不当に阻害していないか調査を始めた[14]。

　ただし、中国国内でも過当競争による供給過剰が深刻となっている。中国では、不動産不況のために個人消費が低迷しており、地方政府の財政難もあって、EV 販売への補助金が終了・減少した。そこで供給過剰となり行き場を失った大量の EV が放置され「EV 墓場」として社会問題化している。

　そうした中、現在、ハイブリッド車を脱炭素戦略の主軸に据えてきたトヨタの「全方位戦略」の優位性が再認識されつつある。実際、高い収益力をもつトヨタやホンダのハイブリッド車の販売は好調であり、株式市場においても、EV の減速とともにテスラ・BYD からトヨタ・ホンダへ自動車株のポジションが移動している[15]。

　しかし、中長期的に見れば、EV 化へ向けた流れそのものが変わることはないと思われる。今後、小休止の時期を経て、EV シフトが再加速することも考えられる。日本の自動車メーカーは、EV に向けた新たな体制を構築するときであると言える。EV を低コストで生産できるギガキャスト方式の導入を進めるとともに、次世代バッテリーとして全固体電池の開発・実用化を急ぐことが必要である。

参考文献

木村将之・森俊彦・下田裕和（2022）『モビリティ X：シリコンバレーで見えた 2030

14）　2024 年 4 月 17 日付日本経済新聞。
15）　『週刊エコノミスト』2024 年 4/9 号、21 頁。

　　年の自動車産業　DX、SX の誤解と本質』日経 BP 社。

廣田幸嗣（2021）『トコトンやさしい電気自動車の本　第 3 版』日刊工業新聞社。

桃田健史（2024）「【2024 年最新】EV の普及率はどのくらい？　日本と世界の EV 事情を解説」東京電力エナジーパートナー HP。

李志東（2024）『中国の自動車強国戦略：なぜ世界一の輸出大国になったのか』エネルギーフォーラム。

中国汽车价值链的新趋势与
中日汽车企业的机遇

中国自動車バリューチェーンの新しい傾向と
中日自動車企業の好機

陶　涛

【日本語の要約】世界の自動車産業に見られる競争状況の変化と多国籍自動車大手の戦略調整は中日両国の自動車産業の発展と協力に影響を与えている。本稿は、グローバルバリューチェーンの空間構造およびガバナンス構造の理論に基づき、世界の自動車バリューチェーン構造の形成と世界の自動車産業チェーンにおける中国の位置付け、とりわけ中国における日本の自動車企業のバリューチェーン構造の特徴および中国の自動車産業発展に対する波及効果について分析を行った。分析結果によれば、中国における日本の自動車企業のバリューチェーン構造は、業界の技術と生産モデルの変遷、および日本企業自身の生産組織構造の特徴に依存している。世界の自動車産業技術の進歩と競争状況の変化、中国の自動車産業の急速な成長、ならびに中米貿易戦争は同時に中国における日本自動車のバリューチェーンに衝撃を与え、中日両国の自動車企業の発展と協力に挑戦と機会をもたらしている。

1. 引言

日经新闻网2019年援引一份调查报告称，丰田、本田和日产等日本汽车巨头更加看重中国市场，纷纷表示将增加对中国投资，扩大产能，尤其是混动汽车和电动汽车的产能。这一战略是针对汽车行业新近竞争态势的调整。第一，新能源汽车兴起和智能驾驶技术进步正在引领汽车行业的创新热潮，中国处于这轮创新热潮的中心；第二，中国电动汽车等新能源汽车消费增势迅猛，中国这一全球最大汽车消费市场的吸引力越来越大；第三，中国本地整车企业与零部件供应商的竞争力不断增强，大型跨国汽车在中国汽车市场、尤其是围绕新能源汽车市场的竞争异常激烈；最后，中美贸易战增加了中美间的贸易壁垒，促进中国与日本及其他周边国家经贸关系升温。为了应对这轮产业创新与市场环境变化，不仅日本汽车企业，大众、通用等欧美传统汽车巨头及行业新秀特斯拉（Tesla）也都纷纷调整战略增加在中国投资，开发新产品，投入新生产线。汽车行业的竞争态势及跨国汽车巨头的战略调整将给中日汽车企业带来哪些机遇是本文的兴趣与目标。

跨国汽车巨头在中国的汽车生产是汽车全球价值链中的一部分，中日汽车产业的合作也是汽车全球价值链中的分工关系。为此，本文将从全球价值链的视角来分析中日汽车合作。

全球价值链指产品的各价值环节分散在不同国家或地区，在全球、区域或两国之间形成共同生产体系。产品从研发设计、采购加工、装配运输到营销与售后，各环节投入的要素密集度不同，放在各要素成本最低的国家生产最有利。因此，从生产成本考虑，产品价值链趋于全球化。但是由于技术、行业及国家差异，全球价值链各具形态。价值链的空间结构，即各价值环节的区位分布，反映了价值链参与者的分工关系和地位。全球价值链的治理结构，即领导企业与供应商之间的控制和协调关系，决定了价值链参与者在价值链中的收益。

全球价值链的空间结构有两种极端的情况，如图1所示，一种是各价值环节自上游到下游依次进入不同国家生产，另一种是各价值环节同时分散在不同国家加工生产，统一汇集到装配国进行最后组装。现实的全球价值链可

能是两种形式的某种组合，即图中的第三类。比如 iPhone 的生产是由苹果公司的全球供应商在母国或外国的生产基地生产零部件，最后都出口到中国进行组装。有些苹果公司的供应商直接将部分零部件的生产基地建在中国，所以在中国国内就形成了从零部件到最后组装的垂直加工链。影响全球价值链空间结构的因素主要有两方面。一是行业或产品自身的特征：产品设计和技术越复杂越不适宜跨境生产；产品规模经济特性越明显，越适合集中生产；产品处在初创期时，技术标准化程度低，不适宜外包，产品进入成熟期和标准化阶段后，跨境生产的可能性大。此外，国家的要素成本、市场规模、本土供应商的能力、本地化生产的政策要求、以及与供应链参与国之间的贸易成本等国家因素都影响到价值链的空间结构。要素成本低和贸易成本低的国家可能成为零部件生产中心或装配中心，以降低生产成本。市场规模大、本地化生产要求高的国家可能成为最终产品的集中生产地。

价值链的治理结构特征决定了价值链中各方的利益分配。Gereffi,

图 1　价值链空间结构类型模拟

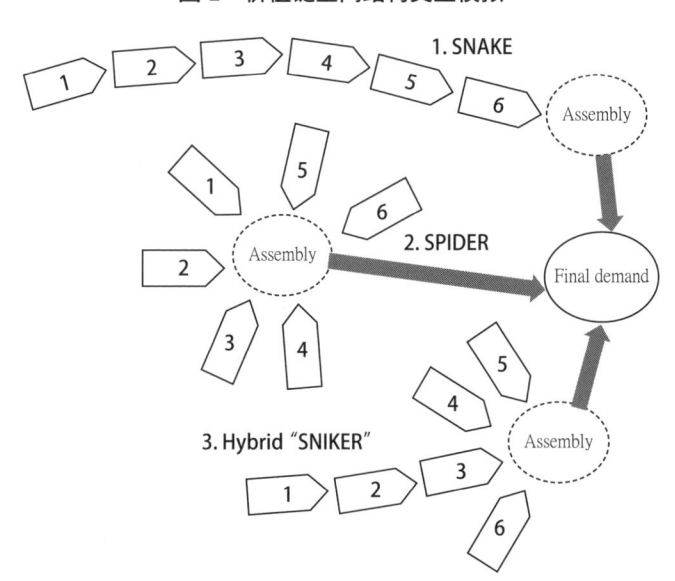

来源：Global Value Chain Development Report 2017.

Humphrey and Sturgeon（2005）指出价值链治理结构取决于三个因素：第一是交易的复杂度，指的是产品和加工等特定交易所需的信息和知识的复杂程度；第二是信息和知识的可编纂性和有效传输程度，不妨称之为交易的标准化程度；第三是当前及潜在供应商的能力。交易复杂度和标准化程度分别反映了行业技术特征和产品生命周期，供应商能力反映了国家特性。根据三个指标的不同特点，Gereffi, Humphrey and Sturgeon（2005）将全球价值链的治理结构分为五类：科层型（FDI）、俘获型、关系型、模块型和市场型。在交易复杂且标准化程度比较低的行业，各价值环节外包难度大，如果供应商能力低，领导企业往往通过直接投资的方式进行跨国生产。领导企业与合资供应商之间形成科层型治理模式。如果供应商能力强，有能力通过一些专项投资为领导企业提供零部件，形成相互依赖的长期供货关系。这时的治理结构称为关系型。另一种情况是交易虽复杂、但标准化程度高，领导企业比较容易将生产环节外包出去，如果供应商能力弱，则需要接受领导企业的培训，按照领导企业要求供货，所以在很大程度上受到领导企业控制，形成俘获型治理结构；如果供应商能力强，可以自主生产符合标准的零部件模块，则领导企业与供应商之间形成模块型治理结构。最后一种情况是交易简单，且标准化程度很高，这时供应商能力又很强，那双方就是完全的市场交易关系。

　　五种治理结构中，领导企业的控制力越强，获利越多，而供应商通过参与价值链在产业升级上的收益越少。在科层治理结构中，东道国只能通过模

表1　全球价值链治理结构类型

模式	交易复杂度	交易标准化	供应商能力	领导企业控制力	供应商学习机制
科层型	高	低	低	高	模仿／知识溢出
俘获型	高	高	低	较高	有限的知识转移
关系型	高	低	高	中等	知识转移和学习程度较高 商业关系稳定
模块型	高	高	高	较低	联系范围广 信息交流充分 创新动力大
市场交易	低	高	高	低	出口或进口中学

来源：根据 Gereffi, Humphrey and Sturgeon（2005）和 World Investment Report 2013 整理。

仿、管理人员和熟练工人的知识溢出来获得知识积累。在俘获型治理结构中供应商只能获得有限的知识转移。在关系型和模块型治理结构中，供应商信息交流的范围广、学习程度高。市场型治理结构中，供应商只能贸易中学来获取知识。

行业竞争态势变化势必影响汽车全球价值链在中国的空间结构和治理结构的决定因素。比如新能源汽车兴起和智能驾驶技术进步可能改变产品技术周期，中国汽车市场的强劲增势和新能源汽车本土产业链的蓬勃发展将提高中国本土供应商的能力，中美贸易战会影响贸易壁垒等。下文首先分析当前汽车全球价值链以及日本在中国的汽车价值链空间结构，紧接着分析日本在中国汽车价值链的治理模式，最后分析新行业竞争态势下中国汽车价值链模式的前景。

2. 日本汽车企业在中国价值链的空间结构

全球汽车生产趋向分散化和国际化，并向最终消费地集中，在本世纪逐渐形成了全球、区域、国家和地区层面相嵌套的全球价值链空间结构。日本汽车企业在中国的价值链是其全球价值链中的一部分。

(1) 美日欧国家大型跨国汽车企业的竞争战略引领了全球价值链的延伸

汽车行业一直是由美日欧国家一些大型跨国车企主导的寡头垄断性行业。1980年代以前汽车主要在这些国家进行一体化生产并通过汽车贸易供应彼此市场。1980年代之后，随着生产、跨国运输和通信技术的进步，大型跨国车企为了提高效率、增强竞争力，纷纷将零部件生产部门剥离出去，成立独立的零部件供应商，并将相应的研发、设计环节移交给这些供应商。供应商为了提高竞争力，将分散的零部件和子系统整合为更大的子系统，形成动力、底盘、车身、内饰和电子等不同的汽车"模块"。为了跟上整车企业越来越快的更新换代速度，应对不同车型的配套要求，零部件供应商通过并购、合资不断扩大规模，逐渐涌现了大型全球供应商。如德国的博世和采埃孚、日本电装和爱信精机、加拿大的麦格纳等，它们拥有自主创新和设计能力，在全球拥有独立供应网络。汽车模块的出现提高了交易的标准化程度，为了

更大程度地利用规模经济和廉价要素，大型跨国车企以及大型供应商越来越多地进行对外投资和离岸外包，汽车生产趋于分散化和国际化。形成了由大型跨国车企、大型全球供应商、二/三级中小供应商构成的全球价值链。

（2）全球汽车生产越来越向最终消费市场集中，亚洲是增长最快的消费市场

新世纪以来，发达国家作为汽车的主要消费市场基本上处于饱和状态，中国、印度、巴西等发展中大国成为汽车消费需求增长的主力。考虑到运输成本和贸易壁垒因素以及本地化生产的政治压力，整车生产越来越向最终消费地集中。除了传统的北美-欧洲-日本三元区域外，大型领导企业在新兴市场大量投资设厂，组织生产装配。中国成为全球最大的汽车消费市场和生产中心。2008年经济危机后，汽车生产向发展中国家集中的趋势更为明显，尤其是中国、印度、巴西等规模较大的发展中国家，以及墨西哥、匈牙利、捷克和泰国等靠近大市场的发展中国家（Sturgeon和Biesebroeck，2011）。随着跨国企业生产中心向发展中国家集中以及当地龙头企业的壮大，发展中国家的供应商的生产能力和竞争力不断提高，甚至形成了全球性的大型供应商。

（3）汽车全球价值链呈现出全球、区域、国家和地区四个维度嵌套式的空间结构

由于汽车零部件模块庞大沉重，为了降低运输成本、减少库存，实现适时供货，以及适应一些国家对本国销售汽车的原产地要求，发动机、变速箱、座椅等体大、量重的部件和其他内部零件供应商也将工厂布局在最终装配厂周边地区，为其提供配套生产。由此形成一个个以大型整车装配厂为中心、众多大重型零部件企业围绕的区域性生产中心。轻型、通用零部件的生产则在国家层面布局。为了利用廉价劳动力和实现规模经济，跨国公司将轮胎、电池、线束等量轻的、通用性零部件放到区域内劳动力成本和经营成本低的国家组织生产。如福特、通用汽车和克莱斯勒在墨西哥、大众和标致在东欧、丰田在泰国、菲律宾等地都投资设立零部件生产中心。北美洲的墨西哥、欧洲的西班牙和东欧国家、亚洲的东南亚国家及中国作为这样的低成本生产中心向所在区域的汽车生产中心提供通用零部件。总体而言，部件供应商呈现

图2 汽车全球价值链空间结构

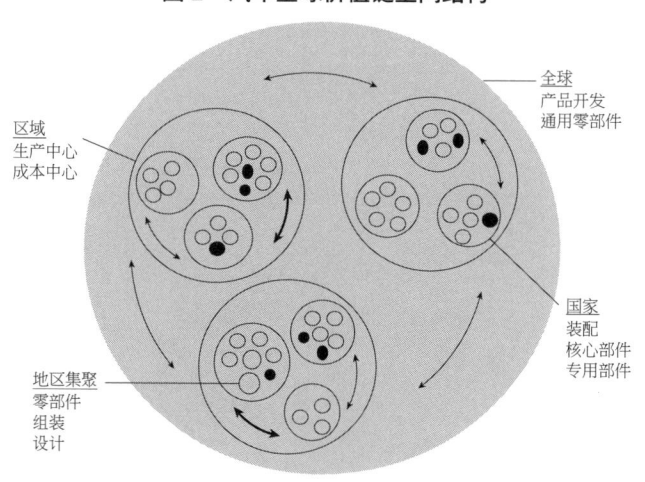

出与整车厂相同的区位特征，大型供应商集中在北美、欧洲、日本和韩国，二、三级供应商大多布局在发展中经济体。大型跨国车企与大型全球供应商在全球范围内进行交易。区域性整车装配和国家性的通用零部件生产在一国内都是以地区产业集群的形式发展的。线束、轮胎等相同的零部件生产、或模块集成、最终组装等类似任务通常集中在一个或几个工业区，形成汽车产业集群。这种地区性生产中心的形成或由于地理位置、要素结构，或因为政策因素。车辆开发集中在少数设计中心。由此，汽车行业的地方、国家和区域价值链被"嵌套"在超大企业的全球组织结构和业务关系中。在中国的汽车价值链也是这个嵌套结构中的重要一环。如图2所示。

(4) 日本在中国建立了以广州、天津、长春-沈阳等为生产中心的汽车价值链

日本汽车企业对中国的投资从零部件企业开始，然后扩展到整车企业以及大批零部件企业。1995年，丰田与天津汽车合资建立一系列零部件厂，生产传动部件、发动机、底盘部件、锻造部件等零部件；本田与东风汽车合资建立东风本田汽车部件公司。1996年日产与东风合资生产底盘。1998年以后，本田、丰田和日产开始陆续再中国建整车厂。2003年之后日本车企全面进入中国，建立东风日产和东风本田，天津丰田和四川丰田纳入一汽丰

图3　日本汽车企业在中国的价值链空间结构

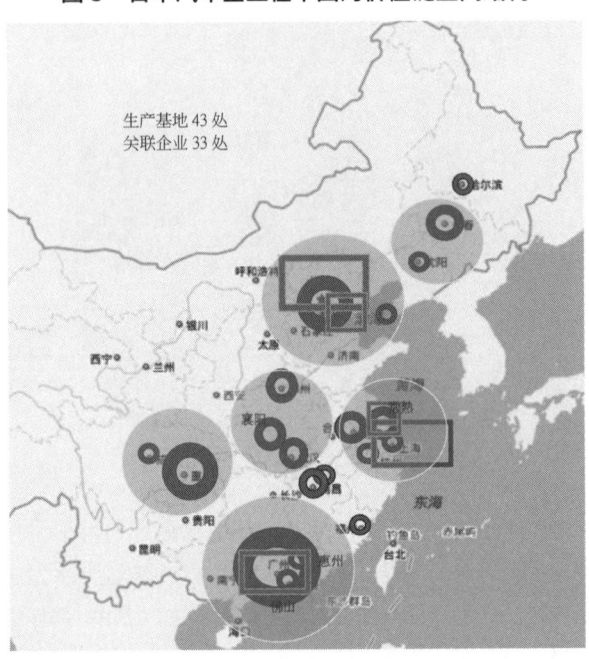

资料：根据 JAMA (2018) 中日系车企在华事业概况图集相关信息绘制。

田，成立广汽丰田，本田成立本田汽车（中国）有限公司，生产汽车向欧洲出口。五十铃、马自达、铃木、三菱等日本车企也先后在中国投资建立生产线。随着更多日本零部件企业跟随整车企业在中国投资生产，逐渐形成产业集聚中心。图3中空心圈代表日本企业在中国的生产基地，圈的大小代表基地的数目。可以看到日本汽车企业分别在广州、天津、长春-沈阳、武汉-襄阳、重庆-成都和郑州形成了汽车产业生产中心。生产中心周边以及长三角地区还有配套的零部件生产基地，如图3中实心圆。图中方形框反映了日企设立研发设计、物流、营销、投资等关联企业数目，主要集中在北京、上海、广州等大城市以及常熟。

3. 日本在中国汽车价值链的治理模式

日本汽车领导企业在中国的一级供应商主要是日资企业，包括独资和合资企业。表2列示了2016年丰田公司在中国的一级供应商的数目和类别。丰田一级供应商大部分是中日合资企业或日本独资企业，丰田公司的资本很大程度地参与供应环节。在一汽丰田的105个一级供应商中，有31个中日合资企业，22个日本独资企业，其他国家独资或合资企业仅有8个，有日本参与的供应商就占了一半。广汽丰田一级供应商的日本资本更为集中，占80.6%，其中日本独资企业17个，中日合资企业12个。而且这些有日本资本参与的供应商中，很多只为丰田系汽车提供部件，保持单向供货联系。其他日本领导企业也有类似的结构，而且这种结构较之10年前几乎没有变化。根据Sturgeon和Biesebroeck（2011）的研究，2006年日韩企业平均从中国本土企业采购的比例仅为5.5%，从合资或独资企业采购占72.6%，从海外进口为21.9%；而美国领导企业从中国本土供应商采购的比例为27.0%，从合资或独资企业采购占57.8%，从海外进口为15.2%。相对于美国领导企业，日本领导企业的供应链比较封闭。

日本领导企业在中国市场的本地化战略比较谨慎。如图4所示，产品设计主要在母国进行，发动机和变速箱等关键核心部件由独资公司提供，其他核心部件也主要由中国的全资子公司和合资公司提供，比较少使用其他国家及中国本土的一级供应商。到二、三级供应商才比较多地使用中国本土供应商。这种结构类似传统汽车行业垂直金字塔型生产组织结构，整车企业位于塔尖，各供应商层层延伸，领导企业与供应商之间形成层级型或俘获型治理。这种供应体系稳定、紧密，有助于保证产品质量和交货时间（Koichi

表2　丰田公司在中国的一级供应商数目及类别

	日资 （占比）	其他外资 （占比）	中国本土 （占比）	总计
一汽丰田	53（50.5%）	8（7.6%）	44（41.9%）	105
广汽丰田	29（80.6%）	1（2.8%）	6（16.7%）	36

资料：根据盖世汽车资讯的供应商资料整理。

图4　日本企业主导的中国价值链的供应链与治理结构

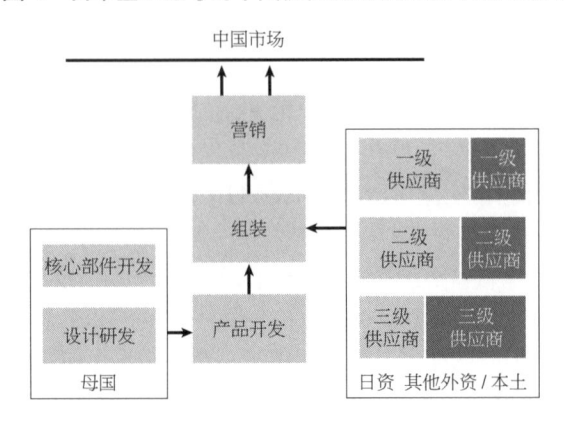

Shimokawa, 2010)。但是因为没有利用本土供应商的廉价零部件, 生产成本上不占优势；也难以紧跟中国市场, 快速推出满足中国消费者偏好的车型。而美国领导企业和大型供应商的设计都放在中国, 更多使用当地供应商。与本土供应商之间主要是关系型和模块型治理结构。Sturgeon 和 Biesebroeck（2011）认为这个结构的好处是可以对模块进行重新设计, 使其与本土供应商的制造能力兼容, 并易于满足本地安全和环境的监管要求。虽然在当地设计和工程方面的固定成本较高, 但由于使用较低成本的国内供应商, 可摊薄总成本。

　　欧美和日本领导企业不同的治理结构对中国参与价值链的影响是不一样的。在欧美领导企业的价值链中, 中国供应商有更多的不同层次的参与, 学习机会更多, 产业发展和升级的收益更大。而在日本领导企业主导的价值链中, 中国供应商被局限在低端生产环节, 知识积累有限。

　　总之, 通过参与跨国公司的汽车价值链, 中国汽车产业得到了快速发展。第一, 外商直接投资在本地设厂, 生产面向国内市场的产品, 建设了一批生产基地, 促进了就业。第二, 通过简单的零部件生产和装配, 由低到高地逐步提高技能和产能, 增加子组件和组件制造能力, 实现了产品和流程升级。第三, 本地汽车企业依靠全球供应商和工程咨询公司开发自有品牌产品。传统上, 由于机动车辆的集成性以及产品高复杂性、资本和知识要求, 新进入

者很难进入汽车行业。随着全球设计和工程咨询公司的崛起以及全球一级供应商的模块和系统工程能力的提升，吉利和奇瑞等公司在汽车开发、品牌和营销层面进入价值链，已经能够开发和销售适合中国市场的车辆，尽管还不具有国际竞争力。

4. 汽车行业变革中的中国汽车价值链前景

(1) 技术创新正在改变汽车价值链的交易复杂度和标准化程度

本世纪以来，新能源汽车兴起和智能驾驶技术、车联网及大数据应用正在引领汽车行业变革，业已进入标准化生产阶段的汽车行业进入新一轮的创新期。首先，电动汽车成为新能源车发展的主导方向，降低了汽车技术复杂度。传统燃油车的核心技术是燃油发动机和变速器，技术复杂度高，欧美日汽车领导企业正是凭借在燃油车核心技术上的垄断优势，稳居行业龙头。新进入者因很难突破燃油发动机的技术壁垒，只能通过模仿或技术合作开发低端汽车。而电动汽车的核心技术是电驱、电池和电控，技术复杂度低于燃油发动机，因此打破了大型跨国汽车制造商的技术垄断壁垒，降低了行业门槛。如 Tesla 在攻克了电池组技术之后，成功得跻身于汽车行业。其次，谷歌、百度等互联网企业也进入汽车行业，正在凭借人工智能和大数据应用等技术优势，解决驾驶决策与控制，实现汽车的智能驾驶。未来可能成为中控系统供应商进入汽车价值链。

(2) 中国涌现了一批电动汽车供应商和品牌商

中国政府对电动汽车的政策倾斜促进了中国电动汽车的发展。大批材料企业、电子企业涌入电动汽车行业，传统汽车供应商也加大对电动汽车零部件的投资。在围绕着新概念、新材料、新标准的激烈竞争中，中国涌现了宁德时代等一批大型供应商。随着动力电池等电动汽车的技术瓶颈得以突破，行业标准越来越清晰，电动汽车动力总成系统、电驱系统和充电系统等零部件模块逐渐渐成熟，电动汽车供应链的模块化程度大大提高，从而鼓励了品牌商的出现。中国出现比亚迪、蔚来、威马等电动汽车企业。比亚迪是电池供应商起家，而蔚来和威马公司则完全是品牌商，不拥有任何核心技术，甚

图5　中国电动汽车价值链模式前景

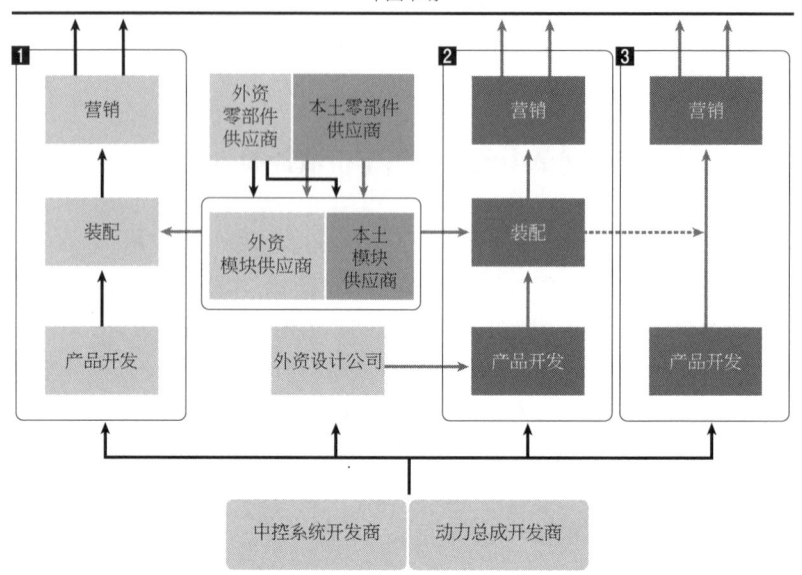

至没有自己的装配厂。

(3) 中国电动汽车的价值链已经形成，日本汽车企业的电动汽车还是未来时

　　随着中国电动汽车市场的扩张，跨国公司纷纷在中国投资建立研发中心，开发电动汽车技术与产品。它们在中国的价值链如图5最左边的区域，跨国公司作为价值链领导企业在本土开发产品，通过采购外资或本土供应商的汽车模块进行装配生产。另外，上汽、广汽和江淮汽车等本土企业也加紧开发，快速推出电动汽车产品。图5中间部分的第2类即是本土领导企业的价值链。本土汽车领导企业依然要部分依托外资设计公司进行产品开发，更大比例地采购本土汽车模块进行装配生产。第3类是电动汽车品牌商的价值链，它们只负责产品开发和市场营销，供应链完全外包，只投资装配厂，或者由传统汽车厂代工。如蔚来电动汽车没有装配厂，由江淮汽车厂代工。

　　中国电动汽车的快速发展推动了核心技术动力电池的爆发式发展，以全

球电子及互联网巨头主导的智能驾驶技术也在飞速发展。一旦各种技术成熟、行业标准明朗，极有可能出现动力总成系统开发商和中控系统开发商，类似智能手机行业的核心芯片商高通，作为行业的平台商为各类电动汽车企业提供动力总成和智能驾驶解决方案。届时，电动汽车行业的门槛进一步降低，将有更多的品牌商进入行业，行业竞争结构及供应链又将发生变化。

日本电动汽车的发展起步较晚。目前，日本电动汽车的零部件供应商已经进入中国市场。2016 年底日本松下在大连投资了在中国的第一座车用动力电池工厂，已于 2018 年 3 月量产电池。除了面向特斯拉、大众、通用、日产等在中国市场的电池需求外，还面向全球供货。所以目前在中国电动汽车价值链中，日本企业是重要的一级供货商。有意思的是，松下动力电池的供应商大多为日韩龙头企业，秉承了日本企业相对保守的供应商战略。如本文开篇所述，日本领导企业也纷纷作出在中国开发电动汽车的计划。比如丰田计划于 2020 年率先在中国推出丰田品牌纯电动汽车，并表示电池供应商依然会选择长期的合作伙伴松下。可见丰田走的还是供应链布局的老路，先将零部件企业进入中国，然后才是整车生产。

5. 结语

总之，汽车行业的创新浪潮和中国本土汽车企业的兴起正在改变汽车价值链结构，日本和中国汽车企业都面临着诸多机遇和挑战。

第一，汽车行业的创新浪潮正在降低汽车跨国分工与交易的复杂度和标准化程度，降低了行业进入的门槛，可能打破汽车行业的寡头垄断格局，出现一批新兴领导企业和大型供应商。这一行竞争格局的变化势必给日本汽车行业造成压力。日本基于在燃油车技术的传统技术优势，潜心开发混动车，目前已经形成在混动车上的竞争优势。在电动汽车上起步晚，如果不加速追赶，可能失去未来汽车行业第一梯队的机会。

第二，在新能源汽车本土产业链蓬勃发展的过程中，中国本土供应商的能力进一步得到增强。在交易标准化程度高、供应商能力强的情况下，领导企业与供应商之间更宜采取模块型治理结构。这对日本领导企业关系型供应链思维和战略是个挑战。

第三，汽车行业的创新浪潮是中国汽车产业实现升级的重要机遇。利用全球概念设计和工程设计公司进行产品设计与开发，通过采购全球一级供应商的汽车模块和国内一级和二级供应商零部件组织生产装配，独立进行产品营销与售后。但是需要意识到的是，电动汽车的快速增长势头是政策扶持的结果，整车企业和供货商的竞争力究竟如何还有待市场考验。另外，电动汽车是否代表行业前景具有不确定性。氢能、太阳能汽车等新能源汽车都有可能替代电动汽车成为行业未来。那样的话，汽车全球价值链又将重构。

最后，中美贸易战的影响。中美贸易战下中国努力修好与日本关系，对中日产业合作是一个利好。另一方面，美国对中国采取贸易保护措施可能使全球市场变为分割的市场，这将增加跨国公司跨境生产的成本。在全球汽车价值链的空间上，会使得部分生产从各个主要市场迁回母国或者转移到主要市场之外的第三方外围市场，以满足原产地规则。这也是汽车价值链目前正在发生的情况，部分供应美国或全球的生产从中国转移到一些东南亚国家，同时一些生产也从美国迁出到第三国或中国生产，比如特斯拉电动车。

参考文献：

[1] Gereffi, G., Humphrey, J., and Sturgeon, T. (2005). The Governance of Global Value Chains, Review of International Political Economy, Vol. 12, No. 1, pp. 78-104.

[2] Sturgeon, T., Van Biesebroeck, J. and Gereffi, G. (2008). 'Value chains, networks, and clusters: reframing the global automotive industry', Journal of Economic Geography, May, Vol. 8, No. 3, pp. 297–321.

[3] Sturgeon, T., Daly, J., Frederick, S., et al. (2016). The Philippines in the Automotive Global Value Chain.

[4] Sturgeon, T. J., Van Biesebroeck, J. (2011). Global value chains in the automotive industry: an enhanced role for developing countries? [J]. International Journal of Technological Learning, Innovation and Development, 4 (1-3) : 181-205.

[5] Sutton, J. (2004). The Auto-Component Supply Chain in China and India: A Benchmarking Study, London School of Economics, Mimeo.

[6] UNCTAD. World Investment Report 2013.

[7] WB,IDE-JETRO,OECD, Global Value Chain Development Report 2017.

[8] JAMA："日系车企在华实业与发展概况 2018"，www.jamabj.cn。

[9] 中国汽车工业协会 . 中国汽车工业发展年度报告 . 2017.

[10] 盖世汽车网 . 一汽丰田核心配套供应商汇总 . 2016.

第五部

国際関係における日本と中国の比較

多国間条約参加にみる
日本と中国の国家経営の比較

猪口　孝

1.　多国間条約参加と生活の質満足

　多国間条約は、全球化時代と民主化時代が同時に進行した時代の産物である。1945-2019 年に次第に増加してきた 193 の国際連合加盟国において、先進国と途上国の別を越えて増加してきた。多国間条約はその展開が国際連合事務総長室（と世界保健機構と世界知的財産機構）に保管されてきた条約である。ウェストファリア条約以後の古典的な外交で圧倒的に多数だった二国間条約に対し、20 世紀後半と 21 世紀第一・四半紀に、その重要性に鑑みて高く評価されるようになった条約である。

　本稿は多国間条約のなかでも主要なものである、1945 年以降の 75 年間に記録されているもの 600 個を綿密に分析するものである。また、歴史的地理的文化的な背景を反映し、経済社会政治の鑑となっている 32 個のアジア社会の「生活の質」面接調査を同様に綿密に分析し、アジアの 32 の国家と社会がどのように多国間条約に参加・不参加しているかを統合的に観察し、ひいてはこのような多国間条約参加が残る 21 世紀の 75 年間に展開するかを複数のシナリオを想定しながら、考えてみたい。全球化時代と民主化時代が同時に国家と社会との相互浸透、相互連関を強めてきたし、国家は多国間条約の展開をどのように選択するか、社会は全球化

と民主化が同時に進行する時にどのように自己の社会を自己のアイデンティティーを保持しながら生活の質の安定的継続を図るかをみてゆく。

　多国間条約参加のデータを基礎にした研究は猪口孝とレー・チー・クウィン・リエンの共著になる著作が世界で唯一で、それ以前もそれ以後も皆無である。32 のアジア社会を対象にした「生活の質」面接調査を綿密に分析、比較した著作についても今日に至るまで同様に皆無である。以下の 7 冊を本稿では対象にしている。なお、これら 7 冊の著作の中国語翻訳・出版について関心がおありの方は、筆者にご相談いただきたい。

- Takashi Inoguchi and Seiji Fujii, *The Quality of Life in Asia: A Comparison of Quality of Life in Asia*. Dordrecht: Springer, 2013.
- Takashi Inoguchi and Yasuharu Tokuda, eds., *Trust with Asian Characteristics*. Singapore: Springer Nature, 2017.
- Takashi Inoguchi, *Exit, Voice and Loyalty in Asia: Individual Choice under 32 Societal Umbrellas*. Dordrecht: Springer, 2017.
- Takashi Inoguchi and Lien Thi Quynh Le, *The Development of Global Legislative Politics: Rousseau and Locke Writ Global*. Singapore: Springer Nature, 2020.
- Takashi Inoguchi and Lien Thi Quynh Le, *Digitized Statecraft in Multilateral Treaty Participation: Global Quasi-Legislative Behavior of 193 Sovereign States*. Singapore: Springer Nature, 2021.
- Takashi Inoguchi and Lien Thi Quynh Le, *Digitized Statecraft of Four Asian Regionalisms: States' Multilateral Treaty Participation and Citizens' Satisfaction with Quality of Life*. Singapore: Springer Nature, 2022.
- Takashi Inoguchi, *Typology of Asian Societies: Bottom-Up Perspective and Evidence-Based Approach*. Singapore: Springer Nature, 2022.

　この他に、32 個のアジア社会を代表するエクスパート地域専門家の執筆した論文集として以下の刊行物も参照されたい。

- Takashi Inoguchi, Miguel Basanez, Akihiko Tanaka, and Timur Dadabaev, eds., *Values and Life Styles in Urban Asia: A Cross-Cultural Analysis and Sourcebook Based on the Asia Barometer Survey of 2003.* Mexico City: Siglo XXI Editores for the Institute of Oriental Culture, University of Tokyo, 2005.
- Takashi Inoguchi, Akihiko Tanaka, Shigeto Sonoda, and Timur Dadabaev, eds., *Human Beliefs and Values in Striding Asia: East Asia in Focas; Country Profiles, Thematic Analyses, and Sourcebook Based on the Asia Barometer Survey of 2004.* Tokyo: Akashi Shoten, 2006.
- Takashi Inoguchi, ed., *Human Beliefs and Values in Incredible Asia: South and Central Asia in Focus; Country Profiles and Thematic Analyses Based on the Asia Barometor Survey of 2005.* Tokyo: Akashi Shoten, 2008.
- Takashi Inoguchi, ed., *Human Beliefs and Values in East and Southeast Asia in Transition. 13 Country Profiles on the Basis of the Asia Barometer Surveys of 2006 and 2007.* Tokyo: Akashi Shoten, 2009.
- Doh Chuli Shin and Takashi Inoguchi, eds., *The Quality of Life in Confucian Asia: From Physical Happiness to Subjective Well-Being,* Dordrecht: Springer, 2008.

2. 多国間条約参加と生活の質満足の因子分析

多国間条約のうち、600 個の主要だと認めるものを 29 個の各アジア社会ごとに因子分析することから始めた。これは冷戦期における国連総会における決議案に対する投票結果（賛成、反対、棄権）の因子分析研究（Hayward R. Alker and Bruce M. Russett, *World Politics in the General Assembly.* New Haven: Yale University Press, 1967）に倣ったものである。脱冷戦後初期に刊行された次の書は、民主主義国家同士はまれにしか戦争による解決を試みないという仮説を設定し、ナポレオン戦争後の世界について、民主国対民主国、民主国対非民主国、非民主国対非民主国のペアにみる戦争による解決、戦争によらない解決を分析し、冷戦後には民主化を進めるこ

とが、大きな方針になるのではないかと大胆に予想し、体系的にナポレオン戦争後から冷戦後までのデータを集め、実証した研究成果が次の書物である。Bruce Russett, *Grasping the Democratic Peace: Principles for a Post-Cold War World*（Princeton: Princeton University Press, 1993）.

多国間条約参加については次の6指標を因子分析した。

（ア）国連加盟国としての年数

（イ）当該多国間条約が国連事務総長室に保管された年

（ウ）2014年現在で当該多国間条約に参加していた国家の数

（エ）当該国家が当該多国間条約調印から批准まで要した年数

（オ）共著者 Le Thi Quynh Lien が、世界の10地域（Islamic East, Indic East, Sinic East, Orthodox East, Old West, Reformed West, New West, Returned West, Sub-saharan Africa, Latin America）の193個の主権国家の所属について、Christian Welzel, *Freedom Rising: Human Enpowerment and the Quest for Emancipation*（New York: Cambridge University Press, 2013）の分類を修正したもの。日本国と中華人民共和国は、大韓民国、朝鮮民主主義人民共和国、ベトナム社会主義共和国、モンゴル人民共和国、中華民国、香港特別行政地域とともに Sinic East に分類されている。

（カ）2019年まで多国間条約について慣行的に使用されていた6個の政策分野、すなわち、人権、平和と安全保障、貿易・交易・通信、環境、知的財産、労働・健康・安全。2020年以降は多国間条約の政策分野は当該条約の主導主権国家の届け分類によることになった。ここで因子分析とは主成分分析にカイザー回転したもの。

第一次元として浮かび上がるのは速度（敏速か慎重か）、第二次元は視角（global commons か個々の利益か）、第三次元は戦略（熱望的団結か相互的遵守か）である。調印は政府内の調整、立法府と行政府の調整だけでなく、社会から発出される人民の声をもとにして政府内の対立に時に誇張され、時に抑制される。批准は議会の多数を必要とし、しかも5年から

20年もかかるときもある。1945年以降の多国間条約参加率は環境や健康や知的財産など参加国が遵守しなければ罰則がかけられる条項がある場合には低くなる。それは国連加盟国193の平均では20パーセントとなる。罰則が条項に明示されていない条約でも平均30パーセントと意外と低い。

Sinic East所属の国家は平均して西欧（EUの中核国）、東欧（冷戦後西側に変更した）、南欧（ローマ帝国来）の次に参加率は4位か5位と高いが、貿易・交易・通信では平均して9位で低い。労働・健康・安全では平均して8位と低い。環境と知的財産では平均して5位。

日本国と中華人民共和国について基本的な指標を比較していこう。自由民主主義指標は日本（V-Democracy）は0.73、経済的自由スコア（Heritage Foundation）は74.1、中国は自由民主主義指標（V-Democracy）は0.04、経済的自由スコア（Heritage Foundation）は58.4。

第一次元は多国間条約システム運営で自国の政治行政組織が懸案事項を処理するのに敏速か慎重か、そして懸案に対する関心が強いか弱いかが関係する。日本は20世紀冷戦の終焉までは二国間主義を基調としていた。20世紀第四・四半期と21世紀第一・四半期になると多国間主義への転換が着実に静かに進み、2020年代コロナ伝播、戦争多発、人口激減、地球温暖化などの「時代の転換点」（オラフ・ショルツ・ドイツ首相）に入ると、地球の分断化の進展とともに多国間主義が小国間主義の多用へと転換した。中国は今でも二国間主義を基調としている。多国間主義は束縛が強くなりがちなので、中国は参加を少なめにしている。日本などの主導してきたアジア・太平洋経済運営の多国間主義による二つの仕組みに対しても両方に中国は加盟を申請しているが、束縛が多いものには心持ち消極的である。多国間条約参加類型は日本がAbc（慎重で全球的で相互拘束）、中国がabC（敏速で全球的で熱望的団結）である。

社会的類型をみると、日本は物質主義、ポスト物質主義、公共サービスの次元の順序で現れてくるが、中国は物質主義、公共サービス、ポスト物質主義の次元の順序で現れてくる。マーケットの力をいくらか抑制し、国

家の全面に出すところが少なくないからである。社会的類型は日本が Abc
（物質主義的で生き残りが第一次元で所得水準、仕事、住居、教育など、
第二次元はポスト物質主義で社会的社交的で、健康、結婚、信仰、家族、
趣味など、第三次元は公共政策の強さ、公共サービスで、社会福祉、公共
安全、環境、民主主義）、中国は Acb（第一次元は物質主義、第二次元は
公共サービス、第三次元はポスト物質主義）である。どちらも第一次元の
比重が高い。第二次元は中国では公共サービスが政治的資本主義の特徴で
あり、毛沢東、鄧小平、江沢民、習近平などの各政策の数値の平均なのだ
が、共産党の意向が政治では発言自由制限、経済では国有企業、社会移動
制限、対外交易の保護主義などに影響を及ぼしている。第三次元は家族、
健康、結婚、友人、近隣、信仰などがここにくる。

3.　アジア諸国の立法類型と社会類型からみる日本と中国

　これまでは、市民の生活の質満足と多国間条約参加とを日本と中国に
限ってみてきたが、ここではアジアの 29 個の国家、29 個の社会について、
社会類型と立法類型を対比しながら表を使って比較しよう（Takashi Ino-
guchi, *Digitized Statecraft of Four Asian Regionalisms: States' Multilateral Treaty Partic-
ipation and Citizens' Satifaction with Quality of life.* Springer Nature, 2022, tables
4.1, 4.2, 4.3, 4.4, pp. 57-58）。生活の質満足・不満足の調査は 16 個の生
活の基盤・側面・スタイル（住居、友人、結婚、生活水準、世帯所得、健
康、教育、仕事、隣人、家族生活、余暇、精神生活、公共政策、環境条件、
社会福祉体制、民主主義体制）のそれぞれについて満足度を対面面接でア
ジアの 32 個の社会で 2000 年代に実施した。3 次元の順序で 6 個の社会
類型（Abc, Acb, Bac, Bca, Cab, Cba）が分類され、それぞれ Abc「蛸壺型
社会」（丸山真男、1961）、Acb「内部からの植民地化された社会」（Guill-
ermo O'Donnell, 1973）、Bac「細分化され、分裂された社会」（Franz
Fanon, 2005）、Bca「多様な理由で（イスラム教、仏教、君主制、エリー
ト連合、鉱物資源・外国投資家連合、人種）入り組んだ社会」、Cab「分

表1　社会類型と立法類型：中央アジア

	社会類型	立法類型
アフガニスタン	Ａ b c	Ａ Ｂ c
カザフスタン	Ｃ a b	Ａ b c
キルギスタン	（調査未実施）	Ａ b c
モンゴル	Ａ c b	Ａ b c
タジキスタン	Ａ b c	Ａ b c
トルクメニスタン	（調査未実施）	Ａ b c
ウズベキスタン	Ａ b c	Ａ b c

表2　社会類型と立法類型：南アジア

	社会類型	立法類型
アフガニスタン	Ａ b c	Ａ Ｂ c
バングラデシュ	Ａ c b	Ａ Ｂ Ｃ
ブータン	Ｃ a b	Ａ Ｂ Ｃ
インド	Ａ c b	a Ｂ Ｃ
モルディブ	（調査未実施）	Ａ Ｂ Ｃ
ネパール	Ａ c b	a Ｂ c
パキスタン	Ｃ a b	a b Ｃ
スリランカ	Ｃ b a	Ａ b Ｃ

裂し、細分化されたようにみえる社会」、Cba「ミクロ監督社会」（John Keane, 2009）と筆者は名づけた。社会類型を特定すれば、生活の質から不満の源泉を知ることができる。

　多国間条約参加は政府の対外適応の一環として、生活の質満足は市民の国内統治満足・不満足の表現として現れる。両方をみることによって、とりわけ「時代の転換点」（2020 年代）の 7 個の難関（感染症伝播、人口激減、地球温暖化、戦争・内乱多発、民主主義の弱体化、個人の安全保障の喪失（とりわけ女性と社会的弱者）、科学技術の進化と人工頭脳の展開）に直面して政府と市民がどのような選択をしていくかが明らかになる。これが現在進めている研究プロジェクトの核心的な問いである。

　アジア 32 カ国（近隣の米国、豪州、ロシアを含む）の生活の質満足度

表3　社会類型と立法類型：東南アジア

	社会類型	立法類型
ブルネイ	Ｃａｂ	ＡＢｃ
カンボジア	Ａｃｂ	ａｂＣ
インドネシア	Ａｂｃ	ａｂｃ
ラオス	Ａｃｂ	ａｂＣ
マレーシア	Ｂａｃ	ＡｂＣ
ミャンマー	Ａｃｂ	ＡＢＣ
パプア・ニューギニア	（調査未実施）	ａｂＣ
フィリピン	Ｃａｂ	ａｂＣ
シンガポール	Ｃｂａ	ａｂｃ
タイ	Ｂａｃ	ａｂＣ
東チモール	（調査未実施）	ＡＢｃ
ベトナム	Ｂａｃ	ＡＢｃ

表4　社会類型と立法類型：東アジア

	社会類型	立法類型
ベトナム	Ｂａｃ	ＡＢｃ
シンガポール	Ｃｂａ	ａｂｃ
モンゴル	Ａｃｂ	ＡＢｃ
中国	Ａｃｂ	ａｂＣ
北朝鮮	（調査未実施）	ＡＢｃ
日本	Ａｂｃ	ａｂｃ
韓国	Ａｃｂ	ＡｂＣ

調査は 2000 年代に実施した。データは Inter-University Consortium for Political and Social Data, University of Michigan, Ann Arbor, Michigan, USA から、学術目的がしっかりしていることを条件に使用可能である。国連加盟 193 の主権国家の多国間条約参加のデータは国際連合事務総長保管室にある。世界知的資産機構と世界保健機構は国連事務総長保管室とは別に保管室を維持している。データ使用は学術使用の目的がしっかりしていれば可能である。国際連合では、多国間条約参加の主導国によりその条約の範疇について 1945 年以降 2019 年まで上記の 6 個が定められてい

たが、2020 年以降は条約主導国が条約の範疇を特定することになった。中央アジアの 7 個の国家と社会、南アジアの国家と社会、東南アジアの国家と社会、そして東アジアの国家と社会にわけて簡潔にみよう。

　中央アジアは冷戦終焉により、ソビエト社会主義共和国連邦から独立した 6 カ国とアフガニスタンとモンゴルを加えた 8 カ国、南アジアは 8 カ国、東南アジアは東南アジア国家連合の 9 カ国に加えてチモール・レステとパプア・ニューギニアの 11 カ国、東アジアは中国、朝鮮民主主義人民共和国、大韓民国、日本の 4 カ国とシンガポール、ベトナム、モンゴルを加えた 7 カ国である。

　東アジアだけでも、アジアの国家と社会は社会類型からみても、立法類型からみても、その多様性に驚かされる。社会類型と立法類型を同時にみることで 21 世紀に激しく展開している民主化と全球化の相互浸透がみてとれる。日本と中国の二国間関係の視点からだけでなく、地球政治さらには宇宙政治のなかの東アジアの政治や日本・中国関係をみていくことがこれからますます重要である。

中日両国国際交往模式的差別研究

中日両国の国家間往来モデルの違いについて

梁　雲祥

【日本語の要約】いわゆる国家間の往来のモデルとは、一定の国際秩序の枠組みの中で行われる国家間の様々な連絡ややり取りに関する意識と方法のことである。国際関係を処理する際の意識と方法とも言える。全世界および世界史において国家が形成された後の発展過程を見れば、国際秩序は「覇権の安定」「多元的競争」「多元的共存」と大きく括ることができよう。国際秩序の枠組はいろいろありうるが、国家間往来のモデルは基本的にこの3種類になる。この3種類の方法は武力的、政治的、または法的方法とも言えるし、また戦争、外交、条約による方法とも呼べる。

　東アジアの大国である中国と日本は、近代以前においては国家間の往来モデルはほぼ同様で、すなわち「覇権的安定」の国際秩序の下で主に政治外交の方式によるものであった。近代に入ると、東アジアでは「多元的競争」の国際秩序が現れた。同時に、武力による戦争とこれに付随する条約や法律を主とする国家間往来のモデルも現れた。中日両国の国家間往来のモデルもこれに伴い変化し始めた。

　近代以降、中日両国の国家間往来モデルの違いにより、両国が国際事務や相互関係を処理する際に異なる振る舞いを見せることが多く、特に相互関係を処理する際には一定程度の摩擦が避けられなかった。中国は国際問題の処理と国家間往来に際して政治的外交や国際的道義の役割を重視する

のに対し、日本は中国と比べて法律や法規の役割をより重視している。東アジア地域における国際秩序を基本的に「多元的共存」と位置づけることができる現在、中日関係を真に正常な国家関係にするためには、中日両国は相互の交流を通じて、国家間往来のモデルの共有を図る必要がある。

中国和日本同为东亚地区的大国，在历史上不论两国关系如何其相互之间的关系都堪称密切，两国都对对方国家给予了各种巨大的影响，比如古代的中国在政治、经济、文化、社会等各个方面给予日本以全面深刻的影响，甚至说中国文化塑造了日本的方方面面也并不为过，近代之后的日本也同样在政治、经济、文化和社会等各个方面给予中国以重大的影响，当然这些影响中既有积极的内容也有消极的内容。在近代之前，同样作为东亚国际关系体系框架之内的国家，中国和日本有着大致相同或相近的国际交往模式，即在国际观念和实际交往的方式上并没有明显的不同，然而在19世纪中期中日两国先后被迫进入以西方欧美国家为主导的近代国际关系体系之后，两个国家却在国际交往的模式方面表现出了一些差别，这些差别不但给中日两国在追求近代化的过程中各自带来了不同的后果，同时也对两国关系造成了影响，甚至至今还仍然在影响着两国关系。

1. 国际交往模式以及近代之前中日两国的交往模式

所谓国际交往模式，即在一定的国际秩序框架之内国与国之间进行各种联系和交往的意识和方式，或者也可以说是一种处理国际关系的意识和方式。

先就国际秩序而言，在全球范围以及整个世界历史中，从有国家形成以来以及其后的发展过程来看，在宏观的抽象意义上一般不外乎表现为"霸权稳定"[1] "多元竞争"和"多元共存"三种国际秩序。所谓"霸权稳定"的国际秩序，即在某一范围的国际关系中存在一个强权国家，而处于同一范围国际关系中的其他国家则心甘情愿或者不得不生活在这一强权国家的主导之下，在一定时间之内彼此关系相对稳定的一种秩序，例如历史上曾经存在过的由罗马帝国主导的欧洲地中海国际秩序和近代之前由中华帝国长期主导的东亚国际秩序；"多元竞争"的国际秩序，即在某一范围的国际关系中存在多个国家力量相对均衡但却处于各种竞争甚至对抗状态的一种秩序，例如世界近代直至第二次世界大战结束期间众多欧美列强在欧洲和世界各地的竞争乃至冲突和战争，或者从更广泛的意义而言，第二次世界大战之后美苏两大集团

---

1) 这里的所谓"霸权稳定"只是借用美国学者查尔斯. 金德尔伯格和罗伯特. 吉尔平在20世纪70年代提出的概念而已，即用现代意义上的概念描述历史上的一种类似现象。

在全球范围的冷战对抗及其美苏在世界不同地区与各地区强国之间的对抗冲突也可以归为这一秩序；"多元共存"的国际秩序，即在某一范围的国际关系中虽然存在众多实力各不相同的国家但却能够和平地平等共处的一种秩序，例如第二次世界大战之后的西欧地区和冷战结束之后差不多二十年左右期间的欧洲和东亚等地区。

当然，以上分类仅仅是一种理论上的抽象，实际的国际秩序并非如此简单和纯粹，而更多时候或更接近实际的国际秩序是一种各种秩序交替出现的动态的概念。即使在所谓"霸权稳定"的国际秩序之下，未必就长期稳定而没有对抗，也常常会有其他国家试图挑战霸权国家而导致的冲突甚至战争，比如近代之前东亚地区若干少数民族国家对中央帝国的多次侵扰和战争，"多元竞争"的国际秩序之下也未必就总是处于竞争和对抗，比如在近代众多欧洲列强竞争对抗甚至战争不断的情形下还出现和维持了十九世纪初至二十世纪初将近一百年之久的"欧洲协调"总体和平状态，"多元共存"的国际秩序之下也未必就没有竞争和对抗，比如冷战结束之后世界整体实现的多元共存秩序正在发生局部变化，眼下中美以及中日在东亚地区的竞争甚至某些时候或某些领域出现的对抗冲突就是对这一秩序的改变，欧洲地区的俄乌冲突及其战争更是打破了冷战后欧洲国家一直试图维持的和平共存局面。不过，在这里对国际秩序进行理论抽象的分类，完全是为了分析上的方便，即在对国际秩序进行分析时需要把握某一历史时期或阶段国际秩序的大致特征。

一般而言，无论处于上述的哪一种国际秩序的框架之内，国际交往模式都基本上可以表现为三种类型的方式，即武力的方式、政治的方式或法律的方式，或者也可以称为战争的方式、外交的方式或条约的方式。当然，这三种方式也同样难以做出边界十分清晰截然不同的区别，或者至少在这三种方式之间有重叠的地方或者有可能相互影响甚至转换或三种方式共同存在。不过，两个国家在某一时期主要的交往方式还是以某一种方式为主。而且，这三种交往方式同上述三种不同的国际秩序之间似乎也存在一定关系，霸权稳定秩序下国家的交往方式更多是依靠武力方式，当然也会借助一些外交方式，多元竞争秩序下的国家交往方式更多是依靠武力和外交方式，多元共存秩序下的国家交往方式则更多是依靠外交和条约方式。

在世界进入近代之前，包括中日两国共处的东亚地区在内的世界若干基

本上由地理因素相互阻隔的地区各自自成体系独立发展，并且在不同的地区以及不同的历史时期都曾形成了不同的国际秩序。在东亚地区，其国际关系长期处于一种被称为"华夷秩序"[2]的国际秩序框架之内，即在东亚大陆上绝大部分时间都存在着一个以中华帝国为中心的强大帝国，虽然这一帝国的族群构成以及稳定状态也常常被打破，但却总能够形成一个相对比较强大的帝国，而包括日本在内的若干周边国家则处于相对边缘的区域和地位并深受其影响，这一强大帝国同周边国家彼此之间形成了一种并没有明确规则的"中心——边缘"环状结构，其中的中心国家以各种政治和文化上的影响力和经济上的利益对边缘国家实施控制和影响，边缘国家则尊崇中心国家的核心地位。也就是说，近代之前的中日交往模式是一种"霸权稳定"秩序下的政治或外交交往模式，即主要依靠一种"中心——边缘"政治结构来维系两国关系，中国处于中心地位并对日本构成全方位的影响，日本处于相对边缘的地位主动或被动地接受来自中国的影响，而且两国之间的交往基本上并非依靠武力而主要是一种政治外交意义上的交往，当然这里的外交还不是近代意义上的外交。在这种秩序下的这种交往，中日双方的地位和感受是不同的，中国得到的是威严和尊严，以及作为中央帝国权力正统性地位的心理满足，日本得到的是则是安全和经济等利益。

当然，处于边缘地位的日本也并非总是甘于处在边缘位置，也会根据实力的增长偶然向中心国家发起挑战，试图取而代之。例如，根据中国《隋书》记载，在日本遣隋使节所持日本国王致隋朝皇帝的国书中有"日出处天子致书日没处天子"和"东皇帝敬白西皇帝"之说，显示了既要学习模仿中国却又不愿屈居中国之下以谋求平等甚至超越的心理；在中国唐朝时，中日两国也曾围绕朝鲜半岛有过"白江口之战"；中国明朝时，更有日本丰臣秀吉政权对朝鲜半岛的扩张及其同中国之间的战争等等。不过，在当时主要由国家规模决定国家实力的情形之下，作为边缘国家的日本对作为中央帝国的中国的挑战终未取得成功。

---

2) 有些人并不承认近代之前的东亚国际秩序是一种"华夷秩序"，认为作为这一秩序主要内容的所谓"朝贡与册封"关系只不过是中国古代统治者好大喜功和一厢情愿的说法而已，不过这种看法也仅仅是对这一秩序的实质内容有不同看法，并不影响以这一名称来描述东亚近代之前不同于世界其他地区的国际秩序。

総之，在近代之前的东亚国际秩序框架内，中日两国尽管所处地位不同，但交往模式大致相同，即武力虽然肯定是决定基本秩序结构的主要因素，但因为彼此实力对比一直存在巨大悬殊，所以武力的运用反而并非两国的主要交往模式，只是偶然双方会以武力方式进行交往，在绝大部分时间里主要是政治外交方式决定了中日两国的关系。至于所谓的法律或条约方式，则都还没有进入中日关系的视野之中。

2. 近代国际秩序框架下的中日不同国际交往模式及其原因

始于 1648 年的威斯特伐利亚体系，从根本上改变了国际交往的模式，即在确立国家主权、领土主权及外交制度的基础之上形成了一种新型的以条约关系为主要形式的法律的交往方式，而且在一个多世纪之后随着欧美国家的殖民主义扩张也将这一方式扩展至了全世界。当然，这种新型交往方式的出现并没有能够制止国际关系中武力或战争方式的运用，但从国际关系的发展历史而言毕竟应该说是一种进步，至少使得国际关系有了一定的规则，对国家行为有了一定程度的约束，在武力或战争和政治外交的方式之外又增加了一项可能的和平方式的选择。

在 19 世纪中叶，面对西方列强的殖民侵略扩张，中国和日本也先后被迫纳入了新的国际秩序之中，即以中华帝国为中心的东亚国际秩序逐渐被打破，出现了一个众多列强在此争霸竞争的所谓"多元竞争"国际秩序，同时中日两国的国际交往模式也开始发生变化。在新的秩序之下，中国完全被动和不情愿地进入了一种全新的国际交往模式，即既要不断地应对西方列强的武力和战争，又不得不在多次战败的情形下被迫签订一系列不平等条约，不情愿地被纳入了西方列强主导的条约法律交往模式，但是同时仍然还难以完全摆脱过去那种主要依靠具有尊严和道义形象的政治外交影响力发挥作用的交往模式的影响。而日本则在同样被迫打开国门之后很快主动全面向西方学习，迅速进入了列强主导的武力战争和条约法律两手并用的全新国际交往模式，并且很快将这种交往模式直接运用于同中国的关系之上，即同西方列强一样运用武力和战争方式压服中国，然后再以胜利者的身份强迫中国签订各种对己有利即损害中国利益的条约，以此来确立彼此之间的关系。

也就是说，在近代东亚"多元竞争"的国际秩序之下，日本在对中国进行武力征服和战争的基础之上迫使中国签订了一系列不平等条约，据此获取了众多在华权益，中国则同样也以武力方式对抗日本以及不得不以条约方式接受与日本的不平等地位的同时，还不断地以政治外交方式强调国际道义和自己的受害者地位，试图以此来获得更多外交同情，恢复自己的国家尊严和改变自己的屈辱状态。日本更愿意相信武力和战争基础之上的法律规则，而中国则在抵抗外来侵略压迫的过程中同样相信武力方式的同时，相对于条约法律方式，更愿意相信政治外交方式。

中日两国在近代之后之所以出现不同的国际交往模式，其原因主要就在于中日两国在近代前后的相互地位不同以及两国在进入近代之后的经历不同。在近代之前，中国作为东亚地区的中心国家一直占据着"华夷秩序"的主导地位，而日本则处于这一秩序相对边缘的地位，但在欧美殖民入侵和"华夷秩序"解体的过程中，中日两国的不同应对却导致两国的国际地位发生逆转，中国在不断的败战中逐渐成为一个衰弱不堪的国家，并险遭被列强瓜分的命运，而日本则通过"明治维新"全面西化，在"殖产兴业，富国强兵"政策的指导之下迅速成为新的殖民列强之一，并反过来对中国等亚洲国家进行了殖民侵略。对中国而言，近代即意味着过去中心国家地位的丧失，因此对于新的国际交往模式的接受完全是被迫和非常不情愿的，并且仍然遗留了一些过去辉煌时期在国家关系上依靠政治外交影响力的传统模式，而日本在新的国际秩序之下取代中国成为东亚第一强国并且逐渐取得同其他欧美列强同等的国际地位，日本显然是新国际交往模式的受益者，因此日本对于新的国际交往模式更愿意主动接受，甚至还推动了这一新交往模式在东亚的进一步扩展。

此外，近代之后中日两国完全不同的历史经历也是导致两国具有不同国际交往模式的主要原因。大约从19世纪40年代的鸦片战争开始，中国一步步丧失了东亚的强国地位，长期受到西方列强的侵略和欺侮，尤其在1895年甲午战争中国战败之后又受到同为东亚国家日本的多次侵略和欺侮。这种痛苦的经历强化了中国人对武力作为支撑国际地位主要决定性因素的认识，深刻意识到"落后就要挨打"，而对于被迫接受的众多条约都认为是一些不平等的条约，持一种不得已接受的态度，而且这种不断遭受侵略导致国

家软弱屈辱和社会贫穷落后的状况同大部分中国人对古代强大荣光悠久历史及其灿烂文化的描述与记忆形成了强烈的对比和反差，这种巨大的反差就导致了大部分中国人对自我尊严的极度重视和对外部世界尤其对日本缺乏信任，在面对日本的时候就会多从政治外交上的尊严和国际道义的角度考虑和处理问题。而日本作为近代以来东亚最为西化的国家，正是在进入西方体系和按照近代国际交往模式才使日本迅速成为一个近代化的国家，在半个多世纪的时间里甚至成为东亚最强大的国家和具有一定世界影响力的国家，尤其在同中国进行交往的过程中，日本总是处在主动和强权的地位，通过战争和一些不平等条约从中国获得了众多权益。总之，作为不断遭受侵略欺侮的半殖民地的中国和作为列强及殖民国家的日本，二者在近代以来的历史经历完全不同，感受也就自然不同，在对待国际秩序和进行国际交往方面所愿意采取的方式也就不同，中国只是被动地在接受一些强加给自己的不平等条约，只要一有机会就想要通过武力方式或强调其不平等性和缺乏道义性来改变这一状况，而日本则更希望按照以武力为后盾建立起来的法律规则来处理问题，即使有些法律规则并不平等或合理也毫不在乎。

第二次世界大战结束之后，武力和战争方式不再是中日两国之间的交往模式，双方都放弃了以武力和战争方式进行交往和解决问题的愿望和政策选择，改而采用以政治外交或法律条约的方式来进行交往。然而，传统记忆和近代以来的不同经历所导致的中日差别仍然在一定程度上发挥作用，即中国在处理与日本的关系时更为重视政治外交的方式而非法律条约方式，尤其重视国家尊严和国民感情以及国际道义，而日本相对于中国则在同样重视政治外交方式的同时更为重视法律规则。如果再进一步考虑到东亚的战后处理方式及其规则基本上是在美国主导下建构起来的这一现实，中日之间的这一差别就更加明显。这一特点至今仍然对中日双方的外交及其关系具有影响。

3. 中日不同国际交往模式下对国际事务的应对及其相互摩擦

很大程度上正是由于中日两国在国际交往模式上的差别，所以两国在处理国际事务和彼此关系时就会常常表现得有所不同，尤其在处理彼此关系的时候甚至不可避免地会出现一定程度的摩擦。

在近代面对西方的殖民入侵时，当时的中国仍然延续着中心帝国的自信自大习惯，并不愿意接受西方新的国际关系交往模式，而是在不断抵抗失败、再抵抗再失败之后才被迫勉强接受了西方国家的城下之盟，签订了一系列不平等条约，丧失了众多国家主权，但即使如此也并没有认为这些条约是合法的，而总是试图通过政治外交的谋略或激发民族感情以及唤起国际道义的同情来改变自己的不平等地位。例如，所谓"以夷制夷"外交策略的提出，试图利用列强的利益竞争来维护和获取自己的利益，以及在第一次鸦片战争之后仍然没有接受教训而在修改条约约和履行条约问题上同英法等列强发生冲突导致第二次鸦片战争的爆发，以至于在 1895 年甲午战争中刚刚败给日本之后不久的 1900 年就又发生了由于义和团运动引发的八国联军入侵等等。当然，中国所遭受的这些劫难主要原因还在于殖民主义侵略扩张的本性和当时满清国力不强所致，但具体而言也同满清政府不懂或漠视与列强所订立的条约所规定的法律规则有关，即并不愿意完全按照条约承诺所做，而总想利用一些外交计谋或列强的矛盾或同情来维护利益，却反而损失了更多的利益。而日本在同样面临西方殖民入侵的情形下，则主动顺应国际秩序的重大变化，不但没有遭受西方列强的直接大规模武力攻击或全面性战争，反而主动全面学习西方国家的制度和国际交往规则，尤其在法律方面狠下功夫，全面立法，并逐步在国力不断强盛的过程中通过谈判修改或重订条约，在法律上获得与西方国家更为平等的地位。至今，中国人和日本人对于近代那段时期的历史，仍然有不同的理解和看法，中国人认为被西方国家以武力打开国门给中国社会带来了灾难和屈辱，使中国丧失了强国地位和国家尊严，延缓了中国的近代化，而日本人对于被美国等西方列强打开国门则给予积极评价，认为美国打开日本国门是促使日本旧体制的解体和帮助日本进入近代化社会的主要原因[3]。

对于战后的所谓"旧金山体制"，中国和日本也有不同的理解。对于日本而言，日本就是以此获得独立和重新进入国际社会，在旧金山和会上签订的《旧金山和约》及其内容和精神构成了处理战后问题的主要规则，因此日

---

3) 比如日本至今还设有"黑船来航博物馆"，以彰显美国人打开日本国门的那段历史，其评价基本上是积极和肯定的，而在中国的历史博物馆和历史教科书中，对于被英国通过鸦片战争首先打开国门以及其后西方其他国家先后进入中国一直是持批判的态度。

本战后的一切外交行为几乎都是以此为出发点进行的，而且至今都在强调这一体制的法律性和有效性。但是对于中国而言，自己并没有参加旧金山和会，也没有参加签署旧金山和约，因此一直否认这一和会及其和约的有效性，尤其对于其中战后安排对中国不利的部分就更是不予承认。也就是说，中国主要是从政治而非法律的角度来看待所谓旧金山体制的，既然这个和会并没有邀请作为主要战胜国的中国的参加，那么当然不符合国际道义和国际正义，如此的和会及其和约当然就是非法和无效的，其所做出的战后安排自然也是不能承认的。当然，实际上中国对于"旧金山体制"中的某些内容与安排其实已经不得不加以默认，比如对于日本的独立[4]。

在 1972 年中日邦交正常化的谈判中，中国和日本也曾围绕究竟是以政治方式解决两国关系问题还是以法律方式解决两国关系问题而引发争论。中国方面认为两国应该从签署联合声明以及建立外交关系之日起正式"结束战争状态"，而且过去日本同台湾之间签订的所谓《日华和平条约》是非法的和无效的，而日本则坚持认为过去同台湾的"中华民国"之间签订的条约的合法性和有效性，因此不同意再次"结束战争状态"。在这里，其实中国就是从政治上来考虑问题和处理中日关系的，即既然日本要同中国建交，那么就必须承认中华人民共和国政府是代表中国的唯一合法政府，台湾政权是非法的存在，并不能够代表中国，因此过去日本同台湾政权之间的所有协议或承诺就都是非法和无效的，但是日本则是从法律角度考虑问题和处理中日关系，即认为准备通过谈判同中华人民共和国发表联合声明及建立外交关系并不意味着过去日本同台湾之间的条约及其关系是非法的和无效的，因为当时的日本是承认台湾的"中华民国"而非中华人民共和国，日本不可能接受当时日本是同一个非法的政府签订了一项非法的条约的说法。为此，中日两国在建交谈判中还发生了所谓中方指责日方一些人为"法匪"的小插曲，而且明确地表示这次中日关系的改善需要的是政治决断而非纯粹的法律调整。当然，众所周知的是，最终中日双方相互妥协，找到了一种折中的说法和处理方法，才解决了这一难题，即"自本声明公布之日起，中华人民共和国和日

---

4)　对于日本根据《旧金山和约》获得独立的现实中国在实践中并没有加以否认，否则就无法理解 1972 年的中日邦交正常化谈判。

本国之间迄今为止的不正常状态宣告结束"[5]对于日台条约，也没有写入联合声明中，而是以日本外相召开记者招待会的方式宣布"作为日中邦交正常化的结果，'日华和平条约'已失去了存在的意义，并宣告结束。"[6]中日两国各自按照自己的方式、即重视政治外交作用和重视条约法律作用的方式完成了两国建交的过程。

直至 2012 年中日之间围绕钓鱼岛问题的争端中，中日两国虽然都在主张自己对其拥有主权，但其实两国强调的依据并不相同，日本更重视和强调一些具体的国际法规则，即主要从法律角度阐述自己的权利，比如国际法中的所谓"先占""实效控制"和"时效"等规则，当然也重视依靠实力的所谓实效控制，而中国则更多地强调自己的历史性权利和日本在殖民主义时代的侵占缺乏道义性等，基本上属于一些政治性和道义性的宣示，以及开始更多地通过实际的常态化巡航这种展示实力的方式对日本构成压力，迫使日本愿意与中国通过外交谈判方式解决这一争端，但是并没有想要依靠国际司法方式解决这一争端的迹象。

总之，中国在处理国际问题和进行国际交往方面更重视政治外交和国际道义的作用，而日本相对于中国则更重视法律规则的作用。因此，中日两国常常因为并不处在同一个平台上而难以对话。当然，决定中日关系的主要因素还在于两国对国家利益的追求和理解，以及双方也都同样重视关系背后以武力所支撑的实力，但是彼此的交往模式不同也在很大程度上影响了两国关系的正常发展，或者说两国的相互理解就更加困难。因此，在目前东亚地区国际秩序基本上可以定位为所谓"多元共存"状态的情形下，中日两国需要通过彼此的交流来促进双方在国际交往模式方面逐渐取得一致，即同样重视政治外交模式和法律条约模式，只有这样才能够在一个平台上进行对话，也才能够更容易相互理解，使中日关系能够真正成为一对正常的国家关系。

5）《中日联合声明》第一条，见田桓主编：《战后中日关系文献集 1971-1995》，中国社会科学出版社，1997 年版，第 111 页。
6）《大平外务大臣在北京举行记者招待会的详细记录》，见上书，第 113 页。

第17回　　日中交流と協力：教育・環境・文化
2017年12月9日（於：北京大学）

第1部：教育

報告1「「キャンパス・アジア」モニタリング―国際共同教育プログラムの質の向上を目指す日中韓共同の取組―」
　…竹中亨　大学改革支援・学位授与機構研究開発部主幹

報告2「「キャンパス・アジア」―国際化教育の交流と連携を模索する大胆な試み―」
　…範士明　北京大学教授

第2部：環境

報告3「日本車は生き残れるか？―電気自動車をめぐる日本の動向―」
　…片山博文　桜美林大学教授

報告4「自動車の未来」
　…李斌　NIO理事長

第3部：文化

報告5「桜美林大学の京劇教育の道」
　…袁英明　桜美林大学教授

報告6「上古歌謡と古代日本文学」
　…張平　桜美林大学教授

報告7「中国民間文学研究の4つの価値指向について」
　…陳連山　北京大学教授

第18回　日中平和友好条約締結40周年記念：日中の大学教育・国際関係・経済交流
2018年12月8日（於：桜美林大学）

第1部：大学教育

報告1「中国の大学教育に与える人工知能の影響―法学教育の視点から―」
　…呉志攀　北京大学教授

報告2「日本の大学の方向性、方針、戦略」
　…畑山浩昭　桜美林大学学長

第2部：国際関係

報告3「中日外交における国際交流モデルの違いに関する考察」
　…梁雲祥　北京大学教授

報告4「多国間条約参加の日中比較―速度・視角・戦略―」
　…猪口孝　桜美林大学アジア文化研究所所長、京大学名誉教授、前新潟県立大学学長

第3部：経済交流

報告5「中国の自動車価値連鎖の新たな傾向と中自動車企業の好機」
　…陶涛　北京大学教授

報告6「新時代の日中経済交流―日本企業の対中ジネスの再考―」
　…雷海涛　桜美林大学教授

第 19 回 　故佐藤東洋士理事長追悼記念：コロナ禍中の日中の文化、経済との政治の交流

2021 年 12 月 11 日（オンライン：北京大学主催）

第 1 部：コロナ禍中の日中文化交流

報告 1「コロナ禍の中の中日文化交流」
　…初暁波　北京大学教授
報告 2「日本独特の文化から見る中日文化の交流について―「漢字文化」と「留学文化」を通して―」
　…張利利　桜美林大学教授
第 2 部：コロナ禍中の日中経済交流
報告 3「コロナ禍中の東アジアの産業チェーンおよび中日経済貿易関係」

　…董昭華　北京大学副教授
報告 4「ポスト・コロナ時代における日・中経済協力」
　…金山権　桜美林大学名誉教授
第 3 部：コロナ禍中の日中政治経済交流と日中関係
報告 5「コロナ禍が日本社会における中国の国家イメージおよび中日関係に与える影響」
　…梁雲祥　北京大学教授
報告 6「経済交流から見た日中両国関係の展望」
　…雷海涛　桜美林大学教授

第 20 回 　日中高齢化社会の現状と課題

2022 年 12 月 10 日（オンライン：桜美林大学主催）

第 1 部：高齢者の健康

報告 1「日本における高齢者の社会経済階層による健康格差―疾患予防から介護までを視野に入れて―」
　…杉澤秀博　桜美林大学教授
報告 2「中国における中年及び高齢者の健康状態並びに社会経済との関係」
　…趙耀輝　北京大学教授
第 2 部：高齢者の就業
報告 3「日本の高齢者の就業状況」
　…渡辺修一郎　桜美林大学教授

報告 4「時間銀行による高齢者の就職支援：中国からの創造的実践報告」
　…陳功　北京大学教授
第 3 部：介護の社会化
報告 5「公的介護保険 20 年の実績と課題」
　…中谷陽明　桜美林大学教授
報告 6「中国における長期介護保険制度の模索と発展」
　…周雲　北京大学教授、央金拉姆　北京大学博士課程院生

執筆者紹介 （掲載順）

＊所属、役職等はシンポジウム発表当時のものに基づいています。

畑山浩昭（はたけやま　ひろあき）
1962 年生まれ。桜美林大学大学院教授。2018 年度より学長。専門はレトリック学、文学批評論。
学会等：日本コミュニケーション学会、公益財団大学基準協会理事、公益財団日本高等教育評価機構評議員、文部科学省大学設置・学校法人審議会委員等。
主要著書：『自己表現の技法：文章表現・コミュニケーション・プレゼンテーション』（共著、実教出版、2003 年）、『2020 年以降の高等教育政策を考える——グランドデザイン答申を受けて』（共著、論創社、2020 年）、*The Japanification of Japanese Children's Popular Culture*（共著、The Scarecrow Press, USA、2008）。

姜　国華（きょう　こくか）
1971 年 8 月生まれ。北京大学共産党委員会副書記。会計学博士、会計学教授。
主要著書：『財務諸表の分析と証券投資』（北京大学出版社、2008 年）、『証券投資の実証研究』（共著、人民大学出版社、2013 年）。

呉　志攀（ご　しはん）
1956 年生まれ。北京大学法学院教授、北京大学元アジア太平洋研究院院長、北京大学元常務副学長。専門は国際金融法。
主要著書：『国際金融法』（法律出版社、1999 年）、『金融法概論』（北京大学出版社、2000 年）、『金融のグローバリゼーションと中国金融法』（広州出版社、2000 年）、『資本市場と法律』（中国法律大学出版社、2000 年）、『上場企業の法律問題』（中国石油出版社、2000 年）、『金融法の「四色定理」』（法律出版社、2003 年）、『画像と法律』（北京大学出版社、2022 年）、『王二の結婚』（絵本小説、作家出版社、2022 年）。

竹中　亨（たけなか　とおる）
1955 年生まれ。大学改革支援・学位授与機構研究開発部主幹。専門はドイツ近現代史、日独文化移転論、高等教育論。
主要著書：『ジーメンスと明治日本』（東海大学出版会、1991 年）、『近代ドイツにおける復古と改革』（晃洋書房、1996 年）、『帰依する世紀末』（ミネルヴァ書房、2004 年）、『明治のワーグナー・ブーム』（中央公論新社、2016 年）、『ヴィルヘルム 2 世』（中央公論新社、2018 年）、『高等教育に求められるマネジメント・ディベロップメント』（川口昭彦との共著、ぎょうせい、2023 年）。

範　士明（はん　しめい）
1967 年生まれ。北京大学国際関係学院教授、北京大学燕京学堂副院長。専門は国際関係史、中米関係、国際メディアなど。

主要著書:『アメリカ政治と外交の政策決定』(共著、北京大学出版社、2007 年)。

張　利利（ちょう　りり）

1952 年生まれ、桜美林大学教授、博士（文学）。中国作家協会会員・翻訳家、東アジア比較文化国際会議日本支部会員・日本中世文学会員。

北京外国語学院（現北京外国語大学）卒業。広島女学院大学大学院言語文化研究科日本言語文化博士課程修了。2007 年より桜美林大学に奉職、リベラルアーツ学群所属。研究分野は日本古典文学・日中比較文化。

主要著書:『方丈記における日中文学の比較的研究』(翰林書房、2009 年)、『日本古典文學作品解析』(翰林書房、2011 年)、『日本近現代文學作品解析』(翰林書房、2018 年)、『日本和歌文學作品解析』(翰林書房、2023 年)、翻訳書『朝陽門外的清水安三』(共訳、社会科学文献出版社、2012 年)(原著・清水畏三編『清水安三遺稿集　石ころの生涯』)、『異国の地にて』(翰林書房、2016 年)(原著・付瑩著『在彼処』中国現代外交叢書)。

袁　英明（えん　えいめい）

1966 年生まれ。桜美林大学教授。文学博士。中国国家一級俳優。専門は京劇、中国演劇学、国際関係学（日中文化交流史）。京劇俳優、梅蘭芳梅派芸術継承者の一人。日本演劇学会、渋沢研究会、中国戯劇家協会会員。

主要主演作品:『四郎探母』、『白蛇伝』、『大唐貴妃』、『覇王別姫』、『西施』。

主要論著:「〈長生殿〉:昆曲経典意義的再思考」(葉長海編『「長生殿」演出与研究』上海文芸出版社、2009 年)、『東贏品梅──民国時期梅蘭芳訪日公演叙論』(北京大学出版社、2013 年)、『京劇名優・梅蘭芳と日本』(論創社、2021 年)。

初　暁波（しょ　ぎょうは）

1971 年生まれ。北京大学国際関係学院教授、北京大学社会科学部部長、中華日本学会常務理事、事務局次長。専門は国際政治学。主に日本政治外交、国際紛争と危機管理の研究。

主要著書:『華夷思想から世界万国観念への転換──徐光啓の対外観念についての研究』(北京大学出版社、2008 年)、『中日関係史　1978-2008』(共著、東京大学出版会、2009 年)、『岩波日本史　帝国時代』(訳書、新星出版社、2020 年)。

陳　連山（ちん　れんざん）

1963 年生まれ。北京大学中国語言文学部教授。専門は中国民間文学と神話学研究など。

主要著書:『中国神話伝説』(五洲伝播出版社、2008 年)、『山海経学術史考論』(北京大学出版社、2012 年)。

張　平（ちょう　へい）

1957 年生まれ。桜美林大学グローバル・コミュニケーション学群教授。専門は日本語・日本文学。

主要論文:「『古事記』の文体をめぐって」(『桜美林論集』、2002 年)、「『古事記』の表記と表現」(桜美林大学『人文研究』、2012 年)、「『古事記』の語りを支える「也」」(桜美

林大学『人文研究』、2013 年）、「散文発達史の観点から見る記紀散文の歌謡受容」（桜美林大学『人文研究』、2014 年）。

杉澤秀博（すぎさわ　ひでひろ）
1955 年生まれ。桜美林大学教授。専門は老年社会学、保健社会学。
所属学会：日本老年社会科学会、日本公衆衛生学会、日本応用老年学会。
主要著書：『透析医療とターミナルケア』（編著、日本評論社、2008 年）、『老年学を学ぶ』（編著、論創社、2021 年）、『社会福祉調査の基礎』（編著、ミネルヴァ書房、2022 年）。

渡辺修一郎（わたなべ　しゅういちろう）
1961 年生まれ。桜美林大学教授、医師、医学博士。専門は、老年学、老年医学、公衆衛生学、産業保健学。
日本応用老年学会および日本老年社会科学会の理事、国土交通省健康・医療・福祉まちづくり研究会委員、世田谷区および志木市介護保険事業計画策定委員、大原記念労働科学研究所客員研究員などを歴任。
主要著書：『老年学を学ぶ——高齢社会の学際的研究』（桜美林大学叢書、2021 年）、『就労支援で高齢者の社会的孤立を防ぐ』（ミネルヴァ書房、2016 年）、『すぐわかる！　ジェロントロジー　改訂版』（社会保険出版社、2023 年）。

陳　功（ちん　こう）
1972 年生まれ。北京大学人口研究所所長、北京大学老年学研究所所長、北京大学教授。『人口と開発』編集長、『障害者研究』副編集長、オックスフォード大学 *Journal of Population Ageing* 理事会メンバー。専門は社会老齢学、高齢者向けサービス、障害者と高齢者の健康、社会政策評価と調査統計、福祉の科学技術と高齢者向け産業など。
主要著書：『家族革命』（中国社会科学出版社、2000 年）、『我が国の高齢者生活についての研究』（北京大学出版社、2003 年）、『変容する社会における養老と孝行観念の研究』（中国社会出版社、2009 年）等。

劉　尚君（りゅう　しょうくん）
1995 年生まれ。北京大学人口研究所助理研究員、北京大学「博雅」ポスドク研究員。主な研究分野は社会老齢学、健康高齢化と高齢化政策と公共サービス。
主要著書：『都市と農村の困難な家庭において障害者についての調査研究』（共同編集、中国社会科学出版社、2020 年）、『中国高齢化社会の 20 年——達成・挑戦と展望』（共同編集、人民出版社、2021 年）。学術バックボーンとして多くの高齢と障害についての国家と省クラスの科学研究プロジェクトに参加。第一作者あるいは共著で中国語、英語の論文十数本を発表。

中谷陽明（なかたに　ようめい）
1958 年生まれ。桜美林大学大学院教授。専門は、社会福祉、ソーシャルワーク。
所属学会：日本老年社会科学会、日本応用老年学会、日本社会福祉学会。
主要著書：『介護保険制度の評価』（三和書籍、2005 年）、『老年学を学ぶ』（桜美林大学

出版会、2021 年）、『ソーシャルワークの理論と方法』（中央法規出版、2021 年）。

周　雲（しゅう　うん）
1959 年生まれ。北京大学社会学研究科教授。米国アリゾナ州立大学社会文化人類学博士。専門は文化と人口、高齢者社会学。特に日本の出産と子育て、高齢化の課題に強い興味を持つ。
主要論文：「出生率の低下と親族関係」（『中国人口科学』1996 年 01 期）、「日本を例に見た出産意欲と出産レベル」（『人口研究』第 2 期、2011 年）、「アメリカの国勢調査における人種分類と人種的アイデンティティの構築」（『国外社会科学前沿』第 5 期、2022 年）。

央金拉姆（ヤンジンラム）
1995 年生まれ。北京大学社会学研究科人類学専攻博士課程院生。研究分野は医学・社会人類学。現在主にチベット地区の医療実践、異文化シックネスコンセプション、身体等に関心を持つ。

雷　海涛（らい　かいとう）
1962 年生まれ。桜美林大学教授、大学院長・国際学術研究科長。専門はグローバルビジネス、イノベーション戦略、日中経済貿易関係。
所属学会：日中関係学会、異文化経営学会、国際ビジネス研究学会。
主要著書：『飛躍するチャイナ・イノベーション——中国ビジネス成功のアイデア 10』（中央経済社、2019 年）、『地域とイノベーションの経営学（アジアと欧州のケース分析）』（中央経済社、2020 年）、『復興する中国（ポスト・コロナのチャイナビジネス）』（日本経済研究センター、2021 年）、『高所得時代の中国経済を読み解く』（東京大学出版会、2022 年）。

金山　権（かねやま　けん）
1950 年生まれ、経済学博士、桜美林大学名誉教授。専門は経営学、中国経営行動論、コーポレートガバナンス。
日本システムインテグレーション専門委員、日本経営行動研究学会常任理事、国際ビジネス学会理事。中国大連企業管理協会名誉理事、湖南省海外名師（2015 年）、「外国高端人才（A 类）High Level Talents（Category A）」（2023 年〜）。
主要著書：『現代中国企業の経営管理』（同友館、2000 年）、『中国企業統治論』（学文社、2008 年）、『企業統治論——東アジアを中心に』（税務経理協会、2012 年）、『企業統治と経営行動』（文眞堂、2012 年）、『革新的中小企業のグローバル経営』（同文館、2015 年）、『中堅企業の成長戦略』（同文館、2017 年）。

片山博文（かたやま　ひろふみ）
1963 年生まれ。桜美林大学教授。専門は環境経済学、ビッグヒストリー。
所属学会：The International Big History Association、環境経済・政策学会、比較経済体制学会、ロシア・東欧学会、日本サービスラーニング・ネットワーク。
主要著書：『自由市場とコモンズ——環境財政論序説』（時潮社、2008 年）、『北極をめぐ

る気候変動の政治学——反所有的コモンズ論の試み』（文眞堂、2014 年）、シンシア・ス
トークス・ブラウン『ビッグバンからあなたまで——若い読者に贈る 138 億年史』（共
訳、亜紀書房、2024 年）。

陶　涛（とう　とう）
1969 年生まれ。北京大学経済学院教授。専門は国際貿易、グローバルバリューチェー
ン、日本経済など。
主要著書：『国際貿易学』（編著、機械工業出版社、2015 年）、『国際経済学』（編著、北
京大学出版社、2014 年）、『グローバル化における中国の対外貿易——理論と実証』（中
国発展出版社、2012 年）。また、『マネジメント・ワールド』や『国際貿易問題』などの
学術誌に数十本の論文を発表。

猪口　孝（いのぐち　たかし）
1944 年生まれ。東京大学名誉教授。専門は政治学、国際関係論。
主要著書：『国際政治経済の構図——戦争と通商にみる覇権盛衰の軌跡』（有斐閣、1982
年）、『社会科学入門——知的武装のすすめ』（中公新書、1985 年）、『国際関係の政治経
済学——日本の役割と選択』（東京大学出版会、1985 年）、『国家と社会』（現代政治学叢
書 1、東京大学出版会、1988 年）、『交渉・同盟・戦争——東アジアの国際政治』（東京大
学出版会、1990 年）、『現代日本外交——世紀末変動のなかで』（筑摩書房、1993 年）、『国
際関係論の系譜』（シリーズ国際関係論 5、東京大学出版会、2007 年）、『ガバナンス』（現
代政治学叢書 2、東京大学出版会、2012 年）。
2021 年世界世論調査学会（WAPOR）から「ヘレン・ダイナマン賞」、2024 年には日本
行動計量学会から「林知己夫賞」授与。また同年、ScholarGPS（米国のシンクタンク）
によって全世界三千万人の科学者のトップ 0.05％の 1 人と位置づけられる。

梁　雲祥（りょう　うんしょう）
1956 年生まれ。北京大学国際関係学院教授。専門は国際政治理論、国際法、北東アジア
国際関係、日本外交、日中関係。
主要著書：『ポスト冷戦時代の日本政治、経済と外交』（北京大学出版社、2000 年）、『日
本外交と中日関係』（世界知識出版社、2012 年）、『国際関係と国際法』（北京大学出版社、
2012 年）。

編集後記

　桜美林大学と北京大学の学術交流の成果をまとめた 5 冊目の論集が、昨年 4 月からの編集作業を経て、いよいよ完成を迎えることができました。長い道のりでしたが、安堵の気持ちとともに、これまでにご協力いただいた方々に心から感謝申し上げます。特に、多忙な中でご執筆くださった皆様には、感謝の言葉もございません。中にはシンポジウム当時の資料が PPT 形式だった方や、発表から 6 年ないし 7 年が経過してしまったことから、再度構想を練り直し、データを整えてくださった方もおられ、並々ならぬ時間と労力をおかけいただきました。重ねて御礼申し上げます。

　この 5 冊目の論集には、第 17 回から第 20 回の学術シンポジウムで発表された報告が収録されています。第 17 回は 2017 年、第 18 回は 2018 年に開催されましたが、2019 年と 2020 年は新型コロナウイルスの影響で開催できず、第 19 回は 2021 年、第 20 回は 2022 年にオンラインで実施されました。この困難な時期を乗り越えるために、通信技術や遠隔同時通訳などのご助力について、多くの方々のご支援をいただきました。この場を借りて御礼申し上げます。

　1998 年から始まったこの交流も、すでに 25 年の歳月を重ねました。その間には多くの方々がご尽力くださいましたが、中にはすでに他界された方もいらっしゃいます。2020 年には、この学術交流の生みの親の一人である元桜美林学園長・理事長、桜美林大学総長の佐藤東洋士先生が他界されました。この論集を謹んでご霊前にお捧げいたします。

　また、25 周年という節目に際し、本論集のために、呉江浩駐日大使からご多忙の中、ご祝辞を賜りました。心より感謝申し上げます。

　日本と中国は、世界の平和と発展において極めて重要な役割を担っています。両国は政治体制、社会制度、イデオロギーなどの面で様々な違いがありますが、健全な日中関係の維持と発展のために、政府だけでなく両国

の国民が長年にわたって努力を続けてきました。北京大学と桜美林大学の学術交流もその一環です。今後もこの交流がさらに発展し続けることを願い、御礼とご報告とさせていただきます。

2024 年 10 月

編集委員を代表して　　張　平

日中両国の共通課題
——激変の世界で直面する新たな問題群

桜美林大学・北京大学学術交流論集編集委員会 編

編集委員：畑山浩昭／姜　国華
李　寒梅／張　平

2024 年 11 月 20 日初版第 1 刷発行

発行所　株式会社はる書房
〒 101-0051　東京都千代田区神田神保町 1-44 駿河台ビル
Tel. 03-3293-8549/Fax.03-3293-8558
振替 00110-6-33327
http://www.harushobo.jp/

落丁・乱丁本はお取替えいたします。　印刷・製本　中央精版印刷／組版　閏月社
装丁　ミライエ
©J. F. Oberlin University. Printed in Japan, 2024
ISBN 978-4-89984-221-7 C0030